우선순위 Level.2 지텔프 보카

G-TELP VOCA MASTER

SD에듀
시대교육(주)

Prologue

저자의 말
· · · · · · · · · · · ·

안녕하세요. 개정판을 집필하면서 효율적인 본서 활용법에 대한 짧은 안내로 반가운 마음을 대신하고자 합니다.

학습 현장에서 보면, 미취학 아동 때부터 지금까지 영어 공부를 꾸준히 해왔거나 그렇지 못한 경우로 나누어 보더라도 영어 어휘 학습에 어려움이 있다는 말을 많이 듣곤 합니다. 더불어 가장 많이 듣는 말은 "무엇을 어디부터 시작해야 할지 모르겠습니다!" 라는 말입니다.

그렇다면 G-TELP 시험에서 빠른 시간 내 목표하는 점수를 얻고자 할 경우, 가장 먼저 해야 할 일은 무엇일까요?

그 해답은 바로 어휘입니다. 공인영어시험 중 하나인 G-TELP는 '문법/청취/독해 및 어휘'로 구성되어 있습니다. 그중, 청취와 독해 및 어휘는 4개의 파트로 나뉘고, 그 파트에는 자주 출제되는 어휘 리스트가 있습니다. 바로 이 점을 활용하여 출제 빈도수가 높은 어휘를 엄선하여 총 9개 챕터로 정리해 보았습니다. 그리고 17가지 주제에 맞게 어휘를 분류한 주제별 어휘 1500 워크북을 수록하였습니다. 단순한 어휘 학습을 뛰어넘어 문법/청취/독해 및 어휘 지문을 해석할 때 추론 능력에 많은 도움이 될 수 있습니다.

집중과 선택이 필요한 시점에서 G-TELP에 최적화된 어휘 학습서인 본서를 활용하여 G-TELP 시험을 준비하는 여러분들에게 좋은 결과가 있기를 바랍니다.

정윤호 · 이정미

우선순위 G-TELP VOCA 활용법

Usage

PART 1 **문법** 🖉 22문항 ⏱ 20분

문법은 출제유형이 비교적 정형화되어 있습니다. 따라서 미리 출제유형을 파악하여 문제에 익숙해지는 연습을 한다면 조금 더 빨리 고득점을 얻을 수 있습니다. 또한, 해석 없이 해결할 수 있는 문제들이 많으므로 빠른 속도로 푸는 연습이 필요합니다.

➜ 4단콤보 와 **파생어**를 활용해 보세요.

PART 2 **청취** 🖉 26문항 ⏱ 약 30분

청취에서는 모든 내용을 다 알아듣지 못하더라도 중요한 단서가 되는 내용을 파악하는 것이 중요합니다. 따라서 어떤 지문이 출제될 것인지를 파악하기 위해 소리가 나오기 전에 중요한 단서가 되는 단어들에 체크를 해놓도록 합니다. 또한, 해설의 스크립트와 비교하여 잘 들린 것과 잘 들리지 않은 것을 다른 색으로 표시하는 연습을 추천합니다.

➜ **한글 발음 기호 및 MP3 QR 코드**를 활용해 보세요.

PART 3 **독해 및 어휘** 🖉 28문항 ⏱ 40분

독해는 짧은 시간에 점수를 올리기에 쉽지 않습니다. 하지만 어휘를 많이 암기해 놓으면 독해하는 데 좀 더 수월해질 수 있습니다. 중요도가 높은 단어부터 정리해 놓은 본서를 통해 꾸준히 학습한다면 독해 점수 상승은 어렵지 않은 일이 될 것입니다. 어휘학습에서 가장 중요한 것은 바로 반복입니다. 단어장의 회독 수를 늘리고, 더 나아가 단어의 파생어 및 단어가 사용된 구문을 함께 익힌다면 독해에 큰 도움이 될 것입니다.

➜ **주제별 어휘 1500 워크북**을 활용해 보세요.

G-TELP 주요 활용처 및 성적활용 비교

Guide

구분		G-TELP (Level 2)	구분	G-TELP (Level 2)
국가 공무원	5급	65점	입법고시	65점
	7급	65점	법원 행정고시	65점
	7급 외무영사직렬	77점	기상직	65점
	7급 지역인재	88점	카투사	73점
군무원	5급	65점	변리사	77점
	7급	47점	세무사	65점
	9급	32점	공인노무사	65점
경찰 공무원	가산점 2점	48점	관광통역안내사	74점
	가산점 4점	75점	준학예사	50점
	가산점 5점	89점	호텔경영사	79점
경찰간부 후보생		50점	호텔관리사	66점
소방공무원		43점	호텔서비스사	39점
소방간부 후보생		50점	감정평가사	65점
특허청	일반직공무원	65점 이상	국제의료관광코디네이터	65점
	특허심판원 심판장	88점 이상	해양수산부 연구직 공무원	65점

※ 이 외에도 다수의 공기업·공사·사기업 채용, 승진 평가와 대학교 신입생 선발 및 졸업자격 시험에도 사용되고 있습니다.

Information

G-TELP 시험 소개

. . . .

G-TELP 활용처

국가공무원, 군무원, 외교관후보자, 경찰, 소방 등 영어 대체 시험 활용

➜ G-TELP Level 2만 국가고시, 국가자격증 등에 인정
- 군무원: 9급 32점 / 7급 47점 / 5급 65점
- 경찰공무원: 48점
- 세무사 · 공인노무사: 65점

G-TELP 시험일 및 접수 비용

- 매월 격주 2회, 15:00
- 정기접수: 60,300원
- 추가접수: 64,700원

G-TELP 시험의 강점

❶ 토익보다 얻기 쉬운 점수

토익에 비해 정형화된 문법 영역과 적은 학습량, 빠른 성적 확인, 문항 수 대비 여유로운 시험 시간으로 원하는 점수를 빠르게 얻을 수 있습니다.

❷ 과락이 없음

과목당 과락이 없기 때문에 문법, 청취, 독해의 평균 점수만 받으면 됩니다.

❸ 빠른 성적 확인

타 시험 대비 응시일로부터 일주일 이내 빠른 성적 발표로 수험자에게 편의를 제공합니다.

구성과 특징

Features

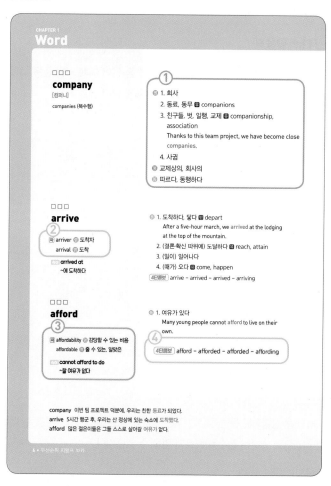

CHAPTER 1
Word

□□□
company
[컴퍼니]
companies (복수형)

① ⑧ 1. 회사
2. 동료, 동무 ⑧ companions
3. 친구들, 벗, 일행, 교제 ⑧ companionship, association
   Thanks to this team project, we have become close companies.
4. 사귐
⑧ 교제상의, 회사의
⑧ 따르다, 동행하다

□□□
arrive
② ⑪ arriver ⑧ 도착자
arrival ⑧ 도착

arrived at
~에 도착하다

⑧ 1. 도착하다, 닿다 ⑪ depart
   After a five-hour march, we arrived at the lodging at the top of the mountain.
2. (결론·확신 따위에) 도달하다 ⑧ reach, attain
3. (일이) 일어나다
4. (때가) 오다 ⑧ come, happen

4단콤보 arrive – arrived – arrived – arriving

□□□
afford
③ ⑪ affordability ⑧ 감당할 수 있는 비용
affordable ⑧ 줄 수 있는, 알맞은

cannot afford to do
~할 여유가 없다

⑧ 1. 여유가 있다
   Many young people cannot afford to live on their own.

④ **4단콤보** afford – afforded – afforded – affording

company 이번 팀 프로젝트 덕분에, 우리는 친한 동료가 되었다.
arrive 5시간 행군 후, 우리는 산 정상에 있는 숙소에 도착했다.
afford 많은 젊은이들은 그들 스스로 살아갈 여유가 없다.

6 • 우선순위 지텔프 보카

❶ 단어별 의미 및 유의어⑧ · 반의어⑪: 다양한 의미와 유의어까지 한 번에!

❷ 파생어 ⑪: 한 개의 단어로 파생어까지 한 번에!

❸ 숙어 및 구동사: 시험에 나오는 숙어 표현까지 한 번에!

❹ 4단콤보: VOCA로 문법까지 한 번에!

CHAPTER 1
Pre Check

필 단어들입니다. 이미 알고 있는 단어가 얼마나 되는지 체크해보세요.

알고 있는 단어   애매한 단어   모르는 단어

☐ company	☐ long	☐ overtime
☐ arrive	☐ nevertheless	☐ overwhelm
☐ afford	☐ nonetheless	☐ pray
☐ attend	☐ professor	☐ present
☐ despite	☐ quit	☐ prevent

✔ 단어 학습 전

아는 단어를 먼저 체크하여 학습 효율을 극대화해 보세요!

CHAPTER 1
Test

ner.
좋아하지 않는다.

2   If possible, you should avoid alcohol.
가능하면, 너는 술을 _____ 한다.

3   Quit worrying about your health. It'll go away. [Robert Orben]
건강에 대한 걱정은 _____. 건강이 달아날 테니. (로버트 오벤)

✔ 단어 학습 후

Test를 통해 실력을 점검해 보세요!

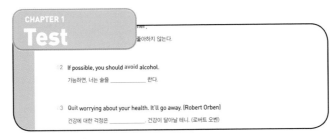

1. 심리(Psychology), 인간관계(Relationship)

압박시키다

acknowledge	v. 인정하다
active	a. 활동적인
admire	v. 감탄하다

✔ 주제별 단어 학습

주제별로 정리된 워크북으로 완벽하게 마무리해 보세요!

Contents

목차

······

PART 1. Grammar

PART 2. Listening

PART 3. Reading

STEP 1 자주 보이는 순서에 맞게 단어를 분류하였습니다.

STEP 2 중요한 단어 순서대로 1차 분류한 단어를 A to Z 순서로 나열하였습니다.

우선순위 Level.2 지텔프 보카

G-TELP VOCA MASTER

SD에듀
시대교육(주)

PART 01

Grammar

Pre Check

" 이번 CHAPTER에서 학습하게 될 단어들입니다. 이미 알고 있는 단어가 얼마나 되는지 체크해 보세요. "

O 알고 있는 단어   △ 애매한 단어   × 모르는 단어

☐ company	☐ long	☐ overtime
☐ arrive	☐ nevertheless	☐ overwhelm
☐ afford	☐ nonetheless	☐ pray
☐ attend	☐ professor	☐ present
☐ despite	☐ quit	☐ prevent
☐ avoid	☐ remain	☐ receive
☐ consider	☐ remember	☐ recommend
☐ continue	☐ review	☐ refill
☐ trip	☐ several	☐ satin
☐ visit	☐ suppose	☐ saw
☐ among	☐ accept	☐ settle
☐ college	☐ advise	☐ stay
☐ either	☐ almost	☐ address
☐ finally	☐ avert	☐ afraid
☐ once	☐ break	☐ appear
☐ placement	☐ daydream	☐ appointment
☐ probably	☐ develop	☐ behind
☐ produce	☐ dominate	☐ consult
☐ though	☐ elbow	☐ dare
☐ vacation	☐ escape	☐ delegate
☐ accident	☐ evolve	☐ diet
☐ alive	☐ excuse	☐ European
☐ control	☐ experience	☐ fiber
☐ crush	☐ finish	☐ field
☐ due	☐ fond	☐ honor
☐ expert	☐ idol	☐ launch
☐ fan	☐ lecture	☐ moreover
☐ file	☐ literally	☐ nowadays
☐ happen	☐ little	☐ offset
☐ interview	☐ main	☐ otherwise
☐ join	☐ outperform	☐ release

- reply
- scout
- semester
- striking
- tournament
- trouble
- unless
- wait
- whenever
- appreciate
- cousin
- effort
- flight
- front
- ground
- minute
- reach
- rest
- season
- tired
- whole
- adequate
- admire
- anxiety
- arthritis
- besides
- borrow
- bulimia
- bullying

- burst
- calculus
- calendar
- chat
- civilization
- cleanse
- coral
- countryside
- crank
- cub
- diagnose
- dietitian
- eagle
- economics
- emergency
- forensic
- gravity
- hardly
- herd
- insist
- instance
- knock
- merger
- migrate
- misuse
- motivate
- overhear
- patriot
- pension

- plagiarize
- protest
- proud
- push
- recall
- reduce
- reef
- renew
- resist
- roommate
- rumor
- search
- sketch
- spend
- staging
- stuff
- sue
- sunset
- switch
- synthetic
- throw
- tie
- upset
- vacuum
- witness
- wake
- workout

□□□
company
[컴퍼니]

companies (복수형)

명 1. 회사
2. 동료, 동무 유 companions
3. 친구들, 벗, 일행, 교제 유 companionship, association
Thanks to this team project, we have become close companies.
4. 사귐

형 교제상의, 회사의

통 따르다, 동행하다

4단콤보 company – companied – companied – companying

□□□
arrive
[어라이브]

파 arriver 명 도착자
arrival 명 도착

숙어 arrived at
~에 도착하다

동 1. 도착하다, 닿다 반 depart
After a five-hour march, we arrived at the lodging at the top of the mountain.
2. (결론·확신 따위에) 도달하다 유 reach, attain
3. (일이) 일어나다
4. (때가) 오다 유 come, happen

4단콤보 arrive – arrived – arrived – arriving

□□□
afford
[어포드]

파 affordability 명 감당할 수 있는 비용
affordable 형 줄 수 있는, 알맞은

숙어 cannot afford to do
~할 여유가 없다

동 1. 여유가 있다
Many young people cannot afford to live on their own.
2. 제공하다 유 offer, provide, supply

4단콤보 afford – afforded – afforded – affording

company 이번 팀 프로젝트 덕분에, 우리는 친한 동료가 되었다.
arrive 5시간 행군 후, 우리는 산 정상에 있는 숙소에 도착했다.
afford 많은 젊은이들은 그들 스스로 살아갈 여유가 없다.

□ □ □

attend
[어텐드]

파 attendance 명 출석, 참석
attention 명 주의, 주목
attendant 명 종업원, 간병인
attender 명 참가자, 출석자

예어 **attend class**
수업에 출석하다

동 1. 출석하다 유 visit, be present
Attending classes is a duty of students.
2. 돌보다

4단콤보 attend – attended – attended – attending

□ □ □

despite
[디스파이트]

파 despiteful 형 악의적인

예어 **in despite of**
~임에도 불구하고

전 ~임에도 불구하고
Despite the rain, the soccer finals were held on time.
명 1. 악의, 원한 유 spite, malice
2. 모욕, 실례 유 insult
3. 경멸 유 scorn, contempt
동 1. 경멸하다 유 despise
2. 성나게 하다 유 enrage

□ □ □

avoid
[어보이드]

파 avoidance 명 회피, 방지
avoidable 형 막을[피할] 수 있는
avoidably 부 피할 수 있게

동 1. 피하다 유 evade, shun, escape from, keep away from
Our company asked the bank for emergency funds to avoid financial difficulties.
2. 무효로 하다 유 annul, make void

4단콤보 avoid – avoided – avoided – avoiding

attend 수업에 출석하는 것은 학생들의 임무이다.
despite 비가 오는데도 불구하고, 축구 결승전이 제시간에 열렸다.
avoid 우리 회사는 재정난을 피하기 위해 은행에 긴급자금을 요청했다.

□ □ □

consider
[컨시더]

파 consideration 명 사려, 숙고
considerer 형 깊이 생각한, 존경받는
considerate 형 사려 깊은, 배려하는

동 1. 고려하다 유 take into account
   A person should abandon selfishness and consider
   other people's feelings.
2. 잘 생각해 보다, 숙고하다, 고찰하다 유 contemplate
3. 연구하다 유 examine
4. (~이라고) 생각하다[여기다], 간주하다 유 think,
   regard as

4단콤보 consider – considered – considered –
        considering

□ □ □

continue
[컨티뉴]

파 continuer 명 연속물
continuance 명 지속, 연기
continuation 명 계속, 지속, 연속
continuum 명 연속체
continuity 명 지속성, 연속성

구문 continue + to R
~을 계속하다

동 1. 계속하다, 연속하다 유 keep up with, carry on
   Despite her parents' opposition, he continued to
   love her.
2. 계속[존속]시키다 유 retain

4단콤보 continue – continued – continued – continuing

□ □ □

trip
[트립]

파 trippingly 부 재빨리, 유창하게

숙어 trip somebody (up)
다리를 걸다

명 (특히 짧은) 여행, 항해 유 journey, voyage
동 (~의 발을 걸어) ~를 넘어뜨리다
   As he passed, I tried to trip him up.

4단콤보 trip – tripped – tripped – tripping

consider 사람은 이기심을 버리고 다른 사람의 감정을 고려해야 한다.
continue 그녀의 부모님의 반대를 무릅쓰고, 그는 그녀와의 사랑을 계속했다.
trip 그가 지나갈 때 나는 그를 넘어뜨리려고 했다.

□□□
visit
[비짓]

[파] visitation [명] 방문권, 시찰, 감찰

[동] 방문하다
Numerous people from all around the world visit Korea.
[명] 방문
[4단콤보] visit - visited - visited - visiting

□□□
among
[어멍]

[전] 1. ~의 사이에 (둘러싸여) [유] surrounded by
2. (많은) 가운데서 [유] in the company of
I saw Jim among the crowd.
3. ~의 범위 내에서

□□□
college
[칼리지]

[파] collegiate [형] 대학(생)의

[명] 1. 대학, 단과대학
My friend recently quitted his job and went to theological college.
2. 학부 [유] faculty, department

□□□
either
[이더]

[숙어] **either A or B**
A이거나 B인(B에 수일치)

[형] (둘 가운데) 어느 쪽의, 어느 한 편의
You may sit at either end of the table.
[부] 또한, 어느 한 쪽
[대] 어느 한 편, 어느 쪽이나, 양편
[접] (or와 연관하여) ~이든 또는 ~이든, 어느 것이든
Either you or she has to go.

visit 전 세계에서 온 수많은 사람들은 한국을 방문한다.
among 나는 군중 가운데서 Jim을 보았다.
college 나의 친구는 최근에 직장을 그만두고 신학 대학교를 진학했다.
either 테이블의 어느 끝 쪽에든 앉으시오. / 당신이든 그녀든 둘 중 한 명은 가야 한다.

Word

□ □ □
finally
[파이널리]

🖲 1. 마지막으로, 최후로 🔁 lastly, in conclusion
Finally, I would like to give this honor to all those people who supported me and gave me generous attention and consideration.
2. 마침내
3. 결국 🔁 ultimately
4. 최종적으로, 결정적으로 🔁 decisively, conclusively

□ □ □
once
[원스]

🔵 한번 🔁 one time
🔶 1. 예전 🔁 former
2. 한때는 ~이었던
🖲 1. 일찍이, 옛적에, 이전에 🔁 formerly
2. 일 회, 한 번, 언젠가 한 번은
Take this medicine once a day.
🔵 1. 한 번[일단] ~하면 🔁 if once, when once
2. ~하자마자

□ □ □
placement
[플레이스먼트]

🔵 배치 🔁 arrangement, disposition
The placement of furniture in a small room causes inconvenience.

□ □ □
probably
[프라버블리]

🖲 1. 아마도, 다분히 🔁 perhaps
His car is probably the most expensive one in Korea.
2. 대개, 십중팔구는 🔁 most likely

finally 마지막으로, 저를 지지해 주시고 아낌없는 관심과 배려를 주신 모든 분들께 영광을 돌리고자 합니다.
once 이 약은 하루에 한 번 복용하세요.
placement 조그마한 방에 있는 가구 배치는 불편함을 야기한다.
probably 이 자동차는 아마도 한국에서 가장 비싼 자동차일 것이다.

□ □ □

produce
[프러듀스]

파 product 몡 생산물, 상품, 제품
production 몡 생산
productive 혱 생산[산출]하는

동 1. 생산하다
The sun produces solar energy.
2. 생기게 하다 유 cause, effect, generate, create, compose
3. 낳다, 산출하다 유 yield
4. 초래하다, 일으키다 유 bring about

몡 1. 생산액, 생산고
2. 농산물 유 crops
3. 제작물, 제품

(4단콤보) produce – produced – produced – producing

□ □ □

though
[도]

접 1. 비록 ~일지라도 유 even if
Though globalization affects the world economy in a positive way, its negative side should not be forgotten.
2. ~이지만, ~하지만, ~에도 불구하고 유 although, notwithstanding that, even if, even though

뷔 역시, 그래도, 그러나, 하긴 유 however

□ □ □

vacation
[베이케이션]

파 vacationless 혱 휴가가 없는

빈출 be on vacation
휴가 중이다

몡 1. (여행 등의) 휴가 유 holidays
Our client is on vacation.
2. (법정의) 휴정기

동 휴가를 보내다, 휴가를 얻다

(4단콤보) vacation – vacationed – vacationed – vacationing

---

produce   태양은 태양 에너지를 생산한다.
though   비록 세계화가 긍정적인 방향으로 세계 경제에 영향을 줄지라도, 그것의 부정적인 측면은 잊어서는 안 된다.
vacation   우리 거래처는 휴가 중이다.

□□□
accident
[액시던트]

[파] accidental [형] 우연한, 돌발적인

[명] 1. 사고, 우연[불의]의 사건
Traffic accidents require everyone's attention.
2. 우연한 행위
3. 우연 [유] chance
4. 재난 [유] unfortunate mishap

□□□
alive
[얼라이브]

[파] aliveness [명] 살아 있음, 생존해 있음

[형] 1. 살아있는 [유] living [반] dead
2. 활동적인, 생기있는, 활발한 [유] active
When I see a breathtaking view of the mountains, I feel alive.

□□□
control
[컨트롤]

[파] controlment [명] 단속, 감독, 지배, 관리, 관제, 제어
controllability [명] 지배, 관리
controllableness [명] 지배 가능성

[동] 1. 통제하다 [유] govern
Due to a sudden thunderstorm, the captain could not control the ship.
2. 단속하다 [유] regulate
3. 지배하다, 관리하다, 감독하다 [유] have control over
4. 억제하다, 제어하다 [유] hold in check, command

[명] 1. 지배력
2. 지배, 단속, 통제, 관리, 감독(권) [유] superintendence
3. (기계의) 조종 장치

[4단콤보] control – controlled – controlled – controlling

accident 교통 사고는 모두의 주의가 필요하다.
alive 숨 막힐 듯한 산의 경치를 볼 때 나는 살아있는 것을 느낀다.
control 갑작스런 뇌우 때문에, 선장님은 배를 통제할 수 없었다.

□ □ □
crush
[크러쉬]

파 crusher 명 ~을 으깨는 기구
crushable 형 으깰 수 있는

동 1. 짓누르다, 찌그러뜨리다, 눌러 부수다
　　2. (눌러) 짜다 유 press, squeeze
　　　To make wine, you have to crush grapes.
　　3. 분쇄하다 유 pulverize
　　4. 진압하다 유 beat down, subdue
　　5. 쇄도하다
명 찌그러뜨리기, 짜내기, 분쇄, 압도, 진압
(4단콤보) crush – crushed – crushed – crushing

□ □ □
due
[듀]

401 be due
　　~할 예정이다

명 1. 지불 기한
　　2. 마땅히 지불되어야 할 것, 부과금, 세금, 요금, 수수료
　　　유 charge, fee
형 1. 마땅히 지불되어야 할, 빚진 유 payable
　　2. (어음 따위가) 지불 기한이 찬, 만기의
　　　This bill is due by the end of this month.
　　3. (원인을) (~에) 돌려야 할, (언제) ~하게 되어 있는
부 똑바로 유 exactly, directly

□ □ □
expert
[엑스퍼트]

파 expertness 명 숙달
expertly 부 훌륭하게, 전문적으로

명 전문가 유 specialist, authority
　　Anna is a skin expert but cannot do anything for her
　　itchy skin.
형 익숙한, 노련한, 능숙한 유 skilful, deft, skilled
　　He is an expert barrister.
동 전문으로 하다

crush　포도주를 만들기 위해서는 포도를 짜야 한다.
due　이 어음은 지불 기한이 이번 달 말일까지이다.
expert　Anna는 피부 전문가지만 자신의 가려운 피부에 아무것도 할 수 없다. / 그는 숙련된 변호사이다.

□□□
fan
[팬]

파 fanner 명 부채질하는 사람, 송풍기, 선풍기
fanlike 형 부채꼴의

명 1. 팬
Most twenties are hip-hop fans.
2. 환풍기
동 1. 부채질을 하다
2. (감정·태도 등을) 부채질하다[더욱 부추기다]
4단콤보 fan – fanned – fanned – fanning

□□□
file
[파일]

파 filer 명 줄질하는 사람

명 파일, 서류철
The way to reduce computer capacity is to delete unnecessary files.
동 보관하다, 철하다
4단콤보 file – filed – filed – filing

□□□
happen
[해편]

동 1. (일이) 우연히 일어나다, 발생하다 유 take place
A car accident happens without warning.
2. 생기다 유 occur
4단콤보 happen – happened – happened – happening

fan 대부분의 20대는 힙합 팬이다.
file 컴퓨터 용량을 줄이는 방법은 불필요한 파일을 삭제하는 것이다.
happen 자동차 사고는 경고 없이 발생한다.

□ □ □
interview
[인터뷰]

동 ~과 회담[면담]하다, 회견하다
The newspaper reporter interviewed a righteous whistleblower.
명 1. (공식적인) 회담 협의 유 conference
2. 회견

(4단콤보) interview – interviewed – interviewed – interviewing

□ □ □
join
[조인]

파 joining 명 합류
joint 명 관절
junction 명 교차로, 나들목, 지점

명 합류, 접합, 접합점(선·면)
동 1. 연결하다 유 connect, link
Joining the two cities by express train reduces commuting time.
2. 접합하다, 붙이다 유 fasten, attach
3. 연합시키다 유 unite
4. 참가하다 유 take part
5. 이웃하다 유 adjoin

(4단콤보) join – joined – joined – joining

□ □ □
long
[롱]

파 length 명 길이, 시간

숙어 long for ~을 갈망하다

형 (길이·거리가) 긴, (시간상으로) 긴, 오랜
동 갈망하다
Our team longed for the first win.
부 오래, 오랫동안

(4단콤보) long – longed – longed – longing

interview 그 신문 기자는 한 정의로운 내부 고발자를 회견했다.
join 급행열차로 두 도시를 연결하면 통근 시간이 줄어든다.
long 우리 팀은 첫 우승을 갈망했다.

□ □ □
nevertheless
[네버덜레스]

🔁 그럼에도 불구하고, 역시, 그렇지만
🔁 notwithstanding, all the same, yet, however
Competition was tough last year, but nevertheless our sales increased.

□ □ □
nonetheless
[넌덜레스]

🔁 그럼에도 불구하고
The movie is too tedious but, nonetheless, informative and entertaining.

□ □ □
professor
[프러페서]

파 professorial 형 교수의, 교수 같은
professorially 부 독단적으로

🔁 (대학의) 교수
I want to be a full professor at New York University.

□ □ □
quit
[쿠잇]

파 quittance 명 갚음, 면제, 해제

Q01 quit job
직장을 나오다

🔁 1. 그만두다, 그치다 🔁 stop, cease
2. 사직[퇴직]하다 🔁 retire
I quitted my job for a new challenge.
3. 놓아주다 🔁 let go
4. 포기하다 🔁 give up, abandon
5. 물러나다 🔁 leave, go away from
🔁 1. 자유로운, 죄 없는, 용서받은 🔁 free, clear
2. 면제된, 청산한 🔁 rid
🔁 놓아주기, 방면, 포기, 사직, 사임
4단콤보 quit – quit – quit – quitting

---

nevertheless 작년에는 경쟁이 치열했지만, 그럼에도 불구하고 우리의 판매는 증가했다.
nonetheless 그 영화는 너무 지루하지만, 그럼에도 불구하고 유익하고 재미있다.
professor 나는 뉴욕대학교의 정교수가 되고 싶다.
quit 나는 새로운 도전을 위해 직장을 사직했다.

□ □ □

remain
[리메인]

숙어 remain silent
침묵을 지키다

동 1. 남다, 잔존하다 **유** be left over
2. 머무르다, 체재하다 **유** stay
3. 그대로[여전히] ~이다 **유** continue to be
My young brother was so angry that he remained silent.

명 1. 나머지, 잔여물
2. 유물, 유적
3. 잔고, 잔액 **유** remnant, remainder

(4단콤보) remain – remained – remained – remaining

□ □ □

remember
[리멤버]

파 remembrance **명** 추모, 추도, 추억, 기념물

동 기억하다, 상기하다, 생각해내다, ~을 깨닫다
유 think of, recall to mind, recollect **반** forget
He couldn't remember the name of his first love.

(4단콤보) remember – remembered – remembered – remembering

□ □ □

review
[리뷰]

파 reviewal **명** 재조사, 재검토, 검열
reviewer **명** 논평가

동 1. 다시 보다, 재조사하다, 재검토하다
Let's review all the food for safety.
2. 자세히 살피다, 자세히 관찰하다 **유** survey
3. 회상하다
4. 검열하다 **유** inspect

명 1. 재조사, 재검토 **유** re-examination
2. 회고, 반성 **유** retrospection
3. 연습 문제 **유** exercises
4. (작품 등의) 비평, 논평 **유** criticism, critical essay

(4단콤보) review – reviewed – reviewed – reviewing

remain 내 남동생은 너무 화가 나서 계속 침묵을 지켰다.
remember 그는 그의 첫사랑 이름을 기억할 수 없었다.
review 안전을 위해 모든 먹거리를 재검토해 보자.

□ □ □

several
[세버럴]

파 severalty 명 각자, 개별(성)

숙어 several[a few] times
두서너 번

형 1. 여러~, 몇~
Dirty chopsticks and spoons should be rinsed several times.
2. 각자의, 각각의 유 individual, respective
대 몇 개, 몇 사람, 몇 마리

□ □ □

suppose
[서포즈]

파 supposition 명 추정
supposal 명 상상하기, 추측

동 1. 추측하다 유 imagine, conjecture, presume
2. 상상하다, 가정하다 유 assume tentatively
Suppose this number is the answer to the question.
3. (사실·사정 따위가) ~을 전제로 삼다 유 presuppose, imply

4단콤보 suppose – supposed – supposed – supposing

□ □ □

accept
[액셉트]

파 acceptance 명 동의, 승인
acceptation 명 일반적 의미

동 1. 받다, 받아들이다 유 take, receive
He did not accept my job offer.
2. 수락하다 유 assent to 반 decline, refuse
3. 이해하다 유 understand

4단콤보 accept – accepted – accepted – accepting

several 더러운 젓가락과 숟가락은 여러 번 헹궈야만 한다.
suppose 이 숫자가 그 질문에 대한 답이라고 가정해 보라.
accept 그는 나의 일자리 제안을 받아들이지 않았다.

□ □ □

advise
[어드바이즈]

파 advice 명 조언, 충고
advisory 형 자문의

그림 advise + 목적어 + to do
~가 …하도록 충고[조언]하다

동 1. 충고하다, 조언하다, 권하다 유 urge, counsel, recommend
The Korea Meteorological Admission strongly advises people to stay home in case of heavy storms.
2. 알리다 유 inform, suggest

4단콤보 advise – advised – advised – advising

□ □ □

almost
[올모스트]

부 거의, 대부분 유 very nearly, all but
I was almost exhausted.

□ □ □

avert
[어버트]

숙어 avert A from B
B로부터 A를 돌리다(피하다)

동 1. (눈·생각 따위를) 돌리다, 비키다 유 turn away
He averted his eyes from the horrible sight.
2. 피하다, 막다 유 ward off, prevent

4단콤보 avert – averted – averted – averting

□ □ □

break
[브레이크]

파 breakless 형 파손 없는, 중단 없는

동 1. 부수다, 깨뜨리다, 으스러뜨리다 유 crush, smash
The ball the small boy threw broke the window.
2. 중단[차단]하다 유 interrupt
3. (기계 따위를) 고장내다
4. 위반하다 유 infringe, violate
명 1. 파괴, 파손, 깨짐 유 rupture, fracture
2. 깨진 틈, 갈라진 틈 유 rent, gap

4단콤보 break – broke – broken – breaking

advise 한국 기상청은 국민들에게 심한 폭풍우가 발생할 시에는 집에 있으라고 강력히 권고한다.
almost 나는 거의 기진맥진했다.
avert 그는 그 끔찍한 광경으로부터 눈을 돌렸다.
break 그 작은 소년이 던진 공은 창문을 깨뜨렸다.

□□□
daydream
[데이드림]

[파] daydreamer [명] 백일몽에 젖는 사람, 공상가
daydreamy [명] 백일몽 같은

[명] 백일몽, 공상 [유] reverie, visionary hope
The girl was staring blankly out of the window in a **daydream**.
[동] 공상에 잠기다

□□□
develop
[디벨럽]

[파] development [명] 발달, 성장, 개발
developable [형] 발달할 수 있는

[동] 1. 발달시키다, 발전시키다 [유] evolve
Learning English is an great opportunity to **develop** my career.
2. 개발되다
3. (사진을) 현상하다

[4단콤보] develop – developed – developed – developing

□□□
dominate
[도미네이트]

[파] dominance [명] 우월, 권세, 지배, 우세
dominator [명] 지배자, 통솔자, 지배력
dominant [형] 우세한, 지배적인

[동] 1. 지배하다, 위압하다
She tends to **dominate** the conversation.
2. (격정 따위를) 억제하다, 억누르다 [유] govern, master, restrain

[4단콤보] dominate – dominated – dominated – dominating

□□□
elbow
[엘보]

[명] 팔꿈치
My older sister poked her **elbow** into my ribs.
[동] 팔꿈치로 찌르다[떠밀다·밀어내다]

[4단콤보] elbow – elbowed – elbowed – elbowing

daydream 그 소녀는 백일몽에 빠져 멍하니 창밖을 응시하고 있었다.
develop 영어를 배우는 것은 나의 경력을 발전시키는 절호의 기회이다.
dominate 그녀는 대화를 지배하는 경향이 있다.
elbow 언니는 팔꿈치로 내 옆구리를 쿡 찔렀다.

□□□

escape

[이스케입]

[파] escapement [명] 도피구, 누출구

[동] 1. 달아나다, 탈출하다 [유] get free
As the volcanic erupted, the people living in the island immediately **escaped**.
2. (액체·증기·전기·가스 따위가) 새다, 새나오다 [유] flow away
3. 피하다 [유] avoid, help
4. 벗어나다 [유] elude

[명] 탈출, 도망, (물·가스 따위의) 누출 [유] leakage

[형] 현실 도피의

[4단콤보] escape - escaped - escaped - escaping

□□□

evolve

[이발브]

[파] evolvement [명] 전개, 진전, 진화
evolution [명] 진화, 발전

[동] 1. 진화시키다 [유] develop
Since the early days of mankind, all ecosystems **have evolved**.
2. (서서히) 전개하다 [유] roll out
3. (증기·가스 따위를) 발생시키다 [유] emit, give off

[4단콤보] evolve- evolved - evolved - evolving

escape 화산이 폭발하자, 섬에 사는 사람들은 즉시 탈출했었다.
evolve 인류 초기부터 모든 생태계는 진화되어 왔다.

□□□

excuse
[익스큐즈]

파 excusableness 명 용서할 수 있음
excusatory 형 변명의

동 1. 용서하다 유 forgive, overlook, pardon
2. 변명하다
3. (의무 따위를) 면제하다 유 release, exempt
명 1. 변명, 사과 유 apology
2. (과실 따위의) 이유 유 justification
3. 핑계, 구실 유 pretext
4. 용서 유 pardon, excusing
Excuse me, where is the bus stop?

4단콤보 excuse – excused – excused – excusing

□□□

experience
[익스피어리언스]

파 experiential 형 경험에 의한

명 경험, 체험, 경험담
Learning is not just a matter of education of experience.
동 경험하다, 체험하다 유 undergo, suffer, feel

4단콤보 experience – experienced – experienced – experiencing

□□□

finish
[피니쉬]

파 finite 형 한정된, 유한한

활용 finish homework
숙제(과제물)를 끝내다

동 끝내다
Have you finished your English homework?
명 (어떤 일의) 마지막 부분[끝], 마감 칠[상태], 마무리 손질 [부분]

4단콤보 finish – finished – finished – finishing

excuse 실례합니다, 버스정류장이 어디에 있나요?
experience 배움은 단지 교육이나 경험의 문제가 아니다.
finish 영어 숙제는 다 끝냈니?

□□□
fond
[판드]

파 fondness 명 좋아함, 기호, 취미
fondly 부 애정을 듬뿍 담고, 허황되게

fonder (비교급)/fondest (최상급)

구문 be fond of
~을 좋아하다

형 1. 좋아하는, 정다운, 다정한 유 tender
My little sister is very fond of dogs.
2. 어리석은 유 foolish

□□□
idol
[아이들]

파 idolize 동 숭배하다

명 1. 우상 유 fallacy
This singer is an absolute idol to us.
2. 허깨비, 환상 유 phantom
3. 숭배받는 사람[물건], 숭배물, 우상

□□□
lecture
[렉처]

구문 a lecture on
~에 관한 강의

명 강의, 강연, 훈계, 설교 유 admonition
His lecture on world economy is very useful to
students.
동 1. 강의하다, 강연하다 유 instruct
2. 훈계하다, 꾸짖다 유 reprove, reprimand
4단콤보 lecture – lectured – lectured – lecturing

□□□
literally
[리터럴리]

부 사실상, 문자의 뜻 그대로, 완전히, 정말로, 정확히
유 exactly
There are literally hundreds of words to memorize
before the exam.

fond 내 여동생은 개를 매우 좋아한다.
idol 이 가수는 우리에게 절대적인 우상이다.
lecture 세계 경제에 대한 그의 강의는 학생들에게 매우 유용하다.
literally 시험 전에 암기해야 할 단어들이 사실상 수백 개 있다.

☐☐☐
little
[리틀]

less (비교급)/least (최상급)

- 📖 1. 작은 🔄 small
  2. 어린, 어린애 같은 🔄 childish
     Have you ever read the Little Prince?
  3. (정도·양이) 조금밖에 없는, 얼마 안 되는, 거의 없는
- 📋 (정도·양·시간·거리가) 조금, 중요하지 않은 사람들
- 📒 (정도·시간·거리가)거의 ~않다, 조금도[전혀] ~않다

☐☐☐
main
[메인]

파 mainly 📒 주로, 대부분, 대개

- 📖 가장 큰[중요한], 주된
  Riding a bicycle on main roads should be banned for
  safety reasons.
- 📖 (가스·수도·하수·전기 등의) 본관, 간선
- 📗 (도로를) 간선도로로 만들다

☐☐☐
outperform
[아웃포폼]

- 📗 능가하다, ~보다 더 성능이 뛰어나다
  Computers outperform humans on certain
  specialized tasks such as playing games.
- 4단콤보 outperform – outperformed – outperformed
  – outperforming

☐☐☐
overtime
[오버타임]

QX overtime pay
　　초과근무 수당

- 📖 초과근무 🔄 extra time
  Overtime pay can be an important instrument of
  union policy.
- 📒 (규정) 시간 외에
- 📖 시간외 노동의, 초과근무에 대한
- 📗 ~에 너무 많은 시간을 들이다

little 어린 왕자를 읽어 본 적 있니?
main 큰 도로에서 자전거를 타는 것은 안전상의 이유로 금지되어야 한다.
outperform 컴퓨터는 게임과 같은 특정한 전문 업무에서 인간을 능가한다.
overtime 초과근무 수당은 노조정책의 중요한 수단이 될 수 있다.

□□□
overwhelm
[오버웨름]

핵심 be overwhelmed by
주체를 못하다

📗 1. 당황하게 하다, 난처하게 하다 📕 embarrass
2. 압도하다 📕 overpower
The team was overwhelmed by the tremendous strength of their opponents.
3. 괴롭히다 📕 oppress
(4단콤보) overwhelm – overwhelmed – overwhelmed – overwhelming

□□□
pray
[프레이]

📘 prayer 📗 기도(문), 기도하는 사람
prayingly 📙 기도하면서, 간청하면서

📗 1. 기도하다
Pray much, but beware of telling God what you want.
2. 탄원하다 📕 supplicate
(4단콤보) pray – prayed – prayed – praying

□□□
present
[프레즌트]

📘 presence 📗 존재, 참석
presentation 📗 제출, 증정
presentment 📗 상기, 제시
presently 📙 현재, 곧

📗 1. 현재의, 있는
2. 참석[출석]한
3. 존재하는
📗 1. 선물
2. 현재, 지금
📗 1. 주다, 수여(증정)하다
2. 보여 주다, 나타내다
Participants attending the meeting must present their identification cards.
3. 출석[참석, 출두]하다
(4단콤보) present – presented – presented – presenting

overwhelm 그 팀은 상대팀의 엄청난 힘에 압도되었다.
pray 기도를 많이 하라, 하지만 네가 원하는 것을 신에게 말하는 것을 삼가라.
present 회의에 참석하는 참가자들은 본인 신분증을 보여줘야만 한다.

□□□

prevent

[프리벤트]

[파] prevention [명] 예방, 방지
preventability [명] 예방할 수 있음, 피할 수 있음

[숙어] **prevent A from ~ing**
A가 ~하는 것을 막다

[동] 1. 막다, 방해하다, (남을 방해하여) ~못하게 하다
[유] hinder
Fire doors **prevent** the fire from spreading.
2. 예방하다

[4단콤보] prevent – prevented – prevented – preventing

□□□

receive

[리시브]

[파] receipt [명] 영수증, 수령, 인수
reception [명] 접수처
receptive [형] 선뜻 받아들이는

[동] 1. 받다 [유] accept
Celebrities **receive** a lot of gifts from their fans.
2. (타격을) 막아내다 [유] parry
3. 수용하다 [유] take in, hold, contain

[4단콤보] receive – received – received – receiving

□□□

recommend

[레커멘드]

[파] recommender [명] 추선인
recommendation [명] 권고, 추천
recommendatory [형] 추천의, 권고의

[동] 1. 추천하다 [반] discommend
2. 권고하다, 충고하다, 권하다 [유] advise
Doctors **recommend** that older people should do regular exercise.
3. 위탁하다, 맡기다 [유] commend

[4단콤보] recommend – recommended – recommended – recommending

prevent 방화문은 불이 번지는 것을 막는다.
receive 연예인들은 팬들로부터 많은 선물을 받는다.
recommend 의사들은 나이든 사람들이 규칙적인 운동을 해야 한다고 권고한다.

□ □ □

refill
[리필]

㊟ refillable ㊰ 보충할 수 있는

㊌ 다시 채우다, 다시 넣다, 보충하다
One of the easiest ways to save the planet is to refill a reuseable water bottle.
㊊ 보충물, (음식물의) 두 그릇[잔]째

(4단콤보) refill – refilled – refilled – refilling

□ □ □

satin
[새튼]

㊟ satiny ㊰ 새틴 같은, 윤나는, 곱고 보드라운

㊰ 광택이 고운
The paint has a satin finish.
㊊ 비단결 같은 표면
㊌ (종이에) 공단 같은 윤을 내다

□ □ □

saw
[소]

㊟ sawer ㊊ 톱질하는 사람

㊊ 톱
㊌ 톱질하다, 톱으로 자르다
The carpenter is sawing the wood.

(4단콤보) saw – sawed – sawn, sawed – sawing

□ □ □

settle
[세틀]

㊟ settleable ㊰ 자리잡을[정착할] 수 있는

㊊ 긴 나무 의자
㊌ 1. 정착하다
2. 해결하다, 끝내다, 합의를 보다
My boss settled a sexual harassment claim with a former employee.
3. 결정하다
4. 진정[안정](시키다)되다

(4단콤보) settle – settled – settled – settling

refill   지구를 구하는 가장 쉬운 방법 중 하나는 재사용 가능한 물병을 다시 채우는 것이다.
satin   그 페인트는 칠을 해 놓으면 광택이 곱다.
saw   목수가 나무를 톱질하고 있다.
settle   내 상사는 전직 직원과 성희롱 클레임을 해결했다.

□ □ □
stay
[스테이]

Q.01 stay(stop) overnight
일박하다

ⓥ 머무르다, 남다, 지내다, 묵다
Patients who have done surgeries with larger incisions are required to stay overnight in the hospital.
ⓝ 머무름, 방문
(**4단꿀보**) stay – stayed – stayed – staying

□ □ □
address
[어드레스]

ⓟ addresser ⓝ 발신인, 말하는 사람
  addressor ⓝ 발행자, 청원인

ⓥ 1. 연설하다
  2. 처리하다, 다루다
    Many scientists have strived to address rapid climate change.
  3. 말을 걸다 ☻ speak to
  4. 주소 성명을 쓰다, 겉봉을 쓰다 ☻ superscribe
ⓝ 1. (답사 따위) 인사말
  2. 강연 ☻ speech
  3. 주소
(**4단꿀보**) address – addressed – addressed – addressing

□ □ □
afraid
[어프레이드]

more afraid (비교급)/most afraid (최상급)

Q.01 be afraid of
  ~을 두려워하다

ⓐ 1. 두려워하는, 무서워하는 ☻ frightened
    I discovered that the lions were afraid of the moving light.
  2. 염려하는, 걱정[근심]하는 ☻ apprehensive

---

stay 절개 부위가 큰 수술을 받은 환자들은 병원에서 하룻밤을 머물러야 한다.
address 많은 과학자들은 급격한 기후 변화를 처리하기 위해 노력해왔다.
afraid 나는 사자들이 움직이는 불빛을 무서워한다는 것을 발견했다.

☐ ☐ ☐

appear
[어피어]

_파 apparent ^형 분명한

_{숙어} **appear to do**
~인 듯하다, ~같이 보이다

^동 1. 나타나다, 출현하다
  2. ~인 듯하다, ~으로 여겨지다 ^유 seem
    Your cat appears to be infected with a virus.

(**4단콤보**) appear – appeared – appeared – appearing

☐ ☐ ☐

appointment
[어포인트먼트]

_파 appoint ^동 임명하다, 정하다

_{숙어} **make an appointment with**
~와 만날 약속을 하다

^명 1. (회합 따위의) 약속 ^유 arrangement, engagement
    I want to make an appointment with Dr. Lee as
    soon as possible.
  2. 지정, 선정 ^유 designation

☐ ☐ ☐

behind
[비하인드]

_파 behindhand ^형 밀린

^전 1. (장소) ~의 뒤에, ~의 배후에
    I found my 4 puppies behind my car.
  2. (시간·정각)보다 늦어서
^명 뒤, 등 쪽
^형 (행렬에서) 뒤에 오는
^부 (장소·순서·시간) 뒤에, 후에

appear 너의 고양이는 바이러스에 감염된 듯하다.
appointment 나는 가능한 빨리 이 박사와 약속을 하고 싶습니다.
behind 나는 내 차 뒤에서 4마리의 강아지를 발견했다.

□ □ □

consult
[컨설트]

파 consultor 명 상담자, 충고자
consultative 형 고문의, 상담의

숙어 consult with
~와 협의하다

동 1. (남과) 의논하다 유 take counsel, confer (with)
If you have a medical problem, you should consult
with your doctor.
2. ~의 의견을 묻다
3. 고려하다 유 consider
명 상의, 의논, 회의
4단콤보 consult – consulted – consulted – consulting

□ □ □

dare
[데어]

파 darer 명 도전자

동 1. 감히 ~할 용기가 있다, 과감하게 ~하다
2. (위험 따위에) 용감히 맞서다 유 venture
He will dare any danger.
3. 도전하다 유 challenge
명 도전, 대들기 유 challenge
4단콤보 dare – dared – dared – daring

□ □ □

delegate
[델리게잇]

파 delegator 명 대표자, 대리인
delegation 명 대표단

동 1. 임명하다, 대표시키다, 대표로서 파견하다 유 depute
South Korea was delegated to the UN conference
as a representative of Asia.
2. 위탁하다 유 entrust, commit
명 대표자, 파견단원
4단콤보 delegate – delegated – delegated – delegating

consult 의학적 문제가 있다면, 의사와 의논해야 한다.
dare 그는 어떤 위험도 맞설 것이다.
delegate 한국은 아시아 대표로서 유엔 회의에 임명되었다.

☐☐☐

diet

[다이어트]

[파] dietetic [형] 식사의, 영양학의

dietary [형] 음식물의, 규정식의, 식이 요법의

[명] 식습관, 식사, 규정식, 다이어트

Most women are interested in weight loss diet.

[동] 다이어트를 하다

[4단콤보] diet - dieted - dieted - dieting

☐☐☐

European

[유어러피언]

[파] Europe [명] 유럽

Europeanism [명] 유럽주의, 유럽풍

[명] 유럽인

Europeans enjoy soccer the most.

[형] 유럽의, 유럽 사람의

☐☐☐

fiber

[파이버]

[숙어] **synthetic fiber**

합성섬유

[명] 섬유(질), 섬유조직

This shirt is made of synthetic fiber.

☐☐☐

field

[필드]

[숙어] **in the field**

전문 분야에서

[명] 1. 들, 벌, 벌판, 목초지

2. 분야, 활동범위, 영역 [유] scope, province

Humphry Davy was a pioneer in the field of electrochemistry.

3. 싸움터, 전장 [유] battlefield

[형] 들의, 벌판의, 야수의, 경기장의

[동] 받아[잡아] 던지다

[4단콤보] field - fielded - fielded - fielding

diet 대부분의 여성들은 체중감량 다이어트에 관심이 있다.

European 유럽인들은 축구를 가장 좋아한다.

fiber 이 셔츠는 합성섬유로 만들어 졌다.

field Humphry Davy는 전기화학 분야의 선구자였다.

□ □ □

honor
[아너]

- 통 1. 존경하다, 존중하다, 귀히 여기다 ⊕ hold in honor
     We honor your contribution to this charity.
  2. 예배하다 ⊕ adore, worship
- 명 1. 명예, 면목, 명성, 신용 ⊕ good name, credit
  2. 존경, 경의 ⊕ respect, esteem, respectful regard
- (4단콤보) honor – honored – honored – honoring

□ □ □

launch
[론치]

- 통 1. (기업 등을) 시작하다, 착수하다, 일으키다
     ⊕ set going
     We launched the national campaign to enhance
     community support.
  2. 내보내다, 진출하게 하다 ⊕ send off
  3. (공격 등을) 개시하다 ⊕ begin, start, initiate
- 명 개시[출시/진수/발사](하는 행사)
- (4단콤보) launch – launched – launched – launching

□ □ □

moreover
[모로버]

- 부 더욱, 게다가, 더구나 ⊕ further
  He is smart, moreover, handsome.

---

honor 우리는 이 자선단체에 대한 당신의 공헌을 존경한다.
launch 우리는 지역사회의 지원을 강화하기 위해 전국적인 캠페인을 시작했다.
moreover 그는 똑똑하고 게다가 잘 생겼다.

☐☐☐

nowadays
[나우어데이즈]

몡 현대, 요즈음 윤 the present

튀 오늘날에는, 현대에는, 요즈음에는
윤 in these days, at the present time
People nowadays are taller than people in the past.

☐☐☐

offset
[오프셋]

통 1. 상쇄하다 윤 balance
Our company offset the loss with profits.
2. (장점으로 단점을) 보충하다, 메우다
윤 compensate for

몡 1. 상쇄한 것 윤 setoff
2. 보상, 보충 윤 compensation
3. (물건의) 갈래, 출발, 시초 윤 outset

4단콤보 offset – offset – offset – offsetting

☐☐☐

otherwise
[어더와이즈]

튀 1. 만약 그렇지 않으면 윤 else
2. 그 밖의 방법으로, 다른 식으로
윤 in another manner
3. 그 밖의 점에서는 윤 in other respects

휑 1. 다른 윤 different
2. 다른 종류의 윤 of another nature
3. 만약 그렇지 않다면 ~한
Some are wise, some are otherwise.

nowadays 요즘 사람들은 옛날 사람보다 더 키가 크다.
offset 우리 회사는 이익으로 손실을 상쇄시켰다.
otherwise 슬기로운 사람도 있지만 그렇지 않은 사람도 있다.

☐☐☐
release
[릴리스]

파 releasable 형 면제할 수 있는

동 1. 놓아주다, 풀어주다 유 let go, free
A good way to release your stress is listening to music.
2. 해방하다, 자유롭게 하다, 석방하다
유 set free, relieve (from)
3. (영화를) 개봉하다, 공개하다, 발표하다
유 make public
명 1. 해방, 석방 유 deliverance
2. 발사, (폭탄의) 투하 유 discharge
4단콤보 release – released – released – releasing

☐☐☐
reply
[리플라이]

파 replier 명 응답자

replies (복수형)

동 1. 대답하다, 답하다, 응답하다 유 respond
The defendant replied the prosecutor's question with truth.
2. 반향하다, 메아리치다 유 echo
명 응답, 회답, 대답 유 answer, response
4단콤보 reply – replied – replied – replying

☐☐☐
scout
[스카우트]

파 scouter 명 정찰자, 감시하는 사람

동 1. 스카우트하다, 발굴하다
He came to Korea to scout good soccer players.
2. 정찰하다, 수색하다 유 reconnoiter
명 스카우트
4단콤보 scout – scouted – scouted – scouting

release 당신의 스트레스를 풀어주는 좋은 방법은 음악을 듣는 것이다.
reply 피고인은 검사의 질문에 사실대로 응답했다.
scout 그는 좋은 축구선수들을 스카우트하기 위해 한국에 왔다.

□□□
semester
[시메스터]

[파] semestral [형] 6개월간의, 6개월마다 일어나는

[명] 학기, 반 학년; 6개월간
My younger brother who was discharged from the army is going back to school in the fall semester.

□□□
striking
[스트라이킹]

[파] strikingness [명] 두드러짐
strikingly [부] 두드러지게, 눈에 띄게

[숙어] **be (out) on (a) strike**
파업 중이다

[형] 1. 치는
2. 눈부신, 인상적인 [유] impressive
3. 파업 중의
Workers of the mine are on strike.
4. 돋보이는, 사람 눈을 끄는, 현저한 [유] remarkable

□□□
tournament
[투어너먼트]

[파] tourney [동] 토너먼트에 참가하다

[명] 시합, 경기 [유] contest
She won a golf tournament last year.

semester 군대에서 전역한 남동생은 가을 학기 때 복학할 것이다.
striking 광산 노동자들이 파업 중이다.
tournament 그녀는 작년에 골프 시합에서 우승했다.

□ □ □

trouble
[트러블]

파 troubler 몡 괴롭히는 사람[것],
　　　　　　걱정시키는 사람[것]
troublesome 톙 골칫거리인,
　　　　　　고질적인

숙어 be in trouble[difficulties]
난경에 처하다

몡 1. 근심, 역경, 걱정, 고민 윤 vexation, affliction,
　　 distress
　　 When an elephant is in trouble, even a frog will
　　 kick him.
　2. 난처한 일, 고생거리
　3. 병, 질환 윤 disease
　4. 말썽, 분쟁 윤 disturbance, disorder
통 1. 어지럽히다, 파란을 일으키다, 소란하게 하다
　　 윤 disturb, agitate
　2. 괴롭히다, 난처하게 하다, 근심[걱정]시키다
　　 윤 distress, worry, annoy
(4단콤보) trouble – troubled – troubled – troubling

□ □ □

unless
[언레스]

젭 1. 만약 ~이 아니라면 윤 if ~ not
　　 We'll miss the bus unless we walk more quickly.
　2. ~을 제외하고는 윤 except that

□ □ □

wait
[웨이트]

통 ~을 기다리다 윤 await
　 We still have a little time left, so let's wait a little
　 longer.
몡 기다리기, 대기
(4단콤보) wait – waited – waited – waiting

trouble 　코끼리가 역경에 처했을 때는 개구리조차도 코끼리를 걸어 차 버리려 한다.
unless 　우리는 좀 더 빨리 걷지 않으면 버스를 놓칠 것이다.
wait 　아직 약속 시간이 조금 있으니 조금만 더 기다려 보자.

□ □ □

whenever
[웬에버]

图 1. ~할 때는 언제나, ~할 때는 곧, 언제 ~하더라도
Whenever she goes out, she always takes her cat with her.

2. 하자마자 🔁 as soon as

🔁 도대체 언제

□ □ □

appreciate
[어프리쉬에이트]

㈜ appreciation 图 감탄, 감상
appreciable 图 주목할 만한
appreciatingly 🔁 시세가 올라

图 1. (사람이나 물건의) 진가를 알아보다

2. 감상하다
I regularly visit art museums to appreciate great artworks.

3. 감사하다

(4단콤보) appreciate – appreciated – appreciated – appreciating

□ □ □

cousin
[커즌]

㈜ cousinhood 图 사촌 관계
cousinship 图 사촌간

图 사촌, 친척, 일가 🔁 kinsman, kinswoman
She is one of cousins on my mother's side.

图 ~의 친척이라고 말하다 🔁 call cousins

□ □ □

effort
[에포트]

㈜ effortful 图 노력한, 노력이 필요한

图 1. 노력, 분투, 애씀, 수고, 노고 🔁 strain, attempt
Unceasing efforts are necessary to create a peaceful international environment.

2. 성과, 성취, 달성 🔁 achievement

whenever 그녀는 외출할 때에는 언제나 고양이를 데리고 간다.
appreciate 나는 뛰어난 예술품을 감상하기 위해 미술관에 정기적으로 방문한다.
cousin 그녀는 나의 엄마 쪽의 사촌들 중 한 명이다.
effort 평화로운 국제환경을 만들기 위해서는 끊임없는 노력이 필요하다.

□□□
flight
[플라이트]

[파] fly [동] 날다, 비행하다
flee [동] 달아나다, 도망하다

[숙어] return flight
왕복 항공편

[명] 1. 항공편, 항공기, 비행, 여행
Return flights are always considered as two separate flights, even if they were booked as part of one reservation.
2. 계단, 층계
[동] 차다, 치다, 던지다
[4단콤보] flight – flighted – flighted – flighting

□□□
front
[프런트]

[파] frontal [형] 앞면의
frontless [형] 정면이 없는

[명] 1. 앞면, 전면, 전방, 표면
The front gate of our school is made of iron.
2. 이마 [유] forehead
3. 최전선
[형] 전면에, 정면의, 표면의
[동] 1. ~에 향하다 [유] face towards
2. ~에 직면하다, 맞서다 [유] confront
[4단콤보] front – fronted – fronted – fronting

□□□
ground
[그라운드]

[숙어] lie[sit] on the (bare) ground
(땅)바닥에 눕다[앉다]

[명] 1. 땅바닥, 지면, 땅, 공터
He found his friend lying on the ground.
2. 배경
[형] (가루가 되게) 간[빻은]
[동] (배가[를]) 좌초되다[시키다]
[4단콤보] ground – grounded – grounded – grounding

flight 왕복 항공편은 예약한 항공편의 일부로 예약되었더라도 항상 두 개의 별도 항공편으로 간주된다.
front 우리 학교의 정문은 철로 만들어졌다.
ground 그는 땅바닥에 누워 있는 친구를 발견했다.

□ □ □

minute
[미닛]

파 minutely 자세하게, 상세하게,
　　　정밀하게

minuter (비교급)/minutest (최상급)

형 미세한, 대단히 상세한
　Minute particles can be only seen by microscopes.
명 (시간 단위의) 분, 잠깐, 회의록
동 회의록을 작성하다
（4단콤보） minute – minuted – minuted – minuting

□ □ □

reach
[리치]

파 reachability 명 도달 가능성

숙어 within reach
　　손이 닿는 곳에, 힘이 미치는 곳에

동 도달하다, 미치다
명 1. 손을 뻗음
　　I like to keep my mobile phone within reach.
　　2. 유효 범위
（4단콤보） reach – reached – reached – reaching

□ □ □

rest
[레스트]

파 rester 명 나머지
　restful 형 편안한
　restless 형 가만히 못 있는

명 1. 휴식, 수면, 쉼표
　　My mother deserves a rest after all years of
　　devotion.
　　2. 나머지, 다른 사람들[것들]
동 1. 쉬다, 휴식을 취하다
　　2. 그대로 있다
（4단콤보） rest – rested – rested – resting

minute　미세한 입자들은 현미경으로만 볼 수 있다.
reach　나는 휴대전화를 손이 닿는 곳에 두는 것을 좋아한다.
rest　나의 엄마는 수십 년간의 헌신 이후에 휴식을 누릴 자격이 있다.

□ □ □

season
[시즌]

파 seasoner 명 조미료, 양념
seasonal 형 계절에 따라 다른
seasonless 형 사계절(의 구별)이 없는
seasoned 형 경험 많은, 노련한

숙어 rainy(wet) season
장마철, 우기

형 1. 계절, 시절, 제철
A raincoat is useful in the rainy season.
2. 유행기, 활동기
3. 알맞은 때, 제때
4. 정기권 영 season ticket

동 1. (양념·향료 따위로) (음식)에 맛을 들이다, 조미하다,
양념을 치다 영 spice
2. 익게 하다 영 ripen
3. 완화하다, 누그러뜨리다 영 soften

4단콤보 season – seasoned – seasoned – seasoning

□ □ □

tired
[타이어드]

파 tiredness 명 피로, 권태
tiredly 부 피곤[피로]하여, 싫증나서

숙어 be tired of
~에 질리다

형 1. 피로한, 피곤한, 지친
Modern people are tired of repetitive routines.
2. (사람이 ~에) 싫증난

□ □ □

whole
[홀]

파 wholeness 명 전체, 일체
wholly 부 완전히, 전적으로

숙어 the whole day
하루 종일

형 1. 전부의, 전체의 영 entire
I spent the whole day writing.
2. 흠이 없는, 결함이 없는, 완전한 영 complete

명 1. 전체, 전부
2. 완전체(물)

season 비옷은 장마철에 유용하다.
tired 현대인은 반복적인 일과에 피로하다.
whole 나는 하루 종일 글을 쓰면서 보냈다.

□ □ □
adequate
[애디큇]

㉠ adequateness ㉱ 적당함, 충분함
   adequacy ㉱ 적절성, 타당성

㉱ 1. 적당한, 적절한, 타당한 ⊞ suitablen
     Adequate educational system is not yet arranged
     for children living in rural areas.
   2. 알맞은, 상당한, 충분한 ⊞ sufficient

□ □ □
admire
[애드마이어]

㉠ admiration ㉱ 감탄, 존경

㉱ 1. 감탄하다, 감탄하여 바라보다
     I really admire your enthusiasm.
   2. 좋아하다 ⊞ like

（4단꼼보） admire – admired – admired – admiring

□ □ □
anxiety
[앤자이어티]

㉠ anxious ㉱ 불안해하는, 염려하는

anxieties (복수형)

㉱ 1. 불안, 걱정 ⊞ uneasiness, concern, worry
     She suffers from anxiety and depression.
   2. 열망

□ □ □
arthritis
[아쓰라이티스]

㉠ arthritic ㉱ 관절염의, 관절염에 걸린

㉱ 관절염
   Patients with weak joints suffer greatly from arthritis.

---

adequate   적절한 교육 체계는 시골에 살고 있는 아이들에게는 아직 마련되지 않았다.
admire   난 당신의 열정에 정말 감탄한다.
anxiety   그녀는 불안과 우울증을 앓고 있다.
arthritis   관절이 약한 환자들은 관절염으로 큰 고통을 받는다.

□□□
besides
[비사이즈]

🔹 1. 더욱이, 또 ⊞ moreover
2. 그 위에, 게다가, 그 외에 ⊞ in addition, as well
She speaks Spanish besides German.
🔹 ~외에, ~에 덧붙여서, ~뿐만 아니라 ⊞ in addition to

□□□
borrow
[바로]

㉠ borrower ㉡ 대출자

📌 borrow A from B
B로부터 A를 빌리다

🔹 1. 빌리다, 차용하다 ⊞ lend
We borrowed books from the library.
2. 표절하다 ⊞ plagiarize (from)
4단콤보 borrow – borrowed – borrowed – borrowing

□□□
bulimia
[뷸리미어]

㉠ bulimic ㉡ 폭식증 환자

🔹 폭식증, 식욕 이상 항진 ⊞ hyperphagia
Bulimia is often caused by stress.

□□□
bullying
[불리잉]

bullies (단수형)

🔹 왕따, 왕따 시키기
🔹 괴롭히다, 왕따시키다, 협박하다
Bullying causes many problems in school or in society.
4단콤보 bully – bullied – bullied – bullying

besides 그녀는 독일어 이외에 스페인어도 말한다.
borrow 우리는 도서관에서 책을 빌렸다.
bulimia 폭식증은 종종 스트레스에 의해 야기된다.
bullying 왕따는 학교나 사회적으로 많은 문제점들을 야기한다.

☐☐☐
burst
[버스트]

ⓥ 1. 터지다, 파열하다 🔁 rupture
That balloon will burst if you blow it up more.
2. 별안간 나타나다[나오다·들어가다], 찢다, 째다
ⓝ 1. 파열, 폭발 🔁 explosion
2. 별안간 눈앞에 펼쳐지는 광경
4단콤보 burst – burst – burst – bursting

☐☐☐
calculus
[캘큘러스]

ⓝ 미적분학
The word calculus comes from Latin meaning "small stone".

☐☐☐
calendar
[캘린더]

ⓟ calendrical ⓐ 달력의, 달력에 관한

숙어 on the calendar
예정되어

ⓝ 1. 달력 🔁 almanac
Every year, I mark my birthday on the calendar.
2. 표, 목록, 일람표, 예정표 🔁 list, schedule
ⓥ 1. ~을 달력[일정표]에 적어 넣다, ~을 기록하다
🔁 register
2. ~을 예정하다 🔁 schedule

☐☐☐
chat
[챗]

ⓟ chatty ⓐ 수다스러운, 재잘거리는

숙어 chat with
~와 수다 떨다

ⓝ 잡담, 수다
ⓥ 잡담하다, 친밀히 이야기하다
My grandmother always chats with her neighbors.
4단콤보 chat – chatted – chatted – chatting

---

burst 조금만 더 불면 그 풍선은 터질 거야.
calculus 미적분이라는 단어는 작은 돌을 의미하는 라틴어에서 유래되었다.
calendar 매해, 나는 달력에 내 생일을 표시한다.
chat 나의 할머니께서는 항상 이웃들과 잡담을 하신다.

□ □ □

civilization
[시벌리제이션]

파 civilizational 형 문명인의, 세련된, 우아한

명 문명, 문화, 교화 반 barbarism
The development of future civilization is more natural than the present.

□ □ □

cleanse
[클렌즈]

파 clean 형 깨끗한
cleansable 형 깨끗이 할 수 있는, 세척할 수 있는

동 1. 씻다, 깨끗이 하다 유 clean
Be sure to cleanse your face after you wear a mask.
2. 소독하다 유 purge

4단콤보 clean – cleansed – cleansed – cleansing

□ □ □

coral
[코럴]

파 coralline 형 산호 모양의, 산홋빛의

명 산호, 산호빛
The island is full of blue coral.
형 산호의, 산호로 만든, 산호같은, 산호빛의

□ □ □

countryside
[컨트리사이드]

명 시골, 지방, 전원, 지방의 주민
In the countryside, many farmers are most busy at the time of harvest.

civilization 미래 문명의 발전은 현재보다 더 자연스럽다.
cleanse 마스크를 쓴 후에는 반드시 얼굴을 씻으세요.
coral 그 섬은 파란 산호로 가득하다.
countryside 시골에서, 많은 농부들은 수확하는 시기에 가장 바쁘다.

☐☐☐

crank

[크랭크]

[파] cranky [형] 기이한

명 1. (기계의) 크랭크, (내연 기관의) 시동 핸들
The crank role is important for the engine to run well.
2. 괴짜, 변덕
동 크랭크로 돌리다[돌다]

(4단콤보) crank – cranked – cranked – cranking

☐☐☐

cub

[컵]

[파] cubbish [형] 버릇 없는
cubbishly [부] 버릇 없이

명 1. 새끼 짐승 동 whelp
White tiger cubs are rare.
2. 견습생, 풋내기
형 견습하는, 풋내기의, 신출내기의
동 (어미 짐승이) 새끼를 낳다

(4단콤보) cub – cubbed – cubbed – cubbing

☐☐☐

diagnose

[다이어그노스]

[파] diagnoseable [형] 진단할 수 있는

숙어 be diagnosed with
~로 진단받다

동 진단하다
I was diagnosed with insomnia.

(4단콤보) diagnose – diagnosed – diagnosed – diagnosing

---

crank　엔진이 잘 돌아가기 위해서는 크랭크 역할이 중요하다.
cub　백호 새끼들은 희귀하다.
diagnose　나는 불면증으로 진단받았다.

☐ ☐ ☐
dietitian
(dietician)
[다이어티션]

명 영양사, 영양학자 유 nutritionist
Consult your dietitian if you want a healthy diet.

☐ ☐ ☐
eagle
[이글]

명 1. 독수리
The bald eagle is a symbol of the USA.
2. 독수리자리 유 Aquila

☐ ☐ ☐
economics
[에커나믹스]

파 economy 명 경제
economic 형 경제의
economical 형 경제적인

명 1. 경제학
She studied sociology and economics at University.
2. (한 나라의) 경제 상태

☐ ☐ ☐
emergency
[이머전시]

emergencies (복수형)

QN emergency number
구급 전화 번호

명 비상사태, 돌발 사태 유 exigency
Some people abuse emergency numbers for fun.

dietitian 건강한 식단을 원한다면 영양사와 상담하세요.
eagle 흰머리 독수리는 미국의 상징이다.
economics 그녀는 대학에서 사회학과 경제학을 공부했다.
emergency 어떤 사람들은 재미로 구급 전화번호를 악용한다.

□□□

forensic
[포렌식]

📖 forensically 🔵 범죄 과학적으로

🔲 **forensic scientist**
　법의학자

📘 1. 법의학적인
　The prosecution asked the forensic scientist to
　conduct an autopsy to find out his cause of death.
2. 법정의[에 관한]
3. 변론의, 논쟁의, 토론의 🔵 argumentative,
　rhetorical
📗 1. 변론[토론]술
2. 범죄 과학

□□□

gravity
[그래버티]

📖 grave 🔵 중대한, 중요한

gravities (복수형)

🔲 **the law of gravity**
　중력의 법칙

📘 1. 중력, 인력 🔵 gravitation
　Because of the law of gravity, the apple fell to the
　ground.
2. 중량, 무게 🔵 weight

□□□

hardly
[하들리]

📖 hard 🔵 단단한, 굳은, 딱딱한

📘 1. 거의 ~아니다, 거의 ~않다 🔵 almost not, scarcely
　The farmers were very worried because it had
　hardly rained for 10 days.
2. 엄하게, 몹시 심하게, 혹독하게
3. 불친절하게 🔵 harshly, unkindly

forensic　검찰은 그의 사인 규명을 위해 법의학자에게 부검을 의뢰했다.
gravity　중력의 법칙 때문에 사과는 땅에 떨어졌다.
hardly　10일째 거의 비가 내리지 않아 농부들은 무척 걱정했다.

□ □ □

herd
[허드]

Q01 herd instinct
집단 본능

🔵 1. 집단, 대중, 다수
Morality is herd instinct in the individual. (Friedrich Nietzsche)
2. 가축의 떼, 무리
🟢 떼를 이루다, 떼짓다 🔲 flock
4단콤보 herd – herded – herded – herding

□ □ □

insist
[인시스트]

📑 insistence 🔵 고집, 주장, 강조
insistent 🟡 고집[주장]하는, 우기는
insistingly 🟢 강요하듯이, 단언하여

Q01 insist on
~을 주장하다, ~을 강조하다
🔲 emphasize, assert, demand

🟢 주장하다, 고집하다 🔲 assert, state
Muslim women insist on their human rights.
4단콤보 insist – insisted – insisted – insisting

□ □ □

instance
[인스턴스]

🔵 1. 보기, 실례, 예증 🔲 example
2. 경우, 사실 🔲 case
🟢 보기[예]를 들다, ~을 예증하다 🔲 exemplify
The teacher often gives good instances to help students understand.
4단콤보 instance – instanced – instanced – instancing

---

herd 도덕은 개인 안에 있는 집단 본능이다. (프레드리히 니체)
insist 무슬림 여성들은 그들의 인권을 주장한다.
instance 선생님은 종종 학생들의 이해를 돕기 위해 적당한 예를 들곤 한다.

□ □ □

knock
[녹]

동 1. 두드리다, 노크하다
   Knock before you enter.
2. 때리다 유 strike
3. 깜짝 놀라게 하다 유 surprise, amaze

명 1. 타격 유 stroke, blow, hit
2. 문 두드리는 소리 유 rap

(4단콤보) knock – knocked – knocked – knocking

□ □ □

merger
[머저]

명 병합, 합병 유 combining
Share prices rose sharply after the merger of the two companies.

□ □ □

migrate
[마이그레이트]

동 이동하다, 옮겨 살다 유 emigrate, immigrate
Most birds migrate south to escape winter.

(4단콤보) migrate – migrated – migrated – migrating

파 migration 명 이주, 이동
   migrator 명 이주자, 철새
   migratory 형 이주[이동]하는

□ □ □

misuse
[미스유스]

명 남용, 오용, 악용 유 misapplication
동 1. 오용하다 유 misapply
   If you misuse drugs, it could be very dangerous.
2. 학대하다 유 illtreat

(4단콤보) misuse – misused – misused – misusing

파 misusage 명 오용, 악용, 학대, 혹사

knock 들어오기 전에 노크를 하시오.
merger 두 회사의 합병 이후 주가가 급격히 상승했다.
migrate 대부분의 새들은 겨울을 피하기 위해 남쪽으로 이동한다.
misuse 약물을 오용하면 매우 위험할 수 있다.

□□□

motivate
[모터베이트]

파 motivator 명 동기를 부여하는 사람[것]

구문 motivate A to do
A가 ~하도록 동기를 주다

동 ~에게 동기를 주다, 자극하다 유 impel, induce
Teachers motivate learners to acquire knowledge.

(4단콤보) motivate – motivated – motivated – motivating

□□□

overhear
[오버히어]

구문 overhear + 목적어 + 목적보어
(동사원형)
~가 …하는 것을 엿듣다

동 우연히 듣다, 몰래 듣다, 엿듣다
I overheard my boss saying that she would resign next month.

(4단콤보) overhear – overheard – overheard – overhearing

□□□

patriot
[페이트리어트]

파 patriotic 형 애국적인
patriotically 부 애국적으로,
애국심이 강하게

명 애국자, 우국지사
Ahn Jung-geun is a true patriot of Korea.

□□□

pension
[펜션]

파 pensionless 형 연금이 없는
pensionary 형 연금을 받는

명 연금, 생활 보조금, 수당
A pension is a retirement plan that provides a monthly income in retirement.

동 ~에게 연금을 주다

(4단콤보) pension – pensioned – pensioned – pensioning

motivate 선생님들은 학습자들에게 지식을 습득하도록 동기를 준다.
overhear 나는 상사가 다음 달에 사직하겠다는 말을 우연히 들었다.
patriot 안중근 의사는 한국의 진정한 애국자이다.
pension 연금이란 퇴직 시 월 소득을 제공하는 퇴직금이다.

□□□

plagiarize

(plagiarise)

[플레이저라이즈]

동 도용하다, 표절하다

The professor is famous for giving F to a student who plagiarizes.

(4단콤보) plagiarize – plagiarized – plagiarized – plagiarizing

□□□

protest

[프로테스트]

파 protestor 명 항의하는 사람

protestation 명 주장, 항변

protestingly 부 항의하며[하듯]

숙어 **protest against**

~에 대해서 항의하다

동 1. 항의하다 유 remonstrate

All workers protest against job discrimination.

2. 주장하다 유 affirm, assert

명 1. 항의, 불복 유 disapproval

2. 주장 유 protestation

(4단콤보) protest – protested – protested – protesting

□□□

proud

[프라우드]

파 pride 명 자랑스러움, 자부심, 긍지

proudly 부 자랑스럽게

prouder (비교급)/proudest (최상급)

숙어 **be proud of**

~을 자랑으로 여기다

형 1. 자랑하는, 뽐내는, 뻐기는 유 haughty

He was very proud of buying a new car.

2. 오만한 유 arrogant 반 humble

plagiarize　그 교수님은 표절하는 학생에게 F학점을 주는 것으로 유명하다.

protest　모든 근로자들은 직업 차별에 항의한다.

proud　그는 새 차를 구입한 것을 매우 자랑스러워했다.

□ □ □

push
[푸쉬]

폐 pushy 형 지나치게 밀어붙이는

동 1. 밀다, 떠밀다 반 pull, draw
When the door did not open, they pushed it all together.
2. 재촉하다 유 urge, impel
명 밀기, 떠밀기 유 shove, thrust
4단콤보 push – pushed – pushed – pushing

□ □ □

recall
[리콜]

크콤 recall + 동명사
~을 상기하다

동 1. 기억해내다, 상기하다 유 recollect, remember, remind
He could not recall having met her before.
2. 철회하다 유 take back, cancel, revoke
3. 회복시키다 유 revive, restore
명 1. 소환
2. 취소
4단콤보 recall – recalled – recalled – recalling

□ □ □

reduce
[리듀스]

폐 reducibility 명 변경[축소] 가능성
reducible 형 축소[환원]시킬 수 있는

동 줄이다 유 cut down, diminish, contract
Some vendors work by themselves to reduce expenses.
4단콤보 reduce – reduced – reduced – reducing

push 그 문이 열리지 않자, 그들은 다 함께 그 문을 힘껏 밀었다.
recall 그는 전에 그녀를 만났던 것을 기억할 수 없었다.
reduce 어떤 노점상들은 비용을 줄이기 위해 혼자 일한다.

☐☐☐
reef
[리프]

[파] reefy [형] 암초의, 암초같은

[명] 암초, 위험한 장애물
The anchor is caught on a reef.
[동] (돛을) 줄이다, 축범하다
[4단콤보] reef - reefed - reefed - reefing

☐☐☐
renew
[리뉴]

[파] renewal [명] 재개, 부활
renewable [형] 재생 가능한

[동] 1. 갱신하다
Please renew your passport before it expires.
2. 회복하다 [유] recover
3. 재건하다 [유] re-establish, rebuild, revive
[4단콤보] renew - renewed - renewed - renewing

☐☐☐
resist
[리지스트]

[파] resistance [명] 저항, 반대
resistibility [명] 저항력, 저항성
resistant [형] 저항력 있는, ~에 잘 견디는

[동] 1. 저항[반항]하다, 이겨내다, 참다, 견디다
[유] withstand
I couldn't resist Mom's homemade chocolate chip cookies.
2. 훼방하다 [유] impede, bar
3. 거스르다 [유] disregard, disobey
[명] 방부제, 방염제
[4단콤보] resist - resisted - resisted - resisting

☐☐☐
roommate
[룸메이트]

[명] 동숙자, 룸메이트
My roommate snores so hard that I can't sleep.

reef 닻이 암초에 걸려있다.
renew 만기 전에 여권을 갱신하세요.
resist 엄마가 손수 만드신 초콜릿 칩 쿠키를 참을 수가 없었다.
roommate 나의 룸메이트는 심하게 코를 골아서 잠을 잘 수가 없어.

rumor
(rumour)

[루머]

- 🅝 소문, 풍문
  The groundless rumors quickly spread.
- 🅥 소문내다
- **4단콤보** rumor – rumored – rumored – rumoring

search

[서치]

파 searcher 🅝 조사관
searchable 🅐 검색이 가능한

숙어 **search for**
~를 찾다

- 🅥 조사하다, 찾다 🔁 examine, explore
  Police are searching for my missing dog.
- 🅝 1. 수색, 탐색
  2. 탐구, 추구
- **4단콤보** search – searched – searched – searching

sketch

[스케치]

파 sketchy 🅐 대충의, 개략적인

숙어 **draw a sketch**
스케치하다

- 🅝 스케치, 초안, 개요 🔁 outline, rough draught
  He drew a sketch map of the area to save time.
- 🅥 스케치하다, 개요를 말하다[쓰다]
- **4단콤보** sketch – sketched – sketched – sketching

rumor 근거 없는 소문이 빠르게 퍼졌다.
search 경찰은 나의 실종된 개를 찾고 있다.
sketch 그는 시간을 절약하기 위해 그 지역 지도의 초안을 그렸다.

☐ ☐ ☐

spend
[스펜드]

⓹ spendable ⓸ 소비할 수 있는

⓵⓸ **spend A for B**
B하는 데 A를 소비하다

⓸ 쓰다, 소비하다 ⓹ consume, exhaust, use up
Many students do not spend much time for learning history.

⓸ 지출, 비용

(4단콤보) spend – spent – spent – spending

☐ ☐ ☐

staging
[스테이징]

⓸ (연극 따위의) 상연 ⓹ performance
Our drama club is interested in the modern staging of 'Hamlet'.

(4단콤보) stage – staged – staged – staging

☐ ☐ ☐

stuff
[스터프]

⓹ stuffy ⓸ 답답한

⓸ 1. 물건, 물질 ⓹ substance, matter
Get rid of the unnecessary stuff taking up your desk.

2. 잡동사니 ⓹ rubbish

3. 소재 ⓹ material

⓸ 1. 채워 넣다, 몰아넣다 ⓹ fill, pack

2. 가득 채우다 ⓹ crowd

(4단콤보) stuff – stuffed – stuffed – stuffing

spend 많은 학생들은 역사를 배우는 데 많은 시간을 쓰지 않는다.
staging 우리 연극 동아리는 '햄릿'의 현대적 상연에 관심이 많다.
stuff 책상을 차지하고 있는 불필요한 물건들을 치워라.

□ □ □

sue
[수]

파 suer 명 고소인, 탄원인

동 1. 고소하다
The driver, who thinks it is unfair, intends to sue the other driver.
2. 간청하다 유 beseech, entreat

(4단콤보) sue – sued – sued – suing

□ □ □

sunset
[선셋]

명 일몰, 해질녘, 해지는 쪽
We watched the sunset together on the first day of this year.
동 만료되다

(4단콤보) sunset – sunsetted – sunsetted – sunsetting

□ □ □

switch
[스위치]

파 switchable 형 전환할 수 있는

(콤보) power switch
전원 스위치

동 1. 전환[교환]하다 유 turn, shift, divert, exchange
2. ~의 스위치를 켜다
3. 매질하다 유 lash
명 1. 스위치, 개폐기
The computer did not work because the power switch was not turned on.
2. 채찍질 유 stroke, lash

(4단콤보) switch – switched – switched – switching

sue 억울하다고 생각한 운전자는 상대방 운전자를 고소할 작정이다.
sunset 우리는 올해 첫날에 함께 일몰을 보았다.
switch 전원 스위치가 켜져 있지 않아서 이 컴퓨터는 작동하지 않았다.

□ □ □

synthetic

[신쎄틱]

圃 synthesis 몡 종합, 통합

synthesize 툉 합성하다

예이 synthetic detergent
합성 세제

閾 1. 합성한, 인조의
The newly released synthetic detergent is excellent at removing any type of stain.
2. 종합적인 땐 analytic

□ □ □

throw

[쓰로]

예이 javelin throw
창던지기 경기

툉 1. 던지다, 내팽개치다 유 hurl, cast, fling
2. 쓰러뜨리다 유 floor
몡 던지기, 투구, 발사 유 cast, fling
He won a gold medal in the Olympic javelin throw.

4단콤보 throw – threw – thrown – throwing

□ □ □

tie

[타이]

예이 tie one's shoelaces(shoestrings)
신발 끈을 묶다

툉 1. 묶다, 졸라 매다 유 bind
Many kids do not know how to tie their shoelaces.
2. 붙들어[동여] 매다 유 fasten, attach
몡 1. 매는[맨] 것, 매듭 유 knot, loop
2. 줄 유 cord, string
3. 의리 유 bond, moral obligation

4단콤보 tie – tied – tied – tying

synthetic 새로 출시된 합성 세제는 얼룩제거에 탁월하다.
throw 그는 올림픽 창 던지기에서 금메달을 획득했다.
tie 많은 아이들은 신발 끈을 어떻게 묶는지를 모른다.

☐ ☐ ☐

upset
[업셋]

画 upsetting 휑 속상하게 하는

휑 1. 뒤엎다, 전복시키다 🔁 overthrow, overturn, capsize
2. 망치다 🔁 disturb, spoil, frustrate
3. 당황하게 하다 🔁 make nervous, distress
휑 1. 전복 🔁 overturning, tumble
2. (마음의) 동요 🔁 disturbance
3. 싸움 🔁 disagreement, quarrel
휑 뒤집힌, 혼란한, 엉망인
She was upset and needed time to calm down.

(4단콤보) upset – upset – upset – upsetting

☐ ☐ ☐

vacuum
[배큐엄]

画 vacuous 휑 멍청한, 얼빠진

(Q이) **vacuum cleaner**
진공청소기

휑 진공, 공허, 공백 🔁 void, gap, blank
휑 진공의
휑 전기 청소기로 청소하다
Use a vacuum cleaner to remove dust from the floor.

(4단콤보) vacuum – vacuumed – vacuumed – vacuuming

☐ ☐ ☐

witness
[윗니스]

휑 1. 증거, 증언 🔁 evidence, testimony, corroboration
The body is an instrument, the mind its function, the witness and reward of its operation. (George Santayana)
2. 목격자 🔁 eyewitness, spectator, bystander
휑 1. 목격하다
2. 증명하다 🔁 testify to

(4단콤보) witness – witnessed – witnessed – witnessing

upset 그녀는 혼란스러웠고 진정할 시간이 필요했다.
vacuum 바닥에 있는 먼지를 없애기 위해 진공청소기를 쓰시오.
witness 몸은 도구이다. 마음은 그 도구를 움직이는 기능, 증거, 보상이다. (조지 산타야나)

□□□
wake
[웨이크]

[파] awake [형] 잠들지 않은, 깨어 있는
wakeful [형] 잠을 못 이루는

[동] (잠에서) 깨다[일어나다], 깨우다
Don't wake the sleeping lion.

[명] 밤샘

[4단콤보] wake - woke - woken - waking

□□□
workout
[워카우트]

[명] (운동 경기의) 연습, 트레이닝
He used to listen to music during his workout.

wake 잠자는 사자를 깨우지마.
workout 그는 운동하는 동안 음악을 듣곤 했다.

01   I do not like spicy noodle **either**.

나는 매운 라면 ＿＿＿＿＿＿ 좋아하지 않는다.

02   If possible, you should **avoid** alcohol.

가능하면, 너는 술을 ＿＿＿＿＿＿ 한다.

03   **Quit** worrying about your health. It'll go away. (Robert Orben)

건강에 대한 걱정은 ＿＿＿＿＿＿. 건강이 달아날 테니. (로버트 오벤)

04   She **experts** the sale of sports cars.

그녀는 스포츠카 판매를 ＿＿＿＿＿＿.

05   We **fanned** each other to cool off.

우리는 더위를 식히기 위해 서로 ＿＿＿＿＿＿.

06   He is a **professor** of economics at the university.

그는 대학의 경제학 ＿＿＿＿＿＿이다.

07   It is easier to **prevent** bad habits than to break them. (Benjamin Franklin)

나쁜 습관은 고치는 것보다 ＿＿＿＿＿＿이 더 쉽다. (벤자민 프랭클린)

08   The piano performance was over, but there was **little** applause.

피아노 연주는 끝났지만, 박수갈채가 ＿＿＿＿＿＿.

answer

01 또한   02 피해야   03 그만둬라   04 전문으로 한다   05 부채질했다   06 교수   07 예방하는 것   08 거의 없었다

09 My Chinese friend had a **honor** watch given by the Google's CEO.

내 중국 친구는 구글의 최고 경영자가 준 _____ 시계를 가지고 있었다.

10 The company has not set a **launch** date.

회사는 _____ 날짜를 정하지 않았다.

11 We **reached** the top of the mountain before sunset.

우리는 일몰 전에 산 정상에 _____.

12 The government has prepared for a state of **emergency** following the typhoon.

정부는 태풍 이후 _____에 준비를 해왔다.

13 The total **spending** on my birthday party was over the budget.

내 생일 파티에 지출한 총 _____은 예산을 초과했다.

14 The brave boy was the first **witness**.

그 용감한 소년이 첫 번째 _____였다.

15 My teacher didn't give an **adequate** answer to the question.

내 선생님은 그 질문에 _____ 답을 해 주지 않았다.

answer

09 명예의　10 출시　11 도달했다　12 비상사태　13 비용　14 목격자　15 적절한

PART
02

Listening

Pre Check

이번 CHAPTER에서 학습하게 될 단어들입니다. 이미 알고 있는 단어가 얼마나 되는지 체크해 보세요.

O 알고 있는 단어 △ 애매한 단어 × 모르는 단어

☐ party	☐ improve	☐ project
☐ island	☐ invite	☐ respect
☐ between	☐ piece	☐ reunion
☐ cape	☐ plane	☐ soak
☐ choir	☐ preserve	☐ throughout
☐ coach	☐ remove	☐ tool
☐ surely	☐ tourist	☐ toward
☐ host	☐ anyway	☐ traditional
☐ exchange	☐ architecture	☐ vocalist
☐ enough	☐ assignment	☐ worry
☐ venue	☐ bar	☐ actual
☐ collect	☐ bright	☐ airline
☐ envelope	☐ contest	☐ altogether
☐ identical	☐ curious	☐ attire
☐ aside	☐ distinguish	☐ booking
☐ classmate	☐ ease	☐ boring
☐ course	☐ elegant	☐ capacity
☐ culture	☐ excellent	☐ classify
☐ facedown	☐ expense	☐ confident
☐ organize	☐ foreign	☐ correct
☐ parent	☐ fortunately	☐ decorate
☐ reason	☐ introduce	☐ decrease
☐ seem	☐ judge	☐ delicious
☐ shoot	☐ language	☐ deserted
☐ value	☐ legend	☐ destination
☐ against	☐ mark	☐ differ
☐ anyone	☐ marshal	☐ ensure
☐ audience	☐ mean	☐ entrance
☐ congratulation	☐ neat	☐ environment
☐ else	☐ nervous	☐ evaluate
☐ flat	☐ ordinary	☐ fade

☐ fascinate	☐ none	☐ serious
☐ favorite	☐ occasion	☐ similar
☐ fine	☐ onto	☐ strength
☐ friendly	☐ originate	☐ strict
☐ hang	☐ please	☐ structure
☐ historic	☐ plenty	☐ submit
☐ hundred	☐ position	☐ sudden
☐ hunger	☐ press	☐ suit
☐ hurt	☐ recreation	☐ surprise
☐ image	☐ region	☐ tight
☐ importance	☐ rehearsal	☐ tough
☐ indeed	☐ relax	☐ trend
☐ isolate	☐ remote	☐ truly
☐ knowledge	☐ renovate	☐ ultimate
☐ lay	☐ replace	☐ uncomfortable
☐ limit	☐ resume	☐ uneasy
☐ mix	☐ satisfy	☐ usual
☐ moment	☐ scene	☐ verify
☐ musician	☐ scholarship	☐ wild
☐ naturally	☐ seat	☐ withdraw
☐ nature	☐ senior	

□ □ □

party
[파티]

parties (복수형)

Labour Party
(영국의) 노동당

명 1. 파티
2. 정당, ~당
The central aim of the Labour Party is to speak up for everyone in fighting for social justice.
3. 일행, 동료

형 정당의, 양분된

동 파티를 열어 접대하다

4단콤보 party – partied – partied – partying

□ □ □

island
[아일런드]

파 insulate 동 절연 처리를 하다
insular 형 배타적인

명 섬
The island is famous for underwater tourism.

형 섬의, 섬나라의 유 insular

동 섬이 되게 하다, 격리하다 유 isolate

□ □ □

between
[비트윈]

부 사이에, 사이로

전 ~의 중간에, ~의 사이에
There is always a conflict between two or more people.

□ □ □

cape
[케입]

명 망토
The girl in the red cape is running away from wolves.

---

party 노동당의 주요 목표는 사회정의를 위해 싸우는 모든 사람들을 대변하는 것이다.
island 그 섬은 해저 관광으로 유명하다.
between 둘 이상의 사람들 사이에는 항상 갈등이 있다.
cape 빨간 망토를 걸친 소녀는 늑대들로부터 도망치고 있다.

□□□
choir
[콰이어]
파 choirlike 형 합창단 같은

명 합창대, 성가대
The choir of my school is quite famous.

□□□
coach
[코치]
파 coacher 명 코치

명 1. 마차
2. 코치
The meticulous coach replaced the player according to the opponent's tactics.
동 1. 마차로 나르다
2. (경기 감독자가) 코치하다
4단콤보 coach – coached – coached – coaching

□□□
surely
[슈얼리]

부 1. 확실히, 틀림없이 유 unerringly, firmly, undoubtedly, assuredly, inevitably
Technology has surely made our lives easier.
2. 안전하게 유 safely

□□□
host
[호스트]

명 1. 주인 유 proprietor, landlord
The host of this lodging house is unknown.
2. 사회자 유 compere
동 주최하다, 진행하다
4단콤보 host – hosted – hosted – hosting

choir 우리 학교의 합창대는 꽤 유명하다.
coach 치밀한 코치는 상대팀 전술에 맞게 선수를 교체했다.
surely 기술은 확실히 우리의 삶을 더 쉽게 만들었다.
host 하숙집 주인은 알려지지 않았다.

□□□

exchange

[익스체인지]

[파] exchangeable [형] 교환 가능한

[동] 교환하다 [유] barter, interchange, change

Students **exchange** their ideas when debating.

[명] 교환 [유] give and take

[4단콤보] exchange - exchanged - exchanged - exchanging

□□□

enough

[이너프]

[숙어] enough for
~에 있어서 충분한

[형] 충분한 [유] sufficient

Wouldn't this amount be **enough** for three people?

[명] 많음, 풍족 [유] plenty

[부] 충분히 [유] sufficiently, fully, quite

[감] 이젠 그만!(It is의 생략) [유] No more!

□□□

venue

[베뉴]

[명] 1. 장소, 사건 현장

A crime **venue** is not permitted to enter.

2. 개최지

□□□

collect

[컬렉트]

[파] collection [명] 수집품
collective [형] 집단의

[동] 수집하다, 모으다

I **collect** sports shoes.

[형] 요금을 수신자가 부담하는

[부] 수취인[수신자] 지불로, 착불로

[4단콤보] collect - collected - collected - collecting

exchange 학생들은 토론할 때 그들의 생각을 교환한다.
enough 이 정도의 양이면 3인이 먹기에 충분하지 않을까?
venue 범죄 장소는 출입이 허락되지 않는다.
collect 나는 운동화를 수집한다.

□ □ □
envelope
[엔벌롭]

명 봉투 유 wrapper
Make sure to fill in the address of the sender and receiver on the front of the envelope.

□ □ □
identical
[아이덴티컬]

파 identity 명 신원

형 동일한
These two car engines are identical.

□ □ □
aside
[어사이드]

숙어 stand aside
한쪽으로 비켜서다

부 한쪽으로, 곁으로, 곁에 떨어져서
She stood aside to let us pass.
명 방백

□ □ □
classmate
[클래스메이트]

명 동급생, 반 친구
We were classmates back in elementary school.

---

envelope 봉투 앞면에 보내는 사람과 받는 사람의 주소를 반드시 기입하시오.
identical 두 개의 자동차 엔진은 동일하다.
aside 그녀는 우리가 지나가도록 한쪽으로 비켜주었다.
classmate 우리는 초등학교 때 같은 반 친구였다.

□ □ □

course
[코스]

- 📖 1. 진로, 과정 🔁 route, way, direction, plan
- 2. 항로, 행로
  Sometimes, the course of our lives depends on what we do.
- 📖 빠르게 흐르다
- (4단콤보) course – coursed – coursed – coursing

□ □ □

culture
[컬처]

📘 culturist 📖 재배자
cul019ess 📖 문화[교양]가 없는
cultural 📖 문화의

- 📖 1. 문화, 교양 🔁 refinement
  She went abroad to study American culture last year.
- 2. 재배 🔁 cultivation
- 📖 1. (세균 등을) 배양하다, 경작하다 🔁 cultivate
- 2. 교화하다
- (4단콤보) culture – cultured – cultured – culturing

□ □ □

facedown
[페이스다운]

🅐🅓 lie facedown
엎드리다

- 📖 엎드려서, 얼굴을 숙이고
  She is lying facedown.
- 📖 결정적 대결 🔁 showdown

□ □ □

organize
[오거나이즈]

📘 organ 📖 장기(기관)
organization 📖 조직(체)
organic 📖 유기농의

- 📖 1. 구성하다, 준비하다, 조직하다
  We organized the Christmas party thoroughly.
- 2. 개최하다, 계획하다
- (4단콤보) organize – organized – organized – organizing

---

course 때때로, 우리 인생의 행로는 우리가 무엇을 하느냐에 달려있다.
culture 그녀는 작년에 미국 문화를 배우러 유학을 갔다.
facedown 그녀는 엎드려서 누워있다.
organize 우리는 크리스마스 파티를 철저히 준비했다.

□ □ □

parent
[페어런트]

ⓝ 부모, 보호자 🔄 protector, guardian
The path to being a true parent is tough.
ⓐ 부모님의

□ □ □

reason
[리즌]

ⓟ reasoner ⓝ 논리적인 사람
reasonable ⓐ 타당한, 합리적인

ⓞ a reason for
~의 이유

ⓝ 1. 이유, 까닭, 근거 🔄 cause
If one has no vanity in this life of ours, there is no
sufficient reason for living. (Lev Tolstoy)
2. 이성 🔄 intellectual faculty
3. 동기 🔄 motive
ⓥ ~을 논하다, 추론하다, 결론하다 🔄 conclude
(4단콤보) reason – reasoned – reasoned – reasoning

□ □ □

seem
[심]

ⓟ seemer ⓝ 겉치레하는 사람

ⓥ ~인 것 같이 보이다
I approached Jack first because he seemed very shy.
(4단콤보) seem – seemed – seemed – seeming

□ □ □

shoot
[슛]

ⓞ take(have) a shot at
~을 겨누다, 저격하다

ⓥ 1. (총 등을) 쏘다
2. (영화·사진을) 촬영하다[찍다]
3. (득점을) 올리다
ⓝ 1. 발사
The hunter took a shot at the boar.
2. (새로 돋아난) 순[싹]
3. 영화[사진] 촬영
(4단콤보) shoot – shot – shot – shooting

---

parent 진정한 부모가 되는 길은 험난하다.
reason 이 삶에서 우리가 자만심이 없다면 살아야 할 충분한 이유가 없다. (레프 톨스토이)
seem Jack이 매우 부끄러워하는 것 같이 보였기 때문에 나는 그에게 먼저 다가갔다.
shoot 사냥꾼은 멧돼지를 향해 총을 쏘았다.

□□□
value
[밸류]

[파] valuer [명] 감정인
valuate [동] 평가하다, 견적하다
valuable [형] 소중한

[명] 1. 가치, 값 [유] worth, merit
2. 평가 [유] estimation, valuation
[동] 평가하다, ~에 값을 매기다 [유] appraise
Due to COVID-19, the **value** of pharmaceutical companies' stocks has risen a lot.
[4단콤보] value - valued - valued - valuing

□□□
against
[어겐스트]

[숙어] **fight against** ~와 싸우다

[전] ~에 반대하여 [유] contrary to
Many developing countries are fighting **against** police corruption.
[접] ~까지에는 [유] by the time that

□□□
anyone
[애니원]

[전] 누구든지, 아무도 [유] anybody
My older brother left home without telling **anyone**.

□□□
audience
[오디언스]

[파] audient [명] 청중
[형] 듣는

[명] 1. 청중, 관객, 독자 [유] readers
The singer looked stunned when the **audience** began laughing.
2. 청취자 [유] listeners

value 코로나-19로, 제약 회사의 주식 가치가 많이 올랐다.
against 많은 개발도상국들은 경찰의 부패에 반대하여 싸우고 있다.
anyone 형은 아무에게도 말하지 않고 집을 떠났다.
audience 그 가수는 청중이 웃기 시작했을 때 망연자실해 보였다.

□□□

congratulation

[컨그래출레이션]

[파] congratulate [동] 축하하다

[명] 축하, 경축 [유] felicitation

I sent a card in congratulation of her promotion.

□□□

else

[엘스]

[숙어] **somebody else**
누군가 다른 사람

[형] 다른, 그 밖의

Ask somebody else to help you.

[부] 1. 그밖에, 달리 [유] in addition, besides

2. 대신에 [유] instead

[접] 아니면, 그렇지 않으면 [유] otherwise, if not

□□□

flat

[플랫]

[파] flatness [명] 평탄, 편평함
flatten [동] 납작해지다
flatly [부] 단호히

flatter (비교급)/flattest (최상급)

[숙어] **flat beer**
김빠진 맥주

[형] 1. 평평한

2. 김빠진

Temperature is one of the most common causes for a flat beer.

[명] 평평한 부분

[부] 평평하게

[동] 아파트[연립주택]에 살다

[4단콤보] flat – flatted – flatted – flatting

congratulation 나는 그녀의 승진을 축하하여 카드를 보냈다.

else 다른 누군가에게 도와 달라고 부탁해 봐.

flat 온도는 김빠진 맥주의 가장 흔한 원인 중 하나이다.

□ □ □

improve
[임프루브]

파 improvement **명** 향상
improvable **형** 개선할 수 있는

숙어 improve skill
기량(솜씨, 실력)을 향상시키다

동 향상시키다 **유** ameliorate
We want to improve our English skills.

4단콤보 improve – improved – improved – improving

□ □ □

invite
[인바이트]

파 invitation **명** 초대

동 초대하다, 초청하다
Thank you for inviting me, but I am so busy with my work.
명 초대, 초청

4단콤보 invite – invited – invited – inviting

□ □ □

piece
[피스]

명 1. 조각, 파편, 부분 **유** fragment, portion
The piece of wire inside a light bulb looks like a filament.
2. 주화 **유** coin
3. 작품
동 접합[연결]하다 **유** join up
4단콤보 piece – pieced – pieced – piecing

---

improve 우리는 영어 실력을 향상시키고 싶어한다.
invite 초대해 줘서 고맙지만, 일 때문에 나는 너무 바쁘다.
piece 전구 안에 있는 전선 한 조각은 가는 실처럼 보인다.

□□□

plane

[플레인]

[파] planeness [명] 평탄

[숙어] **catch a plane**
비행기를 잡아타다

[명] 비행기
The soccer players went to the airport to catch a plane.

[형] 평평한

[동] 미끄러지듯 가다, 활주하다

[4단콤보] plane – planed – planed – planing

□□□

preserve

[프리저브]

[파] preservation [명] 보존
preserver [명] 보호자
preservative [명] 방부제

[동] 보존하다, 보호하다 [유] protect, save, defend, shield

[명] 저장 식료품
Humans ought to preserve animals and plants.

[4단콤보] preserve – preserved – preserved – preserving

□□□

remove

[리무브]

[파] removal [명] 제거
remover [형] 제거제

[숙어] **remove(take out) stains(blurs, patches)**
얼룩을 빼다

[동] 1. 제거하다 [유] take away
Remove grease stains on your clothing.
2. 옮기다 [유] move, carry, shift
3. 파면하다 [유] displace, dismiss

[명] 1. 이동, 이사 [유] removal
2. 진급 [유] promotion

[4단콤보] remove – removed – removed – removing

plane 축구 선수들은 비행기를 타러 공항으로 갔다.
preserve 인간은 동물과 식물을 보존해야만 한다.
remove 옷에 묻은 기름 얼룩을 제거하시오.

☐ ☐ ☐
tourist
[투어리스트]

파 touristic 형 여행의

명 관광객
Many tourists love to visit Jeju Island.
형 관광객(용)의
동 여행하다

☐ ☐ ☐
anyway
[에니웨이]

부 어쨌든, 하여튼, 어떻게 해서든 동 anyhow
I don't want to get along with him anyway.

☐ ☐ ☐
architecture
[아키텍처]

파 architect 명 건축가
architectural 형 건축학[술]의
architectonic 형 건축학의

명 1. 건축물, 건축(술)
I got a lot of ideas from various architectures around the world.
2. (건조물의) 설계술 동 building

☐ ☐ ☐
assignment
[어사인먼트]

명 1. 숙제 동 homework
My assignment is due tomorrow.
2. 할당 동 allotment
3. 임명 동 appointment

tourist 많은 관광객들이 제주도를 방문하는 것을 좋아합니다.
anyway 난 어쨌든 그 녀석과 친하게 지내고 싶지 않아.
architecture 전 세계의 다양한 건축물에서 많은 아이디어를 얻었다.
assignment 내 숙제는 내일까지다.

□ □ □

bar
[바]

[4단콤보] bar – barred – barred – barring

웹 1. 막대(기)
This bar graph illustrates what TV programs men and women prefer.
2. 장애(물)
젠 ~을 제외하고
틍 막다, 차단하다

(4단콤보) bar – barred – barred – barring

□ □ □

bright
[브라이트]

때 brightness 웹 빛남, 밝음
brighten 틍 밝아지다
brightly 튄 밝게, 빛나게

brighter (비교급)/brightest (최상급)

웹 1. 빛나는 윤 shining 뻔 somber
2. 투명한 윤 clear, transparent
3. 총명한 윤 clever, intelligent
튄 밝게
Brightly light headlamps reduce car accidents.
웹 빛남 윤 brightness, splendor

□ □ □

contest
[칸테스트]

때 contester 웹 경쟁자
contestation 웹 논쟁
contestableness 웹 논쟁할 만함

웹 1. 대회, 경쟁 윤 competition
Next year, the Miss World Contest will be held in Brazil.
2. 논쟁 윤 debate, dispute
틍 1. 논쟁하다 윤 dispute
2. 경쟁하다 윤 contend

(4단콤보) contest – contested – contested – contesting

---

bar 이 막대그래프는 남성과 여성이 선호하는 TV 프로그램을 보여준다.
bright 밝게 비추는 전조등은 자동차 사고를 줄여준다.
contest 내년에 미스 월드 대회는 브라질에서 열릴 것이다.

□ □ □

curious
[큐어리어스]

㉤ curiously ㉯ 신기한 듯이, 호기심에서

㉤ curious about
~에 대해 궁금해 하는

㉠ 호기심이 강한 ㉦ strange, odd, singular, eccentric
I'm very curious about the person who lives next door.

□ □ □

distinguish
[디스팅귀쉬]

㉤ distinguisher ㉠ 구별하는 것[사람],
특징짓는 것
distinguishing ㉠ 특징적인
distinguishably ㉯ 구별 가능하여
distinguishingly ㉯ 독특하게

㉤ 1. 식별[판별]하다 ㉦ discern
Some of automated machines cannot distinguish
minor errors.
2. 분간[구별]하다 ㉦ discriminate, differentiate,
separate
(4단콤보) distinguish – distinguished – distinguished
– distinguishing

□ □ □

ease
[이즈]

㉤ easy ㉠ 쉬운

㉤ ease(relieve, soothe) pain
고통을 덜다

㉤ 1. 완화하다, 경감하다 ㉦ alleviate, relieve
This medicine has an excellent effect on easing
pain.
2. 편하게 하다 ㉦ ake comfortable
3. 안심시키다 ㉦ make easy
㉠ 1. 안정, 안락 ㉦ comfort
2. 평이 ㉦ facility ㉧ difficulty
(4단콤보) ease – eased – eased – easing

curious 옆집에 사는 사람이 무척 궁금하다.
distinguish 자동화된 기계의 일부는 사소한 실수를 식별할 수 없다.
ease 이 약은 통증을 완화시키는 탁월한 효과가 있다.

□ □ □

elegant
[엘리건트]

㈎ elegantly ㉒ 우아하게

㉑ 우아한 ㉘ graceful, tasteful, fine, nice
She is always so gorgeous and elegant.
㉤ 우아한 사람

□ □ □

excellent
[엑설런트]

㈎ excellence ㉤ 뛰어남
excel ㉐ 뛰어나다
excellently ㉒ 뛰어나게

㉑ 우수한 ㉘ extraordinary
The company has many excellent employees.

□ □ □

expense
[익스펜스]

㈎ expend ㉐ 쏟다, 들이다
expenseless ㉑ 지출이 없는
expensive ㉑ 비싼

㉤ 비용, 경비 ㉘ cost, charge, expenditure, payment
The expense of travelling around the world is enormous.

□ □ □

foreign
[포런]

㈎ foreignness ㉤ 이질성, 외국풍
foreignly ㉒ 해외로부터, 대외적으로

㉑ 외국의, 외래의 ㉕ home, domestic, inland
Learning foreign languages is common.

㈜ **foreign language**
외국어

---

elegant　그녀는 항상 너무 멋지고 우아하다.
excellent　그 회사에는 우수한 직원들이 많다.
expense　세계 일주를 하는 데 드는 비용은 어마하다.
foreign　외국어를 배우는 것은 흔하다.

□ □ □
fortunately
[포쳐넛리]

🔵 다행히, 운 좋게
Fortunately, the world economy recovered slowly.

□ □ □
introduce
[인트러듀스]

㊟ introducer 🔵 소개자, 창시자
introduction 🔵 도입, 전래

🔵 1. 소개하다 🔷 present, bring in, launch
I want to introduce John who is going to work with
us from next Monday.
2. 도입하다
(4단콤보) introduce – introduced – introduced –
introducing

□ □ □
judge
[저지]

㊟ judgment 🔵 판단, 심판
judgingly 🔵 재판으로, 판단으로

🔵 판사, 재판관
A judge must impose a heavy sentence on a brutal
criminal.
🔵 1. 재판하다, 선고하다 🔷 sentence, decree
2. 감정하다 🔷 appraise
(4단콤보) judge – judged – judged – judging

□ □ □
language
[랭귀지]

🔵 언어, 말
She is capable of speaking four languages.

fortunately 다행히, 세계 경제는 천천히 회복되었다.
introduce 나는 다음 주 월요일부터 우리와 같이 일할 John을 소개하고 싶다.
judge 판사는 잔인한 범죄자에게 무거운 형량을 내려야만 한다.
language 그녀는 4개의 언어를 말할 수 있다.

□ □ □
legend
[레전드]

파 legendry 명 전설류, 설화집
legendary 형 전설적인, 아주 유명한

명 전설, 신화 동 traditional tale, myth
Zeus is the greatest legend in Greek mythology.

□ □ □
mark
[마크]

명 1. 자국, 흔적, 표시
There was a mark of kimchi on the white shirt.
2. 점수
동 1. 표시하다
2. 채점하다
4단콤보 mark – marked – marked – markin

□ □ □
marshal
[마셜]

숙어 a fire marshal
소방대장

명 서장, (육군) 원수, 경찰관
The Fire Marshal is coming at eleven for an inspection.
동 배열[정리]하다 동 array, arrange, assemble
4단콤보 marshal – marshalled – marshalled – marshalling

□ □ □
mean
[민]

형 비열한, 인색한
The host of this building is greedy and mean.

legend Zeus는 그리스 신화에 나오는 최고의 전설이다.
mark 흰 셔츠에 김치 자국이 남아 있었다.
marshal 소방서장이 11시에 점검을 나오신다고 합니다.
mean 이 건물의 주인은 탐욕스럽고 인색하다.

☐ ☐ ☐

neat
[닛]

파 neatness 명 정돈됨
　neatly 부 깔끔하게, 말쑥하게

neat (복수형)
neater (비교급)/neatest (최상급)

형 정돈된, 단정한, 깔끔한
I want to have neat handwriting.

☐ ☐ ☐

nervous
[너버스]

파 nervousness 명 신경과민
　nerve 명 신경
　nervously 부 신경질적으로

형 불안해하는, 신경이 과민한 유 excitable, irritable
Everybody is nervous before a job interview.

☐ ☐ ☐

ordinary
[오더네리]

파 ordinariness 명 평상 상태, 보통
　ordinarily 부 정상적으로

ordinaries (복수형)

형 1. 일반적인, 평범한 유 commonplace, usual, common
　　To my mind to kill in war is not a whit better than to
　　commit ordinary murder. (Albert Einstein)
　2. 관례의 유 customary
　3. 정규의, 정상적인 유 regular, normal 반 special
명 보통 일[것, 사람]

---

neat　나는 깔끔한 글씨체를 갖고 싶다.
nervous　취업 면접 전에 모두들 불안해한다.
ordinary　내게 전쟁 중 살인은 일반적인 살인을 저지르는 것과 별반 다를 바 없다. (알버트 아인슈타인)

□ □ □
project
[프라젝트]

파 projection 명 예상, 추정

명 계획, 기획
Her new project obviously demonstrates a scarcity of residential land in Seoul.
동 1. 계획하다
2. 던지다 ❸ throw, hurl
3. 투영하다

(4단콤보) project – projected – projected – projecting

□ □ □
respect
[리스펙트]

파 respectful 형 존경심을 보이는
respectable 형 존경할 만한

동 존경하다 반 despise
Students respect their English teacher.
명 존경, 존중 반 disrespect

(4단콤보) respect – respected – respected – respecting

□ □ □
reunion
[리유니언]

명 1. 재결합, 합동
2. 동창회
Let's go to the reunion together this weekend.

□ □ □
soak
[소크]

파 soaking 명 흠뻑 젖음
형 흠뻑 젖은

동 1. 젖다, 적시다, 담그다
Leave the stained shirt to soak for 20 minutes.
2. (액체를) 빨아들이다
3. 스며들다, 스며나오다
명 적심, 담금

(4단콤보) soak – soaked – soaked – soaking

project 그녀의 새로운 계획은 서울에 주거 지역의 부족을 명백하게 보여준다.
respect 학생들은 영어 선생님을 존경한다.
reunion 이번 주말에 동창회에 같이 가자.
soak 얼룩진 셔츠를 20분 동안 물에 담긴 채로 두어라.

□ □ □
throughout
[쓰루아웃]

㉥ ~동안 쭉, 내내
Throughout the year, the library is open.
㉤ 1. 도처에
2. 처음부터 끝까지 ㊤ all through, right through

□ □ □
tool
[툴]
㉻ toolless ㉧ 연장이 없는

㉱ 1. 도구, 연장
Unlike animals, humans can use tools.
2. 수단
㉧ 연장으로 만들다
(4단콤보) tool – tooled – tooled – tooling

□ □ □
toward
[토드]

㉥ 1. ~쪽으로, ~을 향해
A single grateful thought toward Heaven is the
most complete prayer.
2. ~을 위하여
㉧ 임박해 오는 ㊤ impending

□ □ □
traditional
[트러디셔널]
㉻ tradition ㉧ 전통
traditionality ㉧ 전통성
traditionally ㉤ 전통적으로

㉧ 전통의, 전통적인 ㊤ conventional, old,
old-fashioned
Traditional values should not be fully neglected.

throughout 일 년 내내, 그 도서관은 문을 연다.
tool 인간은 동물과 달리 도구를 이용할 수 있다.
toward 하늘을 향해 감사하는 생각은 가장 완전한 기도이다.
traditional 전통적인 가치는 완전히 무시되어서는 안 된다.

□□□
vocalist
[보컬리스트]

- 몡 성악가, 가수
  He is the most famous vocalist in Korea.

□□□
worry
[워리]

- 파 worriment 몡 걱정, 근심
  worrisome 몡 걱정스러운
  worrying 몡 걱정되는

worries (복수형)

- 통 걱정하다, 걱정시키다
- 몡 걱정, 근심 🔁 concern
  My worry is that the earth is getting hotter.
- **4단콤보** worry – worried – worried – worrying

□□□
actual
[액추얼]

- 파 actualness 몡 현실성, 실제임
  actuality 몡 실제, 실재
  actually 분 실제로, 정말로

- 혱 실제의, 현실의
  Please check the actual size of the clothes before ordering.
- 몡 현실(의 것) 🔁 reality

□□□
airline
[에어라인]

- 몡 1. 항공 회사
  The airline has an excellent customer service record.
  2. 정기 항공(로)

vocalist 그는 한국에서 가장 유명한 성악가이다.
worry 나의 걱정은 지구가 계속 더워지고 있다는 것이다.
actual 주문 전에 실제 옷의 크기를 확인해 주세요.
airline 그 항공 회사는 훌륭한 고객 서비스 기록을 가졌다.

☐ ☐ ☐

altogether
[올터게더]

- 🖳 전적으로, 완전히, 전혀 🈁 entirely
  I am not altogether sure that I'd trust him.
- 🖳 전체 🈁 whole

☐ ☐ ☐

attire
[어타이어]

🏷 casual attire
편한 복장

- 🖳 옷차림, 의복, 복장
  He is dressed in casual attire.
- 🖳 차려 입히다 🈁 dress up

☐ ☐ ☐

booking
[부킹]

🏷 advance booking
사전 예약

- 🖳 예약
  No advance booking is necessary.

☐ ☐ ☐

boring
[보링]

🏷 boringly 🖳 싫증 날 정도로

- 🖳 지루한, 따분한
  The movie I watched yesterday was boring.

altogether 나는 내가 그를 믿을 것이라고 완전히 확신하지는 않는다.
attire 그는 간편한 옷차림을 하고 있다.
booking 사전 예약은 필요 없습니다.
boring 어제 시청한 영화는 지루했어.

□ □ □
capacity
[커패서티]

㉛ capacious ㉝ 널찍한

capacities (복수형)

㉝ 1. 용량, 수용력(량)
　2. 능력, 재능
　　Effort is more important than capacity to study.
㉝ 최대한의

□ □ □
classify
[클래서파이]

㉛ classification ㉝ 분류

㉤ 분류하다, 구별하다
You should classify movie posters based on their genre.

4단콤보 classify – classified – classified – classifying

□ □ □
confident
[칸퍼던트]

㉛ confide ㉤ (비밀을) 털어놓다
　confidence ㉝ 신뢰
　confident ㉝ 자신감 있는
　confidently ㉣ 자신 있게

㉇ confident in
　~에 대해 자신만만한

㉝ 자신하는, 자신만만한 ㉕ self-assured, certain, convinced
I am confident in winning the first prize.

capacity　노력은 공부하는 능력보다 더 중요하다.
classify　너는 영화포스터를 장르에 따라 분류해야 한다.
confident　나는 1등상을 탈것에 자신만만하다.

□□□
correct
[커렉트]

[파] correction [명] 정정
correctness [명] 정확함
correctly [부] 바르게

[숙어] correct mistakes
실수를 바로잡다

[형] 옳은, 틀림없는 [반] incorrect
[동] (잘못을) 정정하다, 고치다, 바로잡다
It is good to try to **correct** your mistakes.
[4단콤보] correct – corrected – corrected – correcting

□□□
decorate
[데커레이트]

[파] decoration [명] 장식품
decorative [형] 장식용의

[동] 1. 장식하다
I **decorated** her birthday cake.
2. ~에게 훈장을 주다
[4단콤보] decorate – decorated – decorated – decorating

□□□
decrease
[디크리스]

[파] decreasing [형] 감소하는
decreasingly [부] 점점 줄어

[동] 줄다, 줄이다
We have to **decrease** air pollution to prevent global warming.
[명] 감소
[4단콤보] decrease – decreased – decreased – decreasing

correct 실수를 고치려고 노력하는 것은 좋은 것이다.
decorate 나는 그녀의 생일 케이크를 장식했다.
decrease 지구 온난화를 막기 위해 대기오염을 줄여야만 한다.

□ □ □

delicious

[딜리셔스]

[파] deliciousness [명] 맛 좋음
deliciously [부] 맛 좋게

[형] 맛좋은, 맛있는 [유] good-tasting
When I am depressed, I tend to eat something delicious.

□ □ □

deserted

[디저티드]

more deserted (비교급)/
most deserted (최상급)

[형] 1. 인적이 끊긴
2. 버림받은 [유] abandoned
People do not understand the value of deserted buildings.

□ □ □

destination

[데스터네이션]

[명] 목적지
The destination of this train is Busan.

□ □ □

differ

[디퍼]

[파] difference [명] 차이, 다름
different [형] 다른

[숙어] differ with
~와 의견이 다르다

[동] 다르다, 의견을 달리하다
My boyfriend differs with me entirely.

[4단콤보] differ - differed - differed - differing

delicious 나는 우울할 때 맛있는 것을 먹는 경향이 있어.
deserted 사람들은 버려진 건물들의 가치를 이해하지 못한다.
destination 이 열차의 목적지는 부산이다.
differ 내 남자친구는 나와 의견이 전혀 다르다.

□ □ □

ensure
[인슈어]

📕 ensurer 📖 보장하는 사람
　sure 📖 확신하는

📗 보장하다, 보증하다 🔧 guarantee, secure, make sure
We can ensure that a group work can teach more important skills than working alone.

(4단콤보) ensure – ensured – ensured – ensuring

□ □ □

entrance
[엔트런스]

📕 enter 📖 들어가다

📖 1. 입구
The entrance is in the center of the building.
2. 들어감

□ □ □

environment
[인바이어런먼트]

📕 environ 📖 둘러싸다
　environmental 📖 환경의
　environmentally 📖 환경적으로

📖 1. 환경
Nurses in big hospitals are eager to change working environment.
2. 분위기 🔧 surroundings, setting, atmosphere

□ □ □

evaluate
[이밸류에이트]

📕 evaluator 📖 평가하는 사람
　evaluation 📖 평가
　evaluative 📖 평가하는

📗 평가하다 🔧 rate, judge, estimate, weigh
Scientists in pharmaceutical companies conduct research to evaluate the effectiveness of different drugs.

(4단콤보) evaluate – evaluated – evaluated – evaluating

---

ensure 우리는 집단 작업은 혼자 일하는 것보다 더 중요한 기술을 가르칠 수 있다는 것을 보장할 수 있다.
entrance 입구는 건물 중앙에 있다.
environment 큰 병원 간호사들은 업무 환경이 바뀌기를 열망한다.
evaluate 제약회사의 과학자들은 다른 약들의 효과를 평가하기 위한 연구를 수행한다.

□ □ □

fade
[페이드]

파 fadedness 명 색[빛]이 바램

숙어 **fade away**
사라지다

동 (빛깔이) 바래다, (소리가) 사라지다, (안색이) 나빠지다, (꽃이) 시들다 유 wither
It is better to burn out than fade away. (Kurt Cobain)
명 사라져 감

4단콤보 fade – faded – faded – fading

□ □ □

fascinate
[패서네이트]

파 fascination 명 매력
　fascinative 형 매혹적인
　fascinatedly 부 매료되어

동 매혹하다, 반하게 하다, 황홀하게 하다 유 charm
Greek mythology always fascinates me.

4단콤보 fascinate – fascinated – fascinated – fascinating

□ □ □

favorite
[페이버릿]

favorites (단수형, 복수형)
more favorite (비교급)/
most favorite (최상급)

형 마음에 드는, 가장 좋아하는
My favorite animal is steak. (Fran Lebowitz)
명 좋아하는 사람

---

fade 서서히 사라지기보다 한 번에 타버리는 것이 낫다. (커트 코베인)
fascinate 그리스 신화는 항상 나를 매혹시킨다.
favorite 내가 가장 좋아하는 동물은 스테이크이다. (프란 레보비츠)

□□□

fine

[파인]

[파] fineness [명] 촘촘함

finer (비교급)/finest (최상급)

[형] 1. 좋은, 질 높은
2. 미세한

[명] 벌금
The amount of a fine can be determined case by case, but it is often announced in advance.

[부] 잘, 괜찮게

[동] 벌금을 물리다, 부과하다

[4단콤보] fine – fined – fined – fining

□□□

friendly

[프렌들리]

[파] friendliness [명] 우정

friendlies (복수형)
friendlier (비교급)/friendliest (최상급)

[형] 친한, 친절한, 호의 있는 [유] kindly, favorable
Our butler is friendly and generous to us.

[명] 우호적인 사람

[부] 친구처럼, 친절하게

□□□

hang

[행]

[동] 1. (물건을) 걸다 [유] suspend
Hang your coat and hat on the hanger.
2. 교수형에 처하다

[명] 걸림새, 늘어진 모양

[4단콤보] hang – hung(hanged) – hung(hanged) – hanging

fine 벌금 액수는 사례별로 결정될 수 있지만, 종종 사전에 고지된다.
friendly 우리 집사는 우리에게 친절하고 관대하다.
hang 외투와 모자를 옷걸이에 걸어라.

□□□
historic
[히스토릭]

[파] history [명] 역사

[형] 역사(상)의, 역사적인, 역사적으로 [유] historical
The area has its **historical** value.

□□□
hundred
[헌드러드]

[명] 100(개), 100명
[형] 100(개)의, 100명의
This painting is worth **hundreds** of dollars.

□□□
hunger
[헝거]

[파] hungry [형] 배고픈

[명] 1. 굶주림, 기아
Many children in Africa are at risk of dying from extreme **hunger**.
2. 갈망
[동] 1. 굶주리다
2. 갈망하다, 열망하다 [유] yearn
[4단콤보] hunger - hungered - hungered - hungering

□□□
hurt
[허트]

[파] hurtful [형] 마음을 상하게 하는

[동] 1. 다치게 하다
I **hurt** my knees.
2. (감정을) 상하게 하다
[명] 상처, 아픔
[형] 1. 부상당한
2. (마음·명성 등이) 상처를 입은
[4단콤보] hurt - hurt - hurt - hurting

historic 그 지역은 역사적 가치가 있다.
hundred 이 그림은 가치가 수 백 달러 이다.
hunger 아프리카의 많은 어린이들은 극심한 굶주림으로 죽을 위험에 처해 있다.
hurt 나는 무릎을 다쳤다.

Word

□ □ □
image
[이미지]

파 imager 명 조각가
imagine 동 상상하다

명 1. 이미지
Scientists have obtained the first image of a black hole using a telescope.
2. 닮은 사람(것)
동 상상하다, 묘사하다

□ □ □
importance
[임포턴스]

파 important 형 중요한

명 중요성, 중대성
The importance of saving water should be emphasized.

□ □ □
indeed
[인디드]

부 정말로, 참으로 유 really
I was indeed glad to hear that my mother was discharged from the hospital.
감 저런, 설마

□ □ □
isolate
[아이설레이트]

파 isolation 명 고립
isolable 형 고립시킬 수 있는

동 격리하다, 고립시키다
People suffering from high fever should be isolated.
(4단콤보) isolate – isolated – isolated – isolating

image 과학자들은 망원경을 사용하여 블랙홀의 첫 이미지를 얻었다.
importance 물 절약의 중요성은 강조되어야 한다.
indeed 나는 엄마가 병원에서 퇴원하셨다는 소식을 듣고 정말로 기뻤다.
isolate 고열로 고생하는 사람은 격리되어야 한다.

□ □ □

knowledge

[날리지]

[파] know [동] 알다

knowledgeless [형] 지식이 없는

[숙어] **(a) profound(deep) knowledge**

심오한 지식

[명] 지식, 학식

He has a profound knowledge of the earth.

□ □ □

lay

[레이]

[숙어] **lay eggs**

알을 낳다

[동] 1. 놓다, 두다

2. (알을) 낳다

The fish lay thousands of eggs at one time.

[형] 전문 지식이 없는, 문외한의

[4단콤보] lay – laid – laid – laying

□ □ □

limit

[리밋]

[파] limitation [명] 제약, 한계

limitlessness [명] 제한 없음

limitless [형] 방대한

limitlessly [부] 제한 없이

[숙어] **speed limit**

(자동차 등의) 제한 속도, 최고 속도

[명] 제한, 한계(선)

Children's zones require stricter speed limits.

[동] 한정하다, 제한하다 [유] restrict

[4단콤보] limit – limited – limited – limiting

knowledge 그는 지구에 대한 해박한 지식을 가지고 있다.

lay 그 물고기는 한 번에 수천 개의 알을 낳는다.

limit 어린이 구역은 더 엄격한 속도 제한이 필요하다.

□□□
mix
[믹스]
[파] mixable [형] 혼합할 수 있는

[동] 섞이다, 섞다, 혼합하다 [유] blend, brew, variety, compound, composite
[명] 혼합(물)
This juice is a blended mix of banana, kiwi and orange.
[4단콤보] mix - mixed - mixed - mixing

□□□
moment
[모먼트]
[파] momentary [형] 순간적인
momentous [형] 중대한
momently [부] 시시각각으로

[명] 1. 순간 [유] instant
Meeting you is the best moment in my life.
2. 중요(성)

□□□
musician
[뮤지션]
[파] musicianly [형] 음악가다운

[명] 음악가
She is a talented musician and movie star.

□□□
naturally
[내처럴리]

[부] 당연히, 원래, 자연히
My friend has naturally curly hair.

mix 이 주스는 바나나, 키위 그리고 오렌지가 뒤섞인 혼합물이다.
moment 너를 만나는 것은 내 인생에서 최고의 순간이야.
musician 그녀는 재능 있는 음악가이자 영화배우이다.
naturally 내 친구는 원래 곱슬머리이다.

□ □ □

nature
[네이처]

[파] natural [형] 자연의

[명] 자연, 천성
The conservation of nature has been emphasized for the next generation.

□ □ □

none
[넌]

[숙어] none of
~중 아무(것)도 ~않다

[대] 1. 아무도 ~않다
None of parents teach their children to be a deceitful person.
2. 조금도(전혀) ~않다
[부] 결코(조금도) ~않다

□ □ □

occasion
[어케이전]

[파] occasional [형] 가끔의

[명] 1. (특수한) 경우, 때
Why do you cry on this happy occasion?
2. 이유
[동] ~의 원인이 되다, 생기게 하다

(4단콤보) occasion – occasioned – occasioned – occasioning

□ □ □

onto
(on to)
[온투]

[전] ~위에
Many participants put badges onto their bags.

---

nature　자연의 보존은 다음 세대들을 위해 강조되어 왔다.
none　부모들 중 누구도 그들의 아이들에게 남을 속이는 사람이 되도록 가르치지 않는다.
occasion　이토록 행복한 때에 너는 왜 우니?
onto　많은 참가자들은 배지를 가방 위에 붙였다.

□□□

originate
[어리저네이트]

[파] origin [명] 기원, 근원
origination [명] 시작, 일어남
originative [형] 독창적인

[동] 유래하다, 시작하다, 발생하다
Where did the word soccer originate?

[4단콤보] originate – originated – originated – originating

□□□

please
[플리즈]

[파] pleasure [명] 기쁨, 즐거움
pleasant [형] 쾌적한
pleasable [형] 만족시킬 만한
pleasedly [부] 기쁘게

[동] 1. 기쁘게 하다
2. 좋아하다 [유] like
3. 원하다 [유] wish

[부] 부디, 제발, 미안하지만
Please be quiet.

[4단콤보] please – pleased – pleased – pleasing

□□□

plenty
[플렌티]

[파] plentiful [형] 풍부한
plenteous [형] 풍부한

plenties (복수형)

[숙어] **plenty of**
많은

[명] 많음, 대량
[형] (수·양이) 많은, 풍부한
Drinking plenty of water definitely keeps your body hydrated.
[부] 충분히

originate 축구라는 단어는 어디에서 유래되었는가?
please 제발 조용히 해주세요.
plenty 많은 양의 물을 마시는 것은 명확하게 당신의 몸을 촉촉하게 유지하게 해준다.

☐ ☐ ☐

position

[퍼지션]

파 positional 형 위치상의

명 1. 위치

2. 지위, 처지

She used her position to enrich herself.

3. 입장, 자세

동 (부대를) 배치하다

4단콤보 position – positioned – positioned – positioning

☐ ☐ ☐

press

[프레스]

파 pressure 명 압박, 압력

명 1. 언론, 신문

Information concerning the incident should be provided to the press as soon as possible.

2. 누름, 압박

동 1. 누르다, 압박하다

2. 강요하다, 강조하다

4단콤보 press – pressed – pressed – pressing

☐ ☐ ☐

recreation

[레크리에이션]

파 recreate 동 되살리다

recreatory 형 기분 전환의, 휴양의

recreational 형 오락의

명 오락, 휴양, 레크리에이션

My school has plans to enlarge the recreation area.

---

position 그녀는 자기 지위를 이용하여 부자가 되었다.

press 그 사건에 관한 정보는 가능한 한 빨리 언론에 제공되어야 한다.

recreation 우리 학교는 레크리에이션 지역을 확장할 계획이 있다.

□□□
region
[리전]
파 regional 혱 지방의

혱 1. 지역, 지방
Apples in this region are popular.
2. 범위, 영역 유 area

□□□
rehearsal
[리허설]
파 rehearse 통 리허설을 하다

혱 리허설, 예행연습
Rehearsal is important because it allows you to
practice before you deliver the total speech to an
audience.

□□□
relax
[릴랙스]
파 relaxation 혱 휴식
relaxed 혱 느긋한
relaxedly 튀 느슨하게

통 1. 휴식을 취하다
2. (긴장·힘 등을) 늦추다 유 loosen
Drinking a cup of hot chocolate may help your
tension relax.
4단콜보 relax – relaxed – relaxed – relaxing

□□□
remote
[리모트]
파 remoteness 혱 멀리 떨어짐
remotely 튀 아주 약간

remoter (비교급)/remotest (최상급)

유의 remote area
외딴[후미진] 지역

혱 1. 외진, 외딴 유 isolated, secluded
Remote areas are far from cities.
2. (시간상으로) 먼 유 distant
혱 현장 중계방송
튀 멀리 떨어져

region 이 지역 사과는 인기가 높다.
rehearsal 예행연습은 청중에게 전체 연설을 하기 전에 연습할 수 있도록 해주기 때문에 중요하다.
relax 따뜻한 초콜릿 한 잔을 마시는 것은 너의 긴장을 늦추는 데 도움을 줄 것이다.
remote 외딴 지역은 도시에서 멀리 떨어져있다.

□□□
renovate
[레너베이트]

[파] renovation [명] 수선, 수리
renovator [명] 수선자, 수리자
renovative [형] 혁신하는

[동] 1. ~을 새롭게 하다 [유] repair, restore
2. 수리하다, 수선하다
I want to **renovate** my old kitchen.
3. 활기를 되찾게 하다 [유] refresh
[형] 수리한
[4단콤보] renovate – renovated – renovated – renovating

□□□
replace
[리플레이스]

[파] replacement [명] 교체, 대체
replaceability [명] 대체 가능성
replaceable [형] 대신할 수 있는

[동] 대체하다, 교체하다, 바꾸다 [유] repay, return
I **replaced** the old battery with a new one.
[4단콤보] replace – replaced – replaced – replacing

□□□
resume
[리줌]

[동] 재개하다 [유] take again
Our library facilities will **resume** in June next year.
[4단콤보] resume – resumed – resumed – resuming

□□□
satisfy
[새티스파이]

[파] satisfaction [명] 만족(감), 흡족
satisfactory [형] 만족스러운
satisfyingly [부] 만족시킬 만큼

[동] 만족시키다 [유] satiate, slake, gratify
Contestant 7's singing skills **did not satisfy** the judges.
[4단콤보] satisfy – satisfied – satisfied – satisfying

renovate 나는 오래된 부엌을 수리하고 싶다.
replace 나는 오래된 배터리를 새것으로 교체했다.
resume 우리 도서관 시설은 내년 6월부터 재개될 것이다.
satisfy 7번 참가자의 노래 실력은 심사위원단을 만족시키지 못했다.

□ □ □
scene
[신]

㈜ scenic ㉡ 경치가 좋은

㉡ 1. 장면, 경치
The most interesting scene in the movie is still vivid in my memory.
2. 정세, 현장

□ □ □
scholarship
[스칼러쉽]

㉡ 1. 장학금
The top five students in our department can receive scholarships.
2. 학문

□ □ □
seat
[싯]

㈜ seatless ㉡ 좌석이 없는

㉤ get a good seat(place)
좋은 장소를 잡다

㉡ 좌석, 자리
I got to the concert early to get a good seat.
㉤ 앉히다

4단콤보 seat – seated – seated – seating

□ □ □
senior
[시니어]

㈜ seniority ㉡ 손위, 연장자

㉤ senior executive
최고 중역

㉡ 고위의, 손위의
My uncle is a senior executive in a top company.
㉡ 1. 어른 ㉤ elderly person
2. 상급생

---

scene 그 영화에서 가장 흥미로운 장면은 지금도 기억에 생생해.
scholarship 우리 과에서 상위 5명은 장학금을 받을 수 있다.
seat 나는 좋은 좌석을 잡으려고 콘서트에 일찍 갔다.
senior 우리 삼촌은 최고의 회사에서 고위 경영진이다.

□ □ □

serious

[시어리어스]

[파] seriousness [명] 심각함, 진지함
seriously [부] 진지하게, 진심으로

more serious (비교급)/
most serious (최상급)

[형] 심각한, 진지한 [유] sincere, thoughtful
Child maltreatment is a global problem with serious consequences.

□ □ □

similar

[시멀러]

[파] similarity [명] 유사성, 닮음
similitude [명] 유사함
similarly [부] 비슷하게, 유사하게

[형] 비슷한 [유] identical
She and I have very similar tastes.

[명] 유사품, 닮은 사람 [유] counterpart

□ □ □

strength

[스트렝크쓰]

[파] strengthen [동] 강화되다
strong [형] 튼튼한

[숙어] **mental strength(power)**
정신력 [유] willpower

[명] 1. 힘 [유] force
Marathon is an exercise that requires perseverance and mental strength.
2. 세기
3. 장점 [유] forte

serious 아동학대는 심각한 결과를 초래하는 세계적인 문제이다.
similar 그녀와 나는 취향이 정말 비슷하다.
strength 마라톤은 끈기와 정신력이 필요한 운동이다.

□ □ □

strict
[스트릭트]

파 striction 명 압축
strictly 튀 엄격히, 엄하게

stricter (비교급)/strictest (최상급)

형 엄격한 유 severe, harsh, stern
Our school rules are strict.

□ □ □

structure
[스트럭처]

파 structured 형 구조가 있는
structureless 형 구조가 없는
structural 형 구조적인

명 구조, 건물
A building is a structure with a roof and walls
standing permanently in one place.
동 구성하다, 조직화하다
(4단콤보) structure – structured – structured –
structuring

□ □ □

submit
[섭밋]

파 submittal 명 제출서류
submission 명 항복, 굴복
submissive 형 순종적인

동 1. 제출하다 유 present
Teachers instruct students to submit essays in
time.
2. 복종하다 유 surrender, give in
(4단콤보) submit – submitted – submitted – submitting

strict 우리 학교 규칙은 엄격하다.
structure 건물은 지붕과 벽이 한곳에 영구히 서있는 구조물이다.
submit 선생님은 학생들에게 제 시간에 과제물을 제출하라고 지시한다.

☐ ☐ ☐

sudden
[서든]

파 suddenness 명 급격함
suddenly 부 갑자기

숙어 **all of sudden**
갑자기

형 갑자기, 성급한 유 impetuous, rash, abrupt
All of sudden, the first snow fell at dawn.

형 불시, 돌연, 급격

☐ ☐ ☐

suit
[숫]

파 suitable 형 적합한

명 1. 정장, 옷
I have to iron out my suit for tomorrow's company interview.
2. 소송, 고소 유 action, lawsuit

동 1. (~에) 적응시키다
2. 어울리다 유 become

(4단콤보) suit – suited – suited – suiting

☐ ☐ ☐

surprise
[서프라이즈]

파 surprisal 명 놀람
surprisedly 부 놀라서

동 놀래다, 놀라게 하다 유 astonish, shock

명 놀람 유 astonishment

형 갑작스러운
We decided to prepare a surprise party for my mom's birthday.

(4단콤보) surprise – surprised – surprised – surprising

sudden 갑자기, 새벽에 첫눈이 내렸다.
suit 내일 있을 회사 면접을 위해 정장을 다려야만 해.
surprise 우리 엄마의 생일에 우리는 깜짝 파티를 준비하기로 했어.

□ □ □

tight
[타이트]

📖 tightness 😀 견고, 긴장
　　tighten 🔵 팽팽해지다

tighter (비교급)/tightest (최상급)

📗 1. 단단한 🔵 firm, compact
　　2. 꼭 끼는 🔵 close-fitting
　　　My pants are so tight that I'm getting on my nerves.
📗 궁지, 곤경
🔵 단단히 🔵 closely, firmly, securely, tensely

□ □ □

tough
[터프]

📖 toughness 😀 단단함
　　toughen 🔵 강화하다
　　toughly 🔵 단단하게

📗 1. 질긴, 단단한 🔵 tender, soft
　　　Alligator skin is tough and hard, making it easy to make handbags and shoes.
　　2. 튼튼한 🔵 robust, vigorous
　　3. 강인한 🔵 hardy
　　4. 힘든 🔵 difficult, laborious, hard
📗 깡패, 부랑자 🔵 ruffian
🔵 곤란을 참다, 견디다
(4단콤보) tough – toughed – toughed – toughing

□ □ □

trend
[트렌드]

🔵 current trend
　　현재 경향

📗 추세, 동향
　　Many people think that the current trend is self-improvement rather than money.
🔵 ~하는 추세[경향]이다
(4단콤보) trend – trended – trended – trending

---

tight　바지가 너무 꽉 끼어서 신경에 거슬려.
tough　악어의 가죽은 질기고 단단해서 핸드백이나 신발을 만드는 데 용이하다.
trend　많은 사람들은 요즘 추세는 돈보다는 자기계발이라고 생각한다.

□ □ □

truly
[트룰리]

㈜ true ⓥ 사실인

⬥ 진심으로, 정말로, 진정으로, 정확히
My friend is truly in love.

□ □ □

ultimate
[얼터멋]

㈜ ultimateness ⓥ 최후, 종국
　　ultimatum ⓥ 최후통첩

more ultimate (비교급)/
most ultimate (최상급)

⬥ 1. 궁극의, 최후의
　　The ultimate diet is someone who knows how to
　　control himself.
　　2. 근원적인 ⬥ basic
　　2. 최대의 ⬥ maximum
⬥ 궁극의 것, 근본 원리

□ □ □

uncomfortable
[언컴포터블]

㈜ uncomfortably ⬥ 불편하게

⬥ 1. 불편한
　　I couldn't sleep last night because my bed was
　　uncomfortable.
　　2. 기분 나쁜 ⬥ unpleasant
　　3. 고통스러운 ⬥ painful

truly　내 친구는 진심으로 사랑에 빠졌다.
ultimate　궁극의 다이어트는 스스로를 제어하는 방법을 아는 사람이다.
uncomfortable　나는 어젯밤 침대가 불편해서 잠을 잘 수가 없었다.

□ □ □
uneasy
[어니지]

파 unease 명 불안(감), 우려
uneasiness 명 불안, 근심
uneasily 부 불안 속에

uneasier (비교급)/uneasiest (최상급)

숙어 feel uneasy(nervous, unwell)
기분이 나쁘다

형 1. 불안한, 염려스러운 유 anxious
I feel uneasy when I ride on a plane.
2. (태도 등이) 어색한 유 constrained, awkward

□ □ □
usual
[유주얼]

파 usualness 명 일상적임
usually 부 보통, 대개

숙어 as usual
늘 그렇듯이, 평상시처럼

형 보통의 유 customary, habitual, ordinary 반 special
명 늘 하는 일, 상례
As usual, he always drinks a glass of water as soon
as he wakes up in the morning.

□ □ □
verify
[베러파이]

파 verification 명 확인, 조회
verifiableness 명 확인할 수 있음
verifiable 형 증명할 수 있는

동 1. 입증하다, 증명하다 유 prove, confirm
Is there anyone who can verify the new theory?
2. 확실히하다 유 ascertain, make sure of, check
4단콤보 verify – verified – verified – verifying

uneasy 나는 비행기를 탈 때 불안하다.
usual 늘 그렇듯, 그는 항상 아침에 눈을 뜨자마자 물 한잔을 마신다.
verify 그 새로운 이론을 입증할 수 있는 사람이 있나요?

□ □ □

wild
[와일드]

파 wildness 명 야생
wildish 형 날뛰는, 난폭한
wildly 부 걷잡을 수 없이

wilder (비교급)/wildest (최상급)

여미 **wild animal**
들짐승

형 1. 야생의 반 domestic, tame, cultivated, garden
Wild animals live in natural surroundings.
2. 열광적인 유 enthusiastic
3. 난폭한
명 황무지, 야생

□ □ □

withdraw
[위드로]

파 withdrawal 명 철회

동 1. 철수하다, 철회하다
2. 인출하다
There are more machines available to withdraw
cash these days.

(4단콤보) withdraw – withdrew – withdrawn –
withdrawing

wild 야생의 동물들은 자연환경에서 산다.
withdraw 요즘은 현금을 인출할 수 있는 더 많은 기계가 있다.

01 South Korea recently **hosted** the Winter Olympic Games.

한국은 최근 동계 올림픽 경기를 ＿＿＿＿＿＿＿＿.

02 With regard to excellence, it is not **enough** to know, but we must try to have and use it. (Aristotle)

탁월하다는 것은 아는 것만으로는 ＿＿＿＿＿＿＿ 않으며, 탁월해지기 위해, 이를 발휘하기 위해 노력해야 한다. (아리스토텔레스)

03 My grandmother used to show me olive **preserves** in refrigerator.

할머니는 내게 냉장고에 있는 올리브 ＿＿＿＿＿＿＿을 보여주곤 하셨다.

04 It is difficult for **ordinary** people to buy expensive cars.

＿＿＿＿＿＿＿ 사람들은 비싼 자동차를 사는 것은 어렵다.

05 If you would marry **suitably**, marry your equal. (Ovid)

＿＿＿＿＿＿＿ 결혼을 원한다면 대등한 사람과 하라. (오비디우스)

06 Self-reliance is the only road to true freedom, and being one's own person is its **ultimate** reward. (Patricia Sampson)

자립만이 진정한 자유로 가는 길이며, 자신의 정체를 찾는 것이 그 ＿＿＿＿＿＿＿ 보상이다. (패트리샤 샘슨)

07 The most striking building in a **region** is called a landmark.

한 ＿＿＿＿＿＿＿에서 가장 눈에 돋보이는 건물을 랜드마크라고 한다.

answer

01 주최했다 02 충분하지 03 저장 식료품 04 보통의 05 어울리는 06 궁극적 07 지역

08 Many young people **seem** to prefer watching movies at home.

많은 젊은이들은 집에서 영화 보기를 더 좋아하는 것_____.

09 My father is a very **strict** disciplinarian.

나의 아버지는 대단히 _____ 규율 주의자이다.

10 We **hung** a mobile over the baby's crib.

우리는 아기의 침대 위에 모빌을 _____.

11 We banded the birds to **identify** them later.

우리는 나중에 새들을 _____위해 그 새들에 띠를 둘렀다.

12 I learn the **importance** of human relationship through a chance encounter.

나는 우연한 만남을 통해 인간관계의 _____을 배운다.

13 Greece is a beautiful city full of **culture** and history.

그리스는 _____와 역사가 가득한 아름다운 도시이다.

14 She is still living with her **parents**.

그는 아직 _____과 함께 산다.

15 I really **value** him as a friend.

나는 그를 친구로서 정말 _____.

08 처럼 보인다 09 엄격한 10 걸었다 11 식별하기 12 중요성 13 문화 14 부모님 15 소중하게 생각한다

PART 02

Listening

Pre Check

> 이번 CHAPTER에서 학습하게 될 단어들입니다. 이미 알고 있는 단어가 얼마나 되는지 체크해 보세요.

O 알고 있는 단어   △ 애매한 단어   × 모르는 단어

☐ choose	☐ cookware	☐ imagine
☐ design	☐ deformity	☐ impact
☐ feature	☐ fit	☐ individual
☐ needy	☐ flash	☐ inform
☐ through	☐ foundation	☐ innovative
☐ portable	☐ gadget	☐ input
☐ surgery	☐ lifestyle	☐ machine
☐ device	☐ wish	☐ manufacture
☐ subscription	☐ anniversary	☐ million
☐ wire	☐ anytime	☐ mission
☐ let	☐ budget	☐ mode
☐ ingredient	☐ bulk	☐ novelty
☐ add	☐ cancellation	☐ offline
☐ fitness	☐ ceramic	☐ operate
☐ active	☐ clear	☐ outside
☐ reconstructive	☐ cleft	☐ particular
☐ available	☐ compact	☐ promote
☐ defect	☐ complex	☐ purchase
☐ function	☐ complicate	☐ purpose
☐ premium	☐ connect	☐ pursue
☐ prompt	☐ contain	☐ quiet
☐ quality	☐ cuisine	☐ refresh
☐ display	☐ customize	☐ require
☐ encourage	☐ department	☐ research
☐ range	☐ disabled	☐ salespeople
☐ unique	☐ doorstep	☐ signal
☐ access	☐ equip	☐ specialize
☐ advance	☐ feedback	☐ suffer
☐ anywhere	☐ firm	☐ sunlight
☐ case	☐ hold	☐ support
☐ complete	☐ hotline	☐ taste

Date . . .

- ☐ thousand
- ☐ touch
- ☐ track
- ☐ typical
- ☐ untangle
- ☐ upper
- ☐ various
- ☐ wooden
- ☐ workshop
- ☐ ache
- ☐ assemble
- ☐ assist
- ☐ behalf
- ☐ benefit
- ☐ board
- ☐ booth
- ☐ capability
- ☐ cast
- ☐ character
- ☐ combine
- ☐ commercial
- ☐ contribution
- ☐ counter
- ☐ countless
- ☐ demand

- ☐ direct
- ☐ disease
- ☐ electronics
- ☐ eligible
- ☐ endure
- ☐ forest
- ☐ fundraiser
- ☐ guarantee
- ☐ handcrafted
- ☐ hearty
- ☐ highlight
- ☐ household
- ☐ identify
- ☐ immediately
- ☐ initial
- ☐ instant
- ☐ instructor
- ☐ intercontinental
- ☐ jewelry
- ☐ lack
- ☐ lawyer
- ☐ level
- ☐ license
- ☐ lightweight
- ☐ local

- ☐ loss
- ☐ measure
- ☐ meter
- ☐ midnight
- ☐ plain
- ☐ port
- ☐ pound
- ☐ primary
- ☐ profile
- ☐ protect
- ☐ recipe
- ☐ relationship
- ☐ remind
- ☐ rid
- ☐ shape
- ☐ signature
- ☐ specialist
- ☐ surface
- ☐ survey
- ☐ theater
- ☐ twist
- ☐ volunteer
- ☐ worldwide
- ☐ yearly

□ □ □

choose
[추즈]

파 choice 명 선택
　　chooser 명 선거인

동 1. 고르다 유 select
　　You can choose only one coat out of ten.
　　2. 선출하다 유 elect
　　3. 결정하다 유 decide
（4단콤보）choose – chose – chosen – choosing

□ □ □

design
[디자인]

파 designless 형 무계획적인
　　designable 형 설계할 수 있는

동 설계하다, 계획하다 유 plan, draw, draft, sketch
명 도안, 구안
The functional design of this classical Roman building remains unknown.
（4단콤보）design – designed – designed – designing

□ □ □

feature
[피처]

명 특징, 특질 유 aspect, quality, characteristic, trait
A distinctive feature of this sports car is the engine performance.
동 1. 출연하다
　　2. 특징을 이루다 유 spotlight, present, appear, participate
（4단콤보）feature – featured – featured – featuring

□ □ □

needy
[니디]

needier (비교급)/neediest (최상급)

형 가난한, 곤궁한 유 poor
I work for a company that provides help for needy children.

---

choose　너는 코트 10벌 중 1벌만 고를 수 있다.
design　이러한 고전적인 로마식 건물의 기능적 도안은 알려지지 않은 상태로 남았다.
feature　이 스포츠 자동차의 특색 있는 특징은 엔진 성능이다.
needy　나는 가난한 아이들을 돕는 회사에서 일한다.

□ □ □

through
[쓰루]

 go through
관통하다, 뚫고 지나가다

㉮ 1. ~을 통하여, ~을 지나서
　　2. 처음부터 끝까지
㉯ 1. 통과하여, 관통하여
　　The bullet went through Paul's heart.
　　2. ~동안 쭉, 처음부터 끝까지
㉱ 직행의, 관통한

□ □ □

portable
[포터블]

㉱ 들고 다닐 수 있는, 휴대용의 ㉮ movable ㉯ stationary
　Can I borrow your portable battery?
㉲ 휴대용 기구[기계]

□ □ □

surgery
[서저리]

㉲ surgical ㉱ 외과의

surgeries (복수형)

㉲ 외과, 수술
　Brian has lost spontaneous brain activities after
　surgery.

□ □ □

device
[디바이스]

㉲ devise ㉯ 창안하다

safety device
안전[보안] 장치

㉲ 장치, 고안(품)
　All new cars are fitted with these safety devices.

---

through 총알이 Paul의 심장을 관통했다.
portable 휴대용 배터리 좀 빌릴 수 있을까요?
surgery Brian은 수술 후 자발적인 뇌 활성도를 상실했다.
device 모든 신차에는 이러한 안전 장치가 장착되어 있다.

□ □ □
subscription
[섭스크립션]

표 subscribe 통 구독하다
　　subscript 형 아래에 기입한

명 구독, 기부금, 정기 구독
Magazines are available by subscription.

□ □ □
wire
[와이어]

표 wiry 형 강단 있는

명 철사, 전선 반 wireless
This old wire needs to be replaced.
동 철사로 (졸라, 잡아) 매다
(4단콤보) wire – wired – wired – wiring

□ □ □
let
[렛]

숙어 let me go
　　가게 해 다오, 놓아주다

동 1. (~하게) 내버려두다, (~을 하도록) 허락하다
　　I'm busy right now, so please let me go.
　　2. 세놓다
명 임대
(4단콤보) let – let(letted) – let(letted) – letting

□ □ □
ingredient
[인그리디언트]

명 성분, 원료, 재료
I no longer prepare food or drink with more than one
ingredient. (Cyra McFadden)

---

subscription　잡지는 정기 구독으로 이용할 수 있다.
wire　이 오래된 철사를 교체해야 한다.
let　난 지금 바쁘니까 날 그냥 가게 내버려둬 제발.
ingredient　나는 더 이상 한 가지 이상의 재료를 가지고 음식이나 음료를 만들지 않는다. (키라 맥파든)

□ □ □

add
[애드]

⟨파⟩ addition ⟨명⟩ 덧셈
    addable ⟨형⟩ 더할 수 있는
    additive ⟨명⟩ 첨가물

⟨동⟩ 1. 더하다 ⟨유⟩ sum up ⟨반⟩ subtract
    I think adding a little more sugar will make it taste better.
    2. 증가하다 ⟨유⟩ increase
⟨명⟩ 추가 원고, 추가 기사
⟨4단콤보⟩ add – added – added – adding

□ □ □

fitness
[핏니스]

⟨명⟩ 1. 건강함, 몸매 관리
    Health and fitness are of utmost concern to all ages.
    2. 적절, 타당성 ⟨유⟩ propriety

□ □ □

active
[액티브]

⟨파⟩ activity ⟨명⟩ 움직임
    activate ⟨동⟩ 작동시키다

⟨형⟩ 1. 활동적인, 활기찬 ⟨유⟩ lively
    Despite his age, he is always active.
    2. 적극적인 ⟨반⟩ passive
    3. 활동 중인

□ □ □

reconstructive
[리컨스트럭티브]

⟨숙어⟩ reconstructive surgery
    재건 수술

⟨형⟩ 재건의, 부흥의
    Dr. Lee is a plastic surgeon who specializes in reconstructive surgery.

---

add 설탕을 조금 더 넣으면 맛이 더 좋을 것 같아.
fitness 건강과 몸매 관리는 모든 연령층의 가장 큰 관심사이다.
active 그는 나이에도 불구하고 항상 활동적이다.
reconstructive 이 박사는 재건 수술을 전문으로 하는 성형외과 의사이다.

☐☐☐
available
[어베일러블]

[파] availability [명] 유효성

[형] 1. 이용할 수 있는, 이용 가능한 [유] accessible
There are facilities available in the business room.
2. 유효한 [유] valid

☐☐☐
defect
[디펙트]

[파] defector [명] 탈주자
defective [형] 결함이 있는

[명] 결함, 흠 [유] blemish
All of our products have defects.
[동] 1. 탈퇴하다
2. 변절하다
(4단콤보) defect – defected – defected – defecting

☐☐☐
function
[펑크션]

[파] functionary [명] 공무원
functional [형] 실용적인

[명] 기능, 역할
The function of the heart is to pump blood to the other body parts.
[동] 기능을 하다, 작용하다 [유] operate, purpose, role, task
(4단콤보) function – functioned – functioned – functioning

☐☐☐
premium
[프리미엄]

[명] 1. 상여금 [유] bonus
2. 상품 [유] prize, reward
[형] 고급의, 값비싼
Premium brands are defined by their price-quality ratio.

---

available 비즈니스 룸에는 이용 가능한 시설들이 준비되어 있다.
defect 우리의 모든 제품은 결함이 있다.
function 심장의 기능은 혈액을 다른 신체 부위로 펌프 하는 것이다.
premium 값비싼 브랜드는 가격 품질 비율에 따라 정의된다.

□ □ □

prompt
[프람프트]

파 promptitude 명 신속
promptness 명 재빠름
promptly 부 지체 없이

prompter (비교급)/promptest (최상급)

형 1. 즉각적인 유 immediate
Prompt action is important for emergency patients.
2. 시간을 엄수하는 유 punctual
부 정확히, 정각에
명 자극하는 것, 고무하는 것
동 1. 격려하다 유 inspire
2. 촉발하다 유 provoke
(4단콤보) prompt – prompted – prompted – prompting

□ □ □

quality
[콸러티]

파 qualify 동 자격을 얻다
qualitative 형 질적인

qualities (복수형)

콤어 Quality Assessment
품질평가서(QA)

명 1. 품질 반 quantity
The water quality assessment should be stricter.
2. 특성 유 characteristic
3. 우수성 유 excellence
형 훌륭한 유 excellent

□ □ □

display
[디스플레이]

파 displayer 명 전시하는 사람

콤어 on display
전시된, 진열된 유 on show

동 전시하다, 표시하다
명 전시, 표시, 표현
The paintings on display include works from the 17th century French school.
(4단콤보) display – displayed – displayed – displaying

---

prompt 응급 환자들에게는 즉각적인 조치가 중요하다.
quality 수질 평가는 더 엄격해야 한다.
display 전시된 그림들에는 17세기 프랑스 학교의 작품들이 포함되어 있다.

□□□
encourage
[인커리지]

[파] courage [명] 용기
encouragement [명] 격려

[구문] encourage + 목적어 + 목적보어(to do)
~가 ~하도록 격려하다

[동] ~의 용기[기운]를 북돋우다, 장려하다 [유] hearten
Many teachers encourage students to dream of the future.

[4단콤보] encourage – encouraged – encouraged – encouraging

□□□
range
[레인지]

[숙어] a wide range of
광범위한, 다양한

[명] 1. 범위
The experiments show a wide range of results.
2. 열, 줄

[형] 방목되어 있는

[동] 1. 가지런히 하다, 정렬시키다
2. 범위를 정하다

[4단콤보] range – ranged – ranged – ranging

□□□
unique
[유닉]

[파] uniqueness [명] 유일함
uniquely [부] 유례없이

[형] 유일(무이)한, 독특한, 대신할 것이 없는 [유] single
The city has an atmosphere which is quite unique.

[명] 유일무이한 사람(것), 유례 없는 사람(것)

encourage 많은 선생님들은 학생들이 미래를 꿈꾸도록 격려한다.
range 그 실험들은 광범위한 결과를 보여준다.
unique 그 도시는 꽤 독특한 분위기를 가지고 있다.

□ □ □

access
[액세스]

㉙ accessible ㉗ 접근 가능한

 have access
접근할 수 있다

㉘ 1. ~에 접근하다, 접속하다
Students can freely access their school website.
2. 이용하다, 입수하다
3. 도달하다
㉛ 1. 접근, 접속
2. 입장

4단콤보 access – accessed – accessed – accessing

□ □ □

advance
[애드밴스]

㉙ advancement ㉛ 발전, 진보

in advance
미리, 전부터

㉘ 1. 진보하다 ㉕ progress, proceed, promote, rise, upgrade
2. 승진하다
㉗ 1. 전진의, 선행의
2. 사전의, 미리
A major volcanic eruption can be predicted in advance.
㉛ 진보, 향상, 진보

4단콤보 advance – advanced – advanced – advancing

□ □ □

anywhere
(anyplace)
[에니웨어]

㉠ (긍정문) 어디(로)든지, (부정문) 아무데도, (의문문·조건절) 어딘가에(로)
Put the bag down anywhere.
㉛ 어디, 임의의 장소

access 학생들은 그들의 학교 웹사이트에 자유롭게 접속할 수 있다.
advance 주요한 화산 분출은 미리 예측될 수 있다.
anywhere 그 가방 아무데나 내려놔.

□ □ □

case
[케이스]

® 경우, 사건
The case was returned to the Supreme Court.

□ □ □

complete
[컴플릿]

파 completeness ® 완성도
completion ® 완료, 완성
completely ⊕ 완전히

® 1. 완전한 ⊕ perfect, finished
She is a complete novice at riding a horse.
2. 전부의 ⊕ entire
⑤ 1. 완성하다
2. 이행하다

(4단콤보) complete – completed – completed –
completing

□ □ □

cookware
[쿡웨어]

® 취사 도구, 조리 기구
Where did you buy the nice cookware?

□ □ □

deformity
[디포머티]

파 deform ⑤ 변형시키다

deformities (복수형)

@II congenital deformity
선천적 기형

® 1. 신체적 기형, 변형 ⊕ disfigurement
There have been a lot of studies on congenital
deformities.
2. 흉함 ⊕ ugliness
3. 결함

---

case 그 사건은 대법원으로 반환되었다.
complete 그녀는 말 타기에 완전한 초보이다.
cookware 그 멋진 조리 기구는 어디서 샀니?
deformity 선천적 기형에 대한 많은 연구가 있어왔다.

□□□
fit
[핏]

[파] fitness [명] 신체 단련
fitting [명] 부품
fitly [부] 적당히, 적절히

fitter (비교급)/fittest (최상급)

[형] 1. (목적에) 꼭 맞는 [유] suitable
2. 적당한 [반] unfit
[동] (꼭) 맞다, 적합하다
The design of this desk has to be fitted into the user.
[명] 1. 적합
2. 순응, 적응
[4단콤보] fit – fitted(fit) – fitted(fit) – fitting

□□□
flash
[플래쉬]

[숙어] flash of light
섬광

[명] 1. 번쩍임, 섬광
2. 불빛
A dazzling flash of light came in to me.
[형] 지나치게 화려한
[동] 번쩍이다, 불꽃이 튀다 [유] light up, sparkle
[4단콤보] flash – flashed – flashed – flashing

□□□
foundation
[파운데이션]

[파] found [동] 설립하다
foundationless [형] 기초가 없는
foundational [형] 기본의
fundamental [형] 근본적인

[명] 1. 설립 [유] establishment
The hospital has been prosperous since its foundation in 1988.
2. 재단 [유] organization

□□□
gadget
[개짓]

[명] 간단한 기계[전기] 장치, 부속품 [유] accessory, adjunct
There are useful gadgets I can buy in the store.

fit 이러한 책상 도안은 사용자에게 맞아야만 한다.
flash 눈이 부시게 번쩍이는 불빛이 내게 들어왔다.
foundation 병원은 1988년 설립 이후로 번창해왔다.
gadget 가게에서 살 수 있는 유용한 장치들이 있다.

□ □ □
lifestyle
[라이프스타일]

명 생활 방식, 살아가는 모습
Most people try to pursue the right lifestyle.

□ □ □
wish
[위쉬]

파 wishless 형 바라는 것이 없는
wishful 형 갈망하는

동 ~하고 싶다, 희망하다 유 want
I wish you a Merry Christmas!
명 소원, 희망
4단콤보) wish – wished – wished – wishing

□ □ □
anniversary
[애너버서리]

anniversaries (복수형)

숙어 wedding anniversary
결혼기념일

명 기념일, 기일
My sister and I celebrated my parents' 25th wedding
anniversary.
형 기념일의, 해마다의

□ □ □
anytime
[에니타임]

부 언제든지 유 at any time
If you have this ID, you can come in anytime.
접 언제라도
감 천만에요, 괜찮아요 유 You're welcome.

lifestyle 대부분 사람은 올바른 생활 방식을 추구하려고 노력한다.
wish 즐거운 성탄절이 되길 바라요!
anniversary 나의 여동생과 나는 부모님의 25번째 결혼기념일을 축하했다.
anytime 이 신분증이 있다면 언제든지 들어올 수 있다.

☐ ☐ ☐

budget
[버짓]

파 budgetary 형 예산의

명 예산
Governments devote a large share of their budgets to education.

형 싸게 잘 산

동 예산을 세우다, 자금 계획을 세우다

(4단콤보) budget – budgeted – budgeted – budgeting

☐ ☐ ☐

bulk
[벌크]

숙어 1. in bulk 대량으로
2. buy in bulk 몰아 사다

명 1. 부피, 크기
2. 대부분

형 대량의
It's cheaper to buy in bulk.

동 부피가 커지다

(4단콤보) bulk – bulked – bulked – bulking

☐ ☐ ☐

cancellation
(cancelation)
[캔설레이션]

명 말소, 취소
This book outlines customers' responsibilities in relation to booking cancellations.

☐ ☐ ☐

ceramic
[서래믹]

형 도예의, 도자기의

명 도예, 도자기
His craft in ceramics is recognized internationally.

budget   정부는 예산의 많은 부분을 교육에 투자한다.
bulk   대량으로 구입하는 것이 더 싸다.
cancellation   이 책은 예약 취소와 관련된 고객의 책임이 요약되어 있다.
ceramic   도예에 대한 그의 기술력은 국제적으로 인정을 받는다.

☐☐☐
clear
[클리어]

파 clarity 명 명료성
clearness 명 분명함
clarify 동 명확하게 하다

clearer (비교급)/clearest (최상급)

형 1. 명백한, 명확한, 분명한
Thanks for your clear explanation!
2. 맑게 갠, 맑은, 투명한
부 명료하게, 완전히 유 completely
명 빈 터, 빈 틈
동 1. 제거하다, 처리하다
2. 명백하게 하다
3. (날씨가) 개다
4단콤보 clear – cleared – cleared – clearing

☐☐☐
cleft
[클레프트]

명 쪼개진 틈, 갈라진 틈 유 crevice
Put your feet in a big cleft on the rock.
형 쪼개진, 갈라진

☐☐☐
compact
[컴팩트]

파 compactness 명 긴밀함
compaction 명 꽉 채움

숙어 compact car
소형 승용차

형 1. 소형의
I think a compact car would be better than a large car in the city.
2. 간편한
3. 촘촘한
명 소형차
동 다지다
4단콤보 compact – compacted – compacted – compacting

clear 명확한 설명 감사합니다.
cleft 바위에 난 커다란 틈에 발을 끼어라.
compact 도심에서는 소형차가 대형차보다 더 좋을 것 같아.

□ □ □

complex
[컴플렉스]

뗘 complexation 뗺 복합화
complexness 뗺 복합, 혼성
complexity 뗺 복잡성, 복잡함
complexly 뗗 복합적으로

뗺 1. 복잡한
Communication is a complex process that contains several steps.
2. 합성의
뗺 합성물, 복합
뗗 복잡하게 하다

□ □ □

complicate
[캄플러케이트]

뗘 complicacy 뗺 복잡한 것
complication 뗺 문제

뗗 복잡하게 하다
Although it takes a long time, the fermentation process is not complicated.
뗺 복잡한, 뒤얽힌
4단콤보 complicate – complicated – complicated – complicating

□ □ □

connect
[커넥트]

뗘 connector 뗺 연결 장치
connectible 뗺 연결이 가능한

숙어 connect to[with]
~와 관련시키다[연결하다]

뗗 연결하다
How can I connect to Wi-Fi?
뗺 접속의
4단콤보 connect – connected – connected – connecting

---

complex 커뮤니케이션은 몇 가지 단계를 포함하는 복잡한 과정이다.
complicate 비록 오랜 시간이 걸림에도 불구하고, 발효 과정은 복잡하지 않다.
connect 와이파이를 어떻게 연결할 수 있나요?

□□□
contain
[컨테인]

[파] content [명] 내용물
containment [명] 방지

[동] ~이 들어 있다, 함유하다 [유] hold, include, comprise, restrain
This drink contains a large amount of vitamins and minerals but no sugar.
[4단콤보] contain - contained - contained - containing

□□□
cuisine
[쿠이진]

[명] 요리, 요리법
Korean cuisine is the customary cooking traditions.

□□□
customize (customise)
[커스터마이즈]

[파] customizer [명] 특별 주문자
customization [명] 주문에 따라 만듦

[동] ~을 주문에 따라 만들다, 주문 제작하다
All these glasses on display can be customized.
[4단콤보] customize - customized - customized - customizing

□□□
department
[디파트먼트]

[파] departmental [형] 부서(별)의

[숙어] human resource department 인사부서

[명] 부서, 부문 [유] station, office, division
David works in the human resource department.

contain 이 음료는 많은 양의 비타민과 무기물을 함유하지만 설탕은 들어있지 않다.
cuisine 한국 요리는 관습적인 요리 전통이다.
customize 전시되어 있는 이 모든 유리잔들은 주문 제작이 가능하다.
department David는 인사부서에서 일한다.

□ □ □
disabled
[디세이블드]

 disabled people
장애인들

ⓐ 장애를 가진, 불구가 된 ⓑ crippled
Many disabled people say the disability is not inside of them.

□ □ □
doorstep
[도어스텝]

ⓝ 현관 계단
My mom told me not to sit on the doorstep in the evening.
ⓐ 강매의
ⓥ 강매하다
4단콤보 doorstep – doorstepped – doorstepped – doorstepping

□ □ □
equip
[이쿠입]

ⓟ equipment ⓝ 장비, 용품

be equipped with
~을 갖추고 있다

ⓥ 1. 갖추다, 갖추어주다, 장착하다
All rooms in my hotel are equipped with air-conditioning.
2. 설비하다
4단콤보 equip – equipped – equipped – equipping

□ □ □
feedback
[피드백]

feedback on
~에 관한 반응

ⓝ 반응, 조사 결과, 의견, 피드백
Thank you for your feedback on English composition.

---

disabled 많은 장애인들은 장애가 그들 내면에 있지 않다고 말한다.
doorstep 엄마는 저녁에 현관 계단에 앉지 말라고 말씀하셨다.
equip 내 호텔에 모든 객실에는 에어컨이 장착되어 있다.
feedback 영어 작문에 대한 의견을 주셔서 감사합니다.

□□□
firm
[펌]

[파] firmness [명] 견고, 단단함
firmly [부] 단호히

firmer (비교급)/firmest (최상급)

[명] 회사 [유] company (Co.), corporation, business, enterprise

[형] 견고한, 확고한 [유] hard, solid, tight, determined
He is a **firm** believer in history values.

[동] 1. 단단하게 하다
2. 안정되다 [유] indurate

[4단콤보] firm – firmed – firmed – firming

□□□
hold
[홀드]

[동] 1. 잡고 있다
2. 견디다, 지탱하다

[명] 1. 잡기, 쥐는(잡는) 방식
2. 억제, 영향력
3. 열다, 개최하다
The outdoor party will **be held** on this Sunday at 7p.m.

[4단콤보] hold – held – held – holding

□□□
hotline
[핫라인]

[명] 상담[서비스] 전화, 직통 전화
For more details, please contact our insurance **hotline**.

firm 그는 역사의 가치를 확고히 믿는 자이다.
hold 야외 파티는 이번 주 일요일 저녁 7시에 열릴 것이다.
hotline 자세한 내용은 보험 상담 전화에 문의하세요,

□ □ □

imagine
[이매진]

파 imagination 명 상상력, 창의력
imaginary 형 가상적인
imaginably 부 당연히

동 1. 상상하다
I cannot imagine happiness without my family.
2. ~라고 생각하다 유 suppose, guess

(4단콤보) imagine – imagined – imagined – imagining

□ □ □

impact
[임팩트]

명 1. 영향(력) 유 influence
2. 충돌, 충격 유 collision
External airbags are designed to reduce the impact of car-to-car.
동 1. ~에 강한 영향을 주다
2. 충격을 주다

(4단콤보) impact – impacted – impacted – impacting

□ □ □

individual
[인더비주얼]

파 individuality 명 개성, 특성
individually 부 개별적으로

형 1. 개개의, 개인의 유 single, separate
This design attracts individuals' interests.
2. 특수한 유 characteristic, peculiar
반 general, universal
명 사람, 인간 유 person, human being

imagine 나의 가족 없이 행복을 상상할 수 없다.
impact 외부 에어백은 자동차와 자동차의 충격을 줄이기 위해 설계되었다.
individual 이 디자인은 개인의 흥미를 끈다.

□ □ □
inform
[인폼]

파 information 명 정보
informative 형 유익한

동 알리다 유 tell, advise, notify
Many schools in Seoul have informed students to come one hour later than usual tomorrow due to the typhoon.

(4단콤보) inform – informed – informed – informing

□ □ □
innovative
(innovatory)
[이너베이티브]

파 innovatively 부 혁신적으로

형 혁신적인
The way to get innovative ideas is contemplation.

□ □ □
input
[인풋]

명 투입, 입력
형 입력 장치의
동 입력하다
How can I input the data faster?

(4단콤보) input – inputted(input) – inputted(input) – inputting

□ □ □
machine
[머신]

파 mechanize 동 기계화하다
mechanical 형 기계로 작동되는

명 기계, 기계 장치
The iron part of this machine is rusty.
형 기계의
동 기계로 만들다

(4단콤보) machine – machined – machined – machining

---

inform 서울에 있는 많은 학교들은 학생들에게 태풍 때문에 내일 평소보다 한 시간 늦게 등교하도록 알렸다.
innovative 혁신적인 아이디어를 얻는 방법은 사색이다.
input 데이터를 더 빨리 입력하려면 어떻게 해야 합니까?
machine 이 기계의 금속 부분은 녹슬었다.

□□□

manufacture

[매뉴팩처]

[파] manufacturing [명] 제조업
manufactural [형] 제조의

[명] 생산자, 제조자(사) [유] maker, producer, constructor
Always follow the manufacturer's instructions.

[동] 제조하다, 제작하다

[4단콤보] manufacture – manufactured – manufactured – manufacturing

□□□

million

[밀리언]

[명] 100만

[대] 100만 개, 100만 명

[형] 100만의
Please deposit five million dollars into my account.

□□□

mission

[미션]

[파] missionize [동] ~에 전도하다
missionary [형] 전도의

[명] 1. 사절(단), 사명 [유] calling
Our mission is to empower every person to achieve more.
2. 임무, 전도

[형] 전도(단)의

[동] 임무를 맡기다, 파견하다

[4단콤보] mission – missioned – missioned – missioning

□□□

mode

[모드]

[숙어] sleep mode
절전 모드

[명] 1. (특정한) 방식, 방법, 유형
Change to sleep mode when you sleep.
2. 기분, 태도

manufacture 반드시 제조사의 지시를 따르시오.
million 제 계좌로 500만 달러를 입금바랍니다.
mission 우리의 사명은 모든 사람이 더 많은 것을 성취할 수 있도록 힘을 주는 것이다.
mode 잠을 잘 때 절전 모드로 바꿔라.

□□□
novelty
[나벌티]
[파] novel [형] 새로운, 신기한

[명] 1. 새로움, 참신함, 신기함 [유] originality
The novelty of the film was recognized by all the audiences.
2. 신상품

□□□
offline
[오플라인]

[형] 오프라인의 [반] online
Offline shopping is more expensive than online shopping.
[부] 오프라인으로

□□□
operate
[아퍼레이트]
[파] operation [명] 수술
operative [형] 가동[이용] 준비가 된

[동] 1. 움직이다, 작용하다
2. 수술을 하다
3. 경영하다, 운영하다 [유] manage, run
They operate franchises in Seoul and Busan.
[4단콤보] operate – operated – operated – operating

□□□
outside
[아우싸이드]

[명] 바깥쪽, 외면, 외부
[형] 외부의, 바깥쪽의
[부] 밖에, 바깥에
Don't stand outside in the cold.
[전] ~의 바깥쪽에

novelty 이 영화의 참신함은 모든 관람객에게 인정받았다.
offline 오프라인 쇼핑은 온라인 쇼핑보다 더 비싸다.
operate 그들은 서울과 부산에 체인점을 운영한다.
outside 추운데 밖에 서있지 마.

□ □ □

particular
[퍼티큘러]

ㅍ particularity 몡 독특함
particularly 뿐 특히

혱 1. 특별한 윾 special, unusual, notable 뺸 universal
Students need to study particular subjects like English.
2. 개개의
3. 상세한
몡 1. 사항, 상세
2. 특색

□ □ □

promote
[프러모트]

ㅍ promotion 몡 승진, 진급
promotive 혱 촉진시키는
promotional 혱 홍보의

됭 증진시키다, 장려하다 윾 forward, advance, aid, support, raise, elevate
Regular exercises promote your health state without any doubt.

(4단꼼보) promote – promoted – promoted – promoting

□ □ □

purchase
[퍼처스]

🔊 purchase report
구매 보고서

됭 1. 사다 윾 buy
2. 획득하다
몡 구매, 구입물
Please submit the consumer purchase report by next week.

(4단꼼보) purchase – purchased – purchased – purchasing

particular 학생들은 영어와 같은 특별한 과목을 공부할 필요가 있다.
promote 규칙적인 운동은 의심할 여지없이 당신의 건강 상태를 증진시킨다.
purchase 다음 주까지 소비자 구매 보고서를 제출바랍니다.

☐☐☐

purpose

[퍼퍼스]

[파] purposive [형] 목적이 분명한
purposely [부] 고의로

[명] 1. 목적, 목표 [유] aim
The sole purpose of any company is to satisfy the needs of customers.
2. 의향 [유] intent
[동] 1. ~을 목적[목표]으로 삼다
2. ~을 의도하다 [유] intend

☐☐☐

pursue

[퍼수]

[파] pursuit [명] 추구

[동] 추구하다 [유] continue, maintain, carry on, keep on
I have not seen a person who does not pursue happiness.
[4단콤보] pursue – pursued – pursued – pursuing

☐☐☐

quiet

[콰이어트]

[파] quietude [형] 정적, 고요
quieten [동] 조용해지다

[숙어] **be quiet**
조용[정숙]하다

[형] 조용한, 고요한 [유] serene [반] noisy
Concentrate and be quiet during class.
[명] 고요, 안정 [유] repose
[동] 1. 조용하게 하다
2. 안심시키다 [유] soothe
3. 가라앉히다 [유] pacify

☐☐☐

refresh

[리프레쉬]

[파] refreshment [명] 원기 회복, 다과
refreshful [형] 원기를 돋우는

[동] 1. (기억 등을) 새롭게 하다 [유] renew
He had to refresh his memory by looking at his pictures.
2. 상쾌하게 하다
[4단콤보] refresh – refreshed – refreshed – refreshing

purpose 어떤 회사의 유일한 목적은 고객의 요구를 만족시키는 것이다.
pursue 나는 행복을 추구하지 않는 사람을 본 적이 없다.
quiet 수업시간에는 집중하고 조용해라.
refresh 그는 그의 사진을 보면서 기억을 새롭게 해야만 했다.

□□□

require

[리콰이어]

[파] requirement [명] 필요
requisition [명] 요청

[동] 요구하다, 필요로 하다 [유] need, want, demand, ask
Raising a pet **requires** a lot of financial responsibility.

[4단콤보] require - required - required - requiring

□□□

research

[리서치]

[파] researcher [명] 연구원

[숙어] **research on**
~에 대한 연구

[명] (학술) 연구, 탐구
She has conducted **research** on alternative energies.

[동] 연구하다, 조사하다

[4단콤보] research - researched - researched - researching

□□□

salespeople

[세일즈피플]

[명] 판매원, 점원
A number of **salespeople** believe their job will be lost to automation.

□□□

signal

[시그널]

[파] signaler [명] 신호기
signalize [동] 유명하게 하다
signally [부] 뚜렷이

[명] 신호, 암호, 경보
Run away when the police officer gives you a **signal**.

[형] 신호의

[동] 신호(암호)를 보내다

[4단콤보] signal - signalled(signaled) - signalled(signaled) - signalling(signaling)

require 애완동물을 기르는 것은 많은 재정적 책임을 요구한다.
research 그녀는 대체 에너지에 대한 연구를 수행했다.
salespeople 많은 판매원들은 자동화로 인해 직장을 잃을 것이라고 생각한다.
signal 경찰관이 신호를 줄 때 도망가.

□ □ □

specialize
[스페셜라이즈]

팩 specialization 명 전문화
specialisation 명 특화
special 형 특수한

숙어 **specialize in**
~을 전문으로 하다

동 1. 전문화하다
We specialize in the telecom sector.
2. 전공하다

(4단콤보) specialize – specialized – specialized – specializing

□ □ □

suffer
[서퍼]

동 1. 고통받다
People living in industrial areas are suffering from asthma.
2. 겪다

(4단콤보) suffer – suffered – suffered – suffering

□ □ □

sunlight
[선라이트]

팩 sunlit 형 햇빛이 비치는

명 햇빛, 일광
I was awakened by the morning sunlight.

□ □ □

support
[서포트]

팩 supportless 형 후원이 없는

동 1. 지원하다, 지지하다
Many parents support their children financially.
2. 부양하다
명 1. 지지
2. 부양

(4단콤보) support – supported – supported – supporting

---

specialize 우리는 통신 분야를 전문으로 한다.
suffer 산업 지역에 살고 있는 사람들은 천식으로부터 고통을 받고 있다.
sunlight 아침 햇살에 잠이 깼다.
support 많은 부모들이 그들의 아이들을 재정적으로 지원한다.

□ □ □

taste

[테이스트]

파 tasty 형 맛있는

tastable 형 풍미있는

동 맛보다, 맛이 나다

Customers can taste my cookies.

명 1. 미각, 맛, 풍미

2. 취미, 기호

4단콤보 taste – tasted – tasted – tasting

□ □ □

thousand

[싸우전드]

명 천

대 천 개, 천 명

형 천의

I need thousands of dollars to study abroad.

□ □ □

touch

[터치]

파 touchableness 명 손댈 수 있음

touchless 형 비접촉식의

동 1. 건드리다, 접촉하다, 만지다

She didn't let me touch the wound.

2. 감동시키다 유 move

명 만짐, 촉각, 접촉

4단콤보 touch – touched – touched – touching

□ □ □

track

[트랙]

파 trackage 명 철도 선로

tracker 명 추적자, 사냥꾼

trackless 형 발자국 없는, 길 없는

동 추적하다, 따라가다

Humans have tracked the movements of animals and birds for decades.

명 1. 지나간 자취, 흔적

2. 철도 선로, 경주로, 작은 길

4단콤보 track – tracked – tracked – tracking

taste 고객들은 나의 쿠키를 맛볼 수 있다.

thousand 유학을 가기 위해서는 수천 달러가 필요해.

touch 그녀는 내가 상처를 건드리지 못하게 했다.

track 인간은 수십 년 동안 동물과 새의 움직임을 추적해왔다.

□ □ □
typical
[티피컬]

파 type 명 유형
typically 부 보통

형 1. 전형적인
Typical coastal weather is unpredictable.
2. 대표적인 유 model, ideal, representative

□ □ □
untangle
[언탱글]

동 풀다, 끄르다, 해결하다 유 unravel, disentangle
We are able to untangle the highly complex and
hostile tensions between two nations.

(4단콤보) untangle – untangled – untangled – untangling

□ □ □
upper
[어퍼]

(숙어) upper class
상류 사회, 상류층

형 1. (장소·위치 등) 더 위의[위에 있는]
2. (지위·계급·신분 등) 상위의
The upper class is composed of people who hold
the highest social status.
명 높은 쪽에 있는 것

□ □ □
various
[베어리어스]

파 variety 명 여러 가지
vary 동 서로 다르다

형 1. 다양한, 다수의 유 diverse, several, many
Various compounds are chemically synthesized.
2. 각종의 유 different, varied

---

typical 전형적인 해안가 날씨는 예상할 수 없다.
untangle 우리는 두 나라 사이의 매우 복잡하고 적대적인 긴장을 해결할 수 있다.
upper 상류층은 사회적 지위가 가장 높은 사람들로 구성되어 있다.
various 다양한 혼합물은 화학적으로 합성된다.

□□□
wooden
[우든]

[파] woodenness [명] 무표정함

[형] 1. 나무의, 나무로 만든
This is made of a wooden lid.
2. 무표정한 [유] inexpressive
3. 활기 없는 [유] spiritless

□□□
workshop
[워크샵]

[명] 작업장
She worked hard to rent a small workshop.

□□□
ache
[에이크]

[파] aching [형] 쑤시는, 아리는
achingly [부] 가슴 저미도록

[동] 아프다, 쑤시다
My both arms ache at night.
[명] 아픔, 쑤심
[4단콤보] ache – ached – ached – aching

□□□
assemble
[어셈블]

[파] assemblage [명] 집합(체), 모임
assembly [명] 의회, 입법

[동] 1. 모으다
2. 집합시키다, 회합하다 [유] come together, meet
3. 조립하다
The desk is easy to assemble.
[4단콤보] assemble – assembled – assembled – assembling

wooden 이것은 나무 뚜껑으로 만들어졌다.
workshop 그녀는 작은 작업장을 빌리기 위해 열심히 일했다.
ache 밤에 내 두 팔은 아프다.
assemble 그 책상은 조립하기 쉽다.

☐ ☐ ☐

assist

[어시스트]

파 assister 명 원조자, 방조자
assistance 명 도움, 원조
assistant 명 조수, 보조원
　　　　　형 보조의, 보좌의

동 돕다 유 help, aid
Nurses assist doctors in the hospital.
명 원조, 조력
(4단콤보) assist – assisted – assisted – assisting

☐ ☐ ☐

behalf

[비해프]

숙어 on behalf of somebody
~을 대신하여, 대표하여

대 ~을 대신하여, ~때문에
He apologized for the defective products on behalf of
all workers.
명 1. 측, 편, 지지
　　2. 이익

☐ ☐ ☐

benefit

[베너핏]

파 benefiter 명 수익자
beneficial 형 유익한

숙어 benefit from
~로부터 이익을 얻다

명 1. 이로움, 이익 유 good, advantage, profit
　　2. 혜택 유 benefaction, favor
동 1. 혜택을 받다
　　I benefited from a scholarship.
　　2. ~의 이익이 되다, ~에게 이롭다
(4단콤보) benefit – benefited(benefitted) –
　　　　　benefited(benefitted) – benefiting(benefitting)

assist 　간호사들은 병원에서 의사들을 돕는다.
behalf 　그는 모든 노동자들을 대신하여 불량품에 대해 사과했다.
benefit 　나는 장학금 혜택을 받았다.

□ □ □
board
[보드]

명 1. 판자
2. 칠판, 게시판
Write down your name on the board.

동 1. 판자를 치다
2. 하숙하다, 기숙하다

(4단콤보) board – boarded – boarded – boarding

□ □ □
booth
[부쓰]

명 노점, 간이 점포, 칸막이된 자리
It was my first year helping to set up a booth for any conference event.

□ □ □
capability
[케이퍼빌러티]

파 capable 형 ~을 할 수 있는

capabilities (복수형)

명 1. 능력, 재능 유 ability, capacity
She has the capability to become a good doctor.
2. 용량

□ □ □
cast
[캐스트]

숙어 cast(roll, throw) a dice
주사위를 던지다

동 1. ~을 던지다
She suddenly cast a dice.
2. 향하다

명 1. 던지기
2. 배역

(4단콤보) cast – cast – cast – casting

board 칠판에 너의 이름을 적어라.
booth 모든 회의 행사를 위해 노점을 차리는 것을 도운 첫 해였다.
capability 그녀는 좋은 의사가 될 수 있는 능력이 있다.
cast 그녀는 갑자기 주사위를 던졌다.

□ □ □
character
[캐릭터]

파 characterize 통 특징이 되다
characteristic 형 특유의
characterful 형 독특한
characterless 형 특징[개성] 없는

명 1. 특성, 기질, 성격 유 personality
Reading various books may help shape a person's character.
2. 명성 유 reputation
3. 인물, 글자 유 letter
동 새기다, 조각하다 유 engrave, inscribe

□ □ □
combine
[컴바인]

파 combination 명 조합
combinability 명 결합 가능성
combinative 형 결합하는

동 결합하다 유 join together, unite, cooperate
A merger is when two companies combine to form one.
명 결합, 제휴 유 combination
4단콤보 combine – combined – combined – combining

□ □ □
commercial
[커머셜]

파 commerce 명 무역, 상업
commercialize 통 상업화하다

형 상업의, 상업적인 유 mercantile, trading
명 광고, 상업 방송
TV commercials cost a lot of money to produce.

□ □ □
contribution
[칸트러뷰션]

파 contribute 통 기부하다, 기여하다

숙어 contribution to
~에 대한(끼친) 기여

명 1. 공헌
She was universally acclaimed for her contribution to the discovery.
2. 기부

---

character 다양한 책을 읽는 것은 사람의 성격을 형성하는 데 도움이 될 수 있다.
combine 합병은 두 회사가 결합하여 하나가 되는 것이다.
commercial TV 광고는 제작하기에 많은 돈이 든다.
contribution 그녀는 그 발견에 끼친 공헌으로 도처에서 갈채를 받았다.

☐ ☐ ☐
counter
[카운터]

- 🅝 1. 계산대
  The restroom is across from the counter.
  2. 반작용, 반대
- 🅐 ~의 반대 방향에서
- 🅥 반박하다, 논박하다

4단콤보 counter – countered – countered – countering

☐ ☐ ☐
countless
[카운틀리스]

- 🅐 헤아릴 수 없이 많은, 수많은 🔄 innumerable, numberless
  Countless people were all crazy about the music.

☐ ☐ ☐
demand
[디맨드]

- 🅝 요구, 청구
- 🅥 1. 요구하다 🔄 request, claim, expect, insist on
  She demanded an immediate apology.
  2. 강요하다

4단콤보 demand – demanded – demanded – demanding

---

counter 화장실은 계산대 맞은편에 있어요.
countless 수많은 사람들은 모두 그 음악에 열광했다.
demand 그녀는 즉각적인 사과를 요구했다.

□ □ □
direct
[디렉트]

파 direction 명 방향
directive 형 지시하는
directly 부 곧장

형 1. 직접의
Nurses are in direct contact with the patients.
2. 정면의
3. 솔직한, 단도직입적인
4. 똑바른
부 1. 똑바로 유 straight
2. 직접으로, 몸소, 곧장 유 immediately, personally
동 1. 지시하다
2. 길을 가리키다
3. 지도하다 유 guide, govern, control, manage, order
4단콤보 direct – directed – directed – directing

□ □ □
disease
[디지즈]

명 질병 유 illness, sickness, ailment
Medical treatments can help to manage various diseases.
동 병들게 하다 유 derange

□ □ □
electronics
[일렉트라닉스]

명 전자공학
My friend majored in electronics at university.

direct 간호사들은 환자들과 직접 접촉한다.
disease 의학적 치료는 다양한 질병을 관리하는 데 도움을 줄 수 있다.
electronics 내 친구는 대학에서 전자공학을 전공했다.

□ □ □
eligible
[엘리저블]

파 eligibility 명 적임

숙어 be eligible to
~할 자격이 있다

형 1. 자격이 있는
   She can be eligible to vote.
2. 바람직한
3. 적합한 유 desirable, suitable
명 적격자

□ □ □
endure
[인듀어]

파 endurable 형 견딜 수 있는

동 1. 참다, 견디다 유 bear, sustain, put up with,
   tolerate
   Have patience, and endure.
2. 지속하다 유 last
4단콤보 endure – endured – endured – enduring

□ □ □
forest
[포리스트]

파 forestal 형 산림의
   foresteal 형 숲, 삼림

명 산림(지), 숲
   Many animals need forests to survive.
형 삼림의
동 삼림을 만들다 유 afforest

□ □ □
fundraiser
[펀드레이저]

숙어 hold a fundraiser
   모금 행사를 열다

명 모금 행사
   Teachers and parents will hold a fundraiser
   tomorrow.

eligible 그녀는 투표할 자격이 있다.
endure 인내심을 가져라. 그리고 견뎌라.
forest 많은 동물들은 생존하기 위해 숲이 필요하다.
fundraiser 선생님들과 부모님들은 내일 모금 행사를 열 것이다.

□ □ □
guarantee
[개런티]

숙어 under guarantee
~의 보증 아래

명 1. 보증인, 인수인 ❸ guarantor, surety
2. 담보 ❸ security, pledge
3. 보증 기간
This car is still under guarantee.
동 보증하다 ❸ warrant, promise, affirm
4단콤보 guarantee – guaranteed – guaranteed – guaranteeing

□ □ □
handcrafted
[핸드크래프티드]

형 수공예품인
I bought a handcrafted chair at a flea market yesterday.

□ □ □
hearty
[하티]

파 heartiness 명 성실, 원기 왕성
heartily 부 실컷, 열심히

heartier (비교급)/heartiest (최상급)

형 1. 마음에서 우러난 ❸ heart-felt, genuine
2. 진심 어린, 따뜻한 ❸ warm-hearted, affectionate, friendly
Hearty congratulations to everyone.

□ □ □
highlight
[하이라이트]

동 ~을 강조하다
Many scientists highlight the importance of forests.
명 최고조의 장면, 가장 좋은 부분
4단콤보 highlight – highlighted – highlighted – highlighting

guarantee 이 차는 아직 품질 보증 기간이 남아 있다.
handcrafted 어제 벼룩시장에서 수공예품인 의자를 구입했다.
hearty 모두에게 진심 어린 축하를 보냅니다.
highlight 많은 과학자들은 숲의 중요성을 강조한다.

□ □ □

household
[하우스홀드]

🅟 가구, 가족, 집안 🅟 members
Households consisting of a single member are
increasing.
🅐 일가의, 가정용의, 가족의

□ □ □

identify
[아이덴터파이]

🅟 identification 🅝 신원 확인
identity 🅝 신원
identifiable 🅐 인식 가능한

🅥 1. 동일함을 확인하다
   2. 동일시하다 🅟 equate
   3. 식별하다, 확인하다
   I was able to identify the behaviors of characters in
   the book I read yesterday.

4단콤보 identify – identified – identified – identifying

□ □ □

immediately
[이미디엇리]

🅟 1. 바로, 직접으로 🅟 directly
   2. 맞닿아서 🅟 closely
   3. 즉시 🅟 at once, without delay
   Call an ambulance immediately.
🅒 ~하자마자, 곧 🅟 the moment, as soon as

household 한명으로 구성된 가구들이 증가하고 있다.
identify 나는 어제 읽은 책에서 등장인물들의 행동을 확인할 수 있었다.
immediately 구급차를 즉시 부르세요.

□ □ □

initial
[이니셜]

[파] initiate 图 착수시키다
initially 图 처음에

[숙어] an initial letter
첫 글자, 머리글자

형 처음의, 시초의
One of the easy ways to memorize is to write the initial letter of the words.
명 머리글자, 대문자
동 첫 머리 글자를 쓰다, 대문자로 서명하다

(4단콤보) initial – initialled(initialed) – initialled(initialed) – initialling(initialing)

□ □ □

instant
[인스턴트]

[파] instantaneous 형 즉각적인
instantly 图 즉시

형 즉각적인 图 immediate, without delay
图 곧, 즉각 图 instantly
명 1. 즉시, 즉각
   2. 찰나 图 moment
   Grief is the agony of an instant, the indulgence of grief the blunder of a life. (Benjamin Disraeli)

□ □ □

instructor
[인스트럭터]

명 강사 图 teacher, trainer, coach, guide
Some instructors are not professionally trained

□ □ □

intercontinental
[인터칸터넨틀]

형 대륙 간의, 대륙을 잇는
A transatlantic flight is a type of intercontinental flight.

---

initial 암기를 쉽게 하는 방법 중 하나는 단어들의 첫 글자를 적는 것이다.
instant 슬픔은 찰나의 고뇌이며, 슬픔에 빠지면 인생을 망친다. (벤자민 디즈라엘리)
instructor 일부 강사들은 전문적으로 훈련받지 않았다.
intercontinental 대서양 횡단 비행은 대륙 간 비행의 한 종류이다.

☐ ☐ ☐

jewelry
(jewellery)
[주얼리]

명 보석류, 보석 장식, 장신구 유 jewels
I do not wear jewelry.

☐ ☐ ☐

lack
[랙]

숙어 lack of sleep
수면 부족

명 결핍, 부족 유 want, deficiency, absence
He suffers from lack of sleep.
동 1. 결핍되다, ~이 모자라다 유 be deficient in
2. ~이 필요하다 유 need
4단콤보 lack – lacked – lacked – lacking

☐ ☐ ☐

lawyer
[로이어]

명 1. 변호사 유 attorney, barrister
May I speak to my lawyer?
2. 법률학자 유 jurist

☐ ☐ ☐

level
[레벌]

파 levelness 명 평평함
levelly 부 차분하게

숙어 be level
고저가 없다

명 1. 정도, 수준
2. 수평
3. 평평함, 평지
형 1. 평평한 유 even
The floor has to be level.
2. 수평의 유 horizontal 반 rough
부 평평하게
동 평평하게 하다
4단콤보 level – levelled(leveled) – levelled(leveled) –
levelling(leveling)

jewelry 나는 보석류를 착용하지 않는다.
lack 그는 수면 부족으로 시달린다.
lawyer 제 변호사와 통화를 할 수 있을까요?
level 바닥은 평평해야 한다.

□□□

license

[라이선스]

[파] licensable [형] 허가할 수 있는
licenseless [형] 면허가 없는

[숙어] **driver's license**
운전면허(증) [유] driving licence

[명] 1. 승낙, 허락 [유] leave, permission
2. 면허증
A driver's license needs to be renewed.

[동] 허가하다 [유] authorize

[4단콤보] license - licensed - licensed - licensing

□□□

lightweight

[라이트웨이트]

[형] 가벼운
Expensive bicycles are often made of lightweight materials.

□□□

local

[로컬]

[파] locality [명] 인근
localize [동] 국한시키다
locate [동] 두다, 차리다

[형] 지역의, 현지의 [반] imperial, national
The local market is held every second week.

[명] 지방민

□□□

loss

[로스]

[파] lose [동] 잃어버리다

[명] 손실, 상실, 분실, 손해 [반] gain
Every time I paint a portrait I lose a friend. (John Singer Sargent)

license 운전 면허증은 갱신이 필요하다.
lightweight 비싼 자전거는 흔히 가벼운 소재로 만들어진다.
local 지역 시장은 2주마다 열린다.
loss 초상화를 그릴 때마다 나는 친구를 하나씩 잃는다. (존 싱어 사전트)

☐☐☐

measure
[메저]

[파] measurement [명] 측정, 측량

[명] 넓이, 치수, 크기

[동] 1. 재다

Measure a thousand times and cut once.

2. 평가하다 [유] estimate, judge

[4단콤보] measure – measured – measured – measuring

☐☐☐

meter
[미터]

[파] metric [형] 미터법의

metrical [형] 측량의

[명] 계량기

Your gas meter can be read from left to right.

[동] 계량기로 재다

[4단콤보] meter – metered – metered – metering

☐☐☐

midnight
[미드나이트]

[파] midnightly [부] 한밤중에

[숙어] at midnight

한밤중에

[명] 1. 자정, 한밤중

They arrived at midnight.

2. 암흑

[형] 1. 한밤중의, 자정의

2. 캄캄한 [유] dark

☐☐☐

plain
[플레인]

[파] plainness [명] 명백, 솔직

plainly [부] 분명히

plainer (비교급)/plainest (최상급)

[형] 1. 분명한

2. 솔직한, 정직한

Nothing astonishes men so much as common sense and plain dealing. (Ralph Waldo Emerson)

[명] 평원, 평지

[부] 분명히

measure 천 번 재고, 단번에 베라.

meter 가스 계량기는 왼쪽에서 오른쪽으로 읽을 수 있다.

midnight 그들은 자정에 도착했다.

plain 상식과 정직한 거래만큼 인간을 경탄케 하는 것은 없다. (랄프 왈도 에머슨)

□ □ □
port
[포트]

📵 portless 📗 항구가 없는

📗 1. 항구 📵 harbor
   The ship is about to enter the port.
2. 포트(컴퓨터의 주변 기기 접속 단자)

📗 복사하다

(4단콤보) port – ported – ported – porting

□ □ □
pound
[파운드]

📗 파운드(영국의 화폐 단위)
   The British pound has slowly dropped against the
   dollar.

📗 치다, 두드리다

(4단콤보) pound – pounded – pounded – pounding

□ □ □
primary
[프라이메리]

primaries (복수형)

📗 1. 첫째의, 초기의, 최초의
   The primary goal of my life is to become a true and
   honest person.
2. 주요한, 주된
3. 근본적인, 본래의

📗 최초의[주요한] 사물

□ □ □
profile
[프로파일]

📵 profilist 📗 옆모습

📗 옆모습, 측면
   The man painted her beautiful profile.

📗 ~의 윤곽(외형)을 그리다

(4단콤보) profile – profiled – profiled – profiling

---

port 그 배가 항구로 곧 들어올 예정이다.
pound 달러 대비 영국 파운드가 서서히 떨어졌다.
primary 내 인생의 첫 번째 목표는 진실하고 정직한 사람이 되는 것이다.
profile 그 남자는 그녀의 아름다운 옆모습을 그렸다.

□□□

protect

[프러텍트]

[파] protection [명] 보호
protective [형] 보호하는

[동] 1. 보호하다, 감싸다 [유] keep safe, shield
My main concern is to protect my family.
2. 막다 [유] defend

[4단콤보] protect – protected – protected – protecting

□□□

recipe

[레서피]

[명] 1. 요리법, 조리법 [유] receipt
This recipe is enough for five people.
2. 처방 [유] prescription
3. 비법

□□□

relationship

[릴레이션쉽]

[파] relation [명] 관계

[명] 1. 관계 [유] connection
Trust is necessary for all relationships.
2. 친족(인척)관계

□□□

remind

[리마인드]

[파] remindful [형] 생각나게 하는

[동] 상기시키다, 생각나게 하다 [유] put in mind
Breathe. Let go. And remind yourself that this very moment is the only one you know you have for sure. (Oprah Winfrey)

[4단콤보] remind – reminded – reminded – reminding

protect 나의 주된 관심사는 내 가족을 보호하는 것이다.
recipe 이 조리법은 5인분으로 충분하다.
relationship 신뢰는 모든 관계에 필요하다.
remind 숨을 들이 쉬라. 내 쉬라. 그리고 바로 이 순간이 네가 확실히 가지고 있음을 네가 아는 유일한 순간임을 상기하라. (오프라 윈프리)

□□□
rid
[리드]

숙어 get rid of
면하다, 제거하다, 끝내다
동 be freed [relieved] of,
eliminate

동 1. (~에게서) 없애다, 제거하다
I want to get rid of pimples on my face.
2. (~으로부터) 자유롭게 하다

□□□
shape
[쉐입]

파 shapely **형** 맵시 있는

숙어 keep(be) in good shape
몸매가 좋다, 건강하다

명 형체, 모양, 형상 **동** form, configuration
I want to keep in good shape.
동 1. ~을 모양 짓다
2. 구체화하다
3. ~을 적합하게 하다 **동** adjust
4단콤보 shape – shaped – shaped – shaping

□□□
signature
[시그너처]

파 sign **동** 서명하다
signatory **형** 서명한

명 서명 **동** autograph
His signature on the document turned out to be a
fake.

---

rid 나는 내 얼굴에 여드름을 없애고 싶다.
shape 나는 좋은 몸매를 유지하고 싶다.
signature 그 서류에 적힌 그의 서명은 가짜로 판명 났다.

□ □ □
specialist
[스페셜리스트]

명 전문가 유 expert
The professor is a specialist in child psychology.

파 specialistic 형 전문적인

구문 **a specialist in**
~의 전문가

□ □ □
surface
[서피스]

명 외면, 표면 유 outside, exterior
Rub the rough surface with a soft sandpaper before painting.
형 외관의 유 superficial, apparent
동 (종이 따위에 특별한) 겉[면]을 대다

파 surfaceless 형 표면이 없는

(4단콤보) surface – surfaced – surfaced – surfacing

□ □ □
survey
[서베이]

동 1. 검사하다, 조사하다 유 examine, inspect
2. 조망하다 유 look over
명 1. 조사
Teenagers under the age of 16 were excluded from the survey.
2. 조망

파 surveyable 형 전망할 수 있는

(4단콤보) survey – surveyed – surveyed – surveying

specialist 그 교수는 아동심리학 분야의 전문가이다.
surface 페인트칠을 하기 전에 까칠한 표면을 부드러운 사포로 문질러라.
survey 16세 이하의 청소년은 그 조사에서 제외되었다.

☐ ☐ ☐
theater
(theatre)
[씨어터]

☺ 1. 공연장, 극장
My parents and I were at the theatre yesterday.
2. 연극

☐ ☐ ☐
twist
[트위스트]

㈜ entwist ☺ 꼬다
    twisty ☺ 꾸불꾸불한

☺ 1. 꼬다 ☺ intertwine
2. 비틀다, 왜곡하다 ☺ distort
The policeman twisted my arm behind me.
3. 짜다, 짜 넣다 ☺ plait, interweave
☺ 1. 밧줄 ☺ thread, cord, rope
2. 뒤틀림 ☺ wrench
3. 나선

[4단콤보] twist – twisted – twisted – twisting

☐ ☐ ☐
volunteer
[발런티어]

☺ 지원자
The number of volunteers is decreasing.
☺ 자발적인
☺ 자발적으로 나서다

[4단콤보] volunteer – volunteered – volunteered –
    volunteering

---

theater 부모님과 나는 어제 극장에 있었다.
twist 경찰이 내 팔을 뒤에서 비틀었다.
volunteer 지원자의 수가 감소하고 있다.

□ □ □

worldwide
[월드와이드]

📝 전 세계적인
His honest story attracted worldwide attention.

📝 전 세계에

□ □ □

yearly
[이얼리]

yearlies (복수형)

📝 한 해 한 번의, 매년의

📝 1. 한 해 한 번 🔁 once a year

2. 매년 🔁 every year, annually
That music festival is held yearly in December.

📝 연간 간행물

---

worldwide 그의 진솔한 이야기는 전 세계적인 관심을 끌어 모았다.
yearly 그 영화제는 매년 12월에 열린다.

01 The drama **features** Kelly Lee as a well-known pianist.

그 드라마는 유명한 피아니스로 Kelly Lee를 _____.

02 Flights were delayed because the airport computer system did not **function**.

공항 컴퓨터 시스템이 _____않아 비행이 지연되었다.

03 The national art museum **displays** a wide range of paintings by famous artists.

국립 미술관은 유명한 예술가들의 광범위한 그림들을 _____.

04 My school is using instructional technology programs to **equip** teachers for remote learning and teaching.

우리학교는 원격학습과 교습에 필요한 교사들을 _____ 위해 교육 기술 프로그램을 사용하고 있다.

05 Many a **defect** is seen in the poor man.

가난한 사람한테는 _____이 많아 보인다.

06 His exhibit **will be held** in Seoul from March to August.

그의 전시회는 3월에서 8월까지 서울에서 _____.

07 Being a mother **requires** a lot of patient and endurance.

엄마가 되는 것은 많은 참을성과 인내심을 _____.

08 Politicians extend their **support** to the protesting farmers.

정치인들은 시위하는 농민들에게 _____를 보낸다.

(answer)

01 출연시켰다   02 기능을 하지   03 전시한다   04 갖추기   05 결함   06 열릴 것이다   07 요구한다   08 지지

09 Some children's museums encourage visitors to **touch** the items on display.

일부 어린이 박물관들은 방문객들이 전시된 물건들을 _____ 것을 장려합니다.

10 We are requested to **assemble** in the park.

우리는 공원에 _____ 요청받았다.

11 This new product has health benefits and even a **commercial** use.

이 신제품은 건강상의 이점도 있고 심지어 _____ 용도도 있다.

12 Mothers should not give in to children's **demands** all the time.

엄마들은 항상 아이들의 _____에 굴복해서는 안 된다.

13 Her way of speaking can be **direct**.

그녀가 말하는 방식은 _____ 수 있다.

14 Autonomous cars are still something of a **novelty**.

전기 자동차는 아직도 _____ 물건이다.

15 Many **departments** have been associated with each other.

많은 _____는 서로 연관되어 왔다.

answer

09 만질 10 모이라고 11 상업적인 12 요구 13 단도직입적일 14 신기한 15 부서

PART
02

Listening

" 이번 CHAPTER에서 학습하게 될 단어들입니다. 이미 알고 있는 단어가 얼마나 되는지 체크해 보세요. "

○ 알고 있는 단어 △ 애매한 단어 × 모르는 단어

☐ conversation	☐ anymore	☐ few
☐ disadvantage	☐ apply	☐ focus
☐ decide	☐ archaeologica	☐ gym
☐ likely	☐ artwork	☐ hassle
☐ ride	☐ care	☐ inconvenient
☐ unit	☐ common	☐ intense
☐ daughter	☐ commute	☐ lifetime
☐ inn	☐ crowded	☐ mostly
☐ residency	☐ depend	☐ neighborhood
☐ especially	☐ drawback	☐ paintbrush
☐ hire	☐ exactly	☐ palette
☐ provide	☐ extra	☐ payment
☐ agree	☐ facilitate	☐ perhaps
☐ ancient	☐ follow	☐ privacy
☐ enroll	☐ guard	☐ procedure
☐ result	☐ least	☐ professional
☐ train	☐ luxurious	☐ pull
☐ amenity	☐ maintenance	☐ quick
☐ comfortable	☐ passenger	☐ salary
☐ downside	☐ pick	☐ secure
☐ near	☐ quite	☐ technique
☐ prefer	☐ regrowth	☐ tuition
☐ reap	☐ resource	☐ unlike
☐ session	☐ ruin	☐ unsafe
☐ space	☐ ruler	☐ workplace
☐ state	☐ run	☐ adjust
☐ whether	☐ staff	☐ associate
☐ bring	☐ strip	☐ athlete
☐ caregiver	☐ wax	☐ average
☐ convenient	☐ conventional	☐ badly
☐ possible	☐ diverse	☐ bare

☐ carry
☐ certain
☐ compare
☐ compete
☐ complain
☐ condition
☐ credit
☐ employ
☐ entire
☐ explore
☐ exposure
☐ factor
☐ faulty
☐ floor
☐ frequent
☐ highly
☐ highway
☐ impossible
☐ inquire
☐ inspire
☐ install
☐ interact
☐ issue
☐ lawn

☐ library
☐ loud
☐ magazine
☐ manual
☐ mention
☐ method
☐ minimal
☐ mobile
☐ monthly
☐ museum
☐ nearby
☐ noisy
☐ object
☐ outdoor
☐ overcrowded
☐ patience
☐ peace
☐ per
☐ physical
☐ poorly
☐ postpone
☐ price
☐ progress
☐ prone

☐ properly
☐ property
☐ rarely
☐ rather
☐ ready
☐ rely
☐ return
☐ route
☐ scary
☐ seldom
☐ separate
☐ series
☐ set
☐ stand
☐ station
☐ stick
☐ tax
☐ temperature
☐ undergo
☐ upcoming
☐ upfront
☐ wealthy
☐ wide
☐ wonder

□ □ □
conversation
[칸버세이션]

파 converse 동 대화를 나누다
conversational 형 일상 대화에서
쓰이는

관용 hold(have, carry on) a
conversation with
~와 대화하다

명 대화, 회화
Teenagers avoid having a conversation with parents.

□ □ □
disadvantage
[디서드밴티지]

파 disadvantageous 형 불리한

명 불이익, 불편 유 drawback, trouble, inconvenience
A disadvantage of living in big cities is air pollution.
동 불리하게 하다, ~에게 손해를 입히다

□ □ □
decide
[디사이드]

파 decision 명 결정, 판단
decisive 형 결정적인

구문 decide + to do
~하기로 결정(심)하다

동 결정하다, 결심하다 유 make up one's mind, resolve
I decided to study English hard from today.

4단콤보 decide – decided – decided – deciding

---

conversation 청소년들은 부모님과 대화하는 것을 피한다.
disadvantage 대도시에서 사는 것의 불편은 대기 오염이다.
decide 오늘부터 열심히 영어 공부하기로 결심했다.

□ □ □
likely
[라이클리]

파 likelihood 명 가능성
　like 형 같은

likelier (비교급)/likeliest (최상급)

숙어 **be likely to do**
　~할 것 같다

형 1. ~할 것 같은, 아마 ~인 유 probable
　　The bus fare is likely to go higher next year.
　2. 적당한 유 suitable
　3. 유망한 유 promising
부 아마, 다분히, 십중팔구 유 probably

□ □ □
ride
[라이드]

파 ridable 형 타기에 알맞은

숙어 **ride (on) a horse**
　말을 타다

동 말을 타다, (탈것을) 타다
　After lunch, he rides a horse every day.
명 탐, 태움

4단콤보 ride – rode – ridden – riding

□ □ □
unit
[유닛]

파 unitary 형 통합된

명 단일체, 편성[구성] 단위
　The monetary unit of Korea is the won.
형 단위의, 단위를 구성하는

□ □ □
daughter
[도터]

파 daughterhood 명 소녀 시절

명 딸 반 son
　I love my daughters.
형 딸로서의, 딸다운

likely 버스비는 내년에 더 오를 것 같다.
ride 점심식사 후, 그는 매일 말을 탄다.
unit 한국의 화폐 단위는 원이다.
daughter 나는 딸들을 사랑한다.

□ □ □
inn
[인]

ⓝ 여인숙, 여관, 주막 ⓨ tavern
The nearer the inn, the longer the ron.

□ □ □
residency
[레저던시]

residencies (복수형)

⒜ **permanent residency**
영주권

ⓝ 체류 허가, 행정 구획, 거주
I have been granted permanent residency in
Australia.

□ □ □
especially
[이스페셜리]

ⓐ 특히, 각별히 ⓨ notably, specially, unusually,
particularly, in particular
My hobby is driving a car, especially at night.

□ □ □
hire
[하이어]

ⓟ hirer ⓝ 고용주
hirable ⓐ 고용할 수 있는

ⓝ 고용, 임차
ⓥ 1. 고용하다 ⓨ engage
It is not easy to hire people with potentials and
talents.
2. 빌리다 ⓨ rent
4단콤보 hire – hired – hired – hiring

---

inn 여인숙에 가까울수록, 갈 길은 멀다.
residency 나는 호주에서 영구적인 거주권을 받았다.
especially 나의 취미는 특히 밤에 자동차를 운전하는 것이다.
hire 잠재력과 재능을 가진 사람들을 고용하는 것은 쉽지 않다.

□ □ □

provide
[프러바이드]

파 provision 명 공급, 제공
  provider 명 제공자
  provident 형 장래를 준비하는

동 공급하다, 제공하다 유 furnish, supply, give, donate
This non-profit organization provides food and shelter for homeless people.

(4단콤보) provide – provided – provided – providing

□ □ □

agree
[어그리]

파 agreement 명 협정, 합의

숙어 agree with
  ~에 동의하다

동 동의하다, 일치하다 유 assent, accede, approve, consent
I agree with your argument.

(4단콤보) agree – agreed – agreed – agreeing

□ □ □

ancient
[에인션트]

파 anciently 부 옛날에는

형 옛날의, 고대의 유 olden, primordial
명 고대인, 노인
Many ancients were shown in the Greek movies.

□ □ □

enroll
[인롤]

숙어 enroll in
  ~에 등록하다

동 등록하다, 입학하다 유 sign up (for), register, enregister
I enrolled in a computer program course.

(4단콤보) enroll – enrolled – enrolled – enrolling

provide 이 비영리 단체는 집이 없는 사람들을 위해 음식과 안식처를 제공한다.
agree 나는 너의 주장에 동의한다.
ancient 많은 고대인들이 그리스 영화에서 보였다.
enroll 나는 컴퓨터 프로그램 강좌에 등록했다.

□ □ □
result
[리절트]

파 resultant 형 그 결과로 생긴
resultful 형 성과있는

명 1. 결과 동 effect, outcome, consequence
All sports are dramatic because the results are
unpredictable.
2. 결정 동 decision, resolution
동 결과로서 생기다 동 follow

4단콤보 result – resulted – resulted – resulting

□ □ □
train
[트레인]

파 trainable 형 훈련할 수 있는

명 기차
Trains are faster than cars.
동 가르치다, 훈련하다, 연습하다 동 bring up, teach,
educate

4단콤보 train – trained – trained – training

□ □ □
amenity
[어메너티]

amenities (복수형)

명 1. 편의시설
A hotel with all modern amenities is popular
among tourists.
2. 기분 좋음, 쾌감 동 pleasantness
3. 오락[문화, 편의] 시설

□ □ □
comfortable
[컴포터블]

형 1. 편안한, 쾌적한 반 uncomfortable
I always buy comfortable shoes.
2. 안정되어 있는 동 composed
명 깃털 이불 동 comforter

---

result 모든 스포츠는 결과를 예상할 수 없어 극적이다.
train 기차가 자동차보다 빠르다.
amenity 모든 현대식 편의시설을 갖춘 호텔이 관광객들에게 인기가 있다.
comfortable 나는 항상 편안한 신발을 산다.

□ □ □

downside
[다운사이드]

[001] downside up
역전하여, 거꾸로 뒤집어진

- 📗 아래쪽 🔄 upside
- 📘 1. 아래쪽의 🔗 underside
  The coin was downside up.
  2. 하강의, 경제가 하향의, 전망이 나쁜

□ □ □

near
[니어]

📎 nearness 📗 가까움
nearish 📘 가까운 듯한
nearly 📙 거의

nearer (비교급)/nearest (최상급)

- 📙 1. 가까이 🔗 close
  2. 밀접하여 🔗 intimately
- 📗 ~에 가깝게 🔗 close to
- 📘 가까운, 친밀한 🔗 intimate, familiar
  His house is very near the park.
- 📕 접근하다 🔗 approach
  4단콤보 near – neared – neared – nearing

□ □ □

prefer
[프리퍼]

📎 preferrer 📗 ~을 좋아하는 사람
preference 📗 선호(도)

구문 prefer + 동명사
~을 더 좋아하다

- 📕 ~을 더 좋아하다, 선호하다
  I prefer buying cotton pants.
  4단콤보 prefer – preferred – preferred – preferring

□ □ □

reap
[립]

📎 reapable 📘 거둬들일 수 있는

- 📕 수확하다, 베어 내다, 거두다
  As one sows, so shall he reap.
  4단콤보 reap – reaped – reaped – reaping

downside 동전이 거꾸로 뒤집어졌다.
near 그의 집은 공원에서 매우 가깝다.
prefer 나는 면바지를 사는 것을 더 좋아한다.
reap 뿌린 대로 거두리라.

☐☐☐

session
[세션]

[파] sessional 웹 회기마다의
sessionally 🖱 회기중에

[숙어] **an emergency session**
긴급 회의

명 모임, 면담 유 meeting, conference, discussion
The emergency session yesterday was about the
prevention of wild animals from extinction.

☐☐☐

space
[스페이스]

[파] spacious 웹 널찍한
spatial 웹 공간의

명 1. 공간, 여지 유 room
Everyone needs space to be alone.
2. 간격 유 interval
웹 우주의, 공간의
동 간격을 두고 나란히 놓다
(4단콤보) space – spaced – spaced – spacing

☐☐☐

state
[스테이트]

[파] statement 웹 성명, 진술
stately 웹 위엄이 있는

[숙어] **mental state**
정신 상태

명 1. 상태 유 condition, situation, predicament
Her mental state has been unstable after she had
a car accident.
2. 주
(4단콤보) state – stated – stated – stating

session 어제 긴급 모임은 야생동물의 멸종 방지에 관한 것이었다.
space 사람은 누구나 혼자 있을 공간이 필요하다.
state 그녀의 정신 상태는 자동차 사고를 겪은 후에 불안정해졌다.

☐☐☐
whether
[웨더]

㉙ 1. ~인지 아닌지
I wonder whether he liked her before.
2. ~이든지 아니든지 (간에)
㉓ (둘 중의) 어느 하나

☐☐☐
bring
[브링]

㉕ bringer ㉙ 가져오는 사람

㉐ 1. 가져오다, 데려오다 ㉘ convey, carry
When can you bring me the book you borrowed
from me?
2. 초래하다, 이르게 하다
（4단꿈보） bring – brought – brought – bringing

☐☐☐
caregiver
[케어기버]

㉙ 간병인, 돌보는 사람
Caregivers are in high demand.

☐☐☐
convenient
[컨비니언트]

㉕ convenience ㉙ 편의, 편리
conveniently ㉒ 편리하게, 알맞게

㉓ 1. 편리한 ㉘ commodious
Public transportation is convenient.
2. 형편이 좋은, 손쉬운 ㉘ at hand
3. 손쉽고 편리한 ㉘ handy

whether 그가 예전에 그녀를 좋아했는지 아닌지 궁금하다.
bring 언제 나한테 빌려간 책을 가져다 줄 수 있니?
caregiver 간병인은 수요가 높다.
convenient 대중교통은 편리하다.

□□□
possible
[파서블]

[파] possibility [명] 가능성

[숙어] be possible
가능성이 있다

[형] 실행 가능한, 있음직한 [유] practicable, feasible
Buying an expensive house is possible.

[명] 가능한 일, 가능성 [유] possibility

□□□
anymore
[에니모]

[부] 더 이상은, (부정·의문·조건문) 이제는 [유] any longer
Don't make me angry anymore.

□□□
apply
[어플라이]

[파] application [명] 지원
appliance [명] 기기
applicant [명] 지원자

[숙어] apply A to B
A를 B에 바르다, 적용하다

[동] 1. 신청하다
2. 쓰다, 적용하다, 응용하다
Apply moisturizing cream to dry skin.
3. (마음·주의력·정력 등을) 쏟다, 기울이다 [유] direct

[4단콤보] apply – applied – applied – applying

□□□
archaeological (archaeologic)
[아큘라지컬]

[형] 고고학적인, 고고학상의
The majority of research on an archaeological project takes place after the excavation.

possible 비싼 집을 사는 것은 실행 가능하다.
anymore 더 이상 나를 화나게 만들지 마.
apply 건조한 피부에 수분 크림을 써라.
archaeologica 고고학적 프로젝트에 대한 대부분의 연구는 발굴 후에 이루어진다.

□ □ □

artwork
[아트워크]

명 삽화, 공예품, 예술작품(의 제작)
My artwork is mostly inspired by my mother.

□ □ □

care
[케어]

파 careful 형 조심하는

명 1. 돌봄
2. 근심, 걱정, 심려 유 anxiety, worry
3. 우려, 조심 유 concern, caution
4. 배려, 간호 유 heed, charge
동 1. 걱정하다, 관심을 가지다 유 be concerned
2. 돌보다, 좋아하다
Caring a child requires love and dedication.

(4단콤보) care – cared – cared – caring

□ □ □

common
[카먼]

파 commonage 명 공동 사용
commonness 명 공통

more common (비교급)/
most common (최상급)/
commoner (비교급)/
commonest (최상급)

형 1. 일반적인, 보통의 유 general, ordinary, average
2. 공공의 유 public
3. 흔히 있는, 익숙한 유 familiar, current
The most common crop in my town is black beans.
명 공유지

---

artwork 내 예술작품은 대부분 어머니로부터 영감을 받는다.
care 아이를 돌보는 일은 사랑과 헌신이 필요하다.
common 나의 마을의 가장 흔한 농작물은 검정콩이다.

□ □ □

commute
[커뮤트]

📖 commutable ⓗ 통근 가능한

ⓥ 1. 교환하다 🔄 exchange, substitute
  2. 통근하다
   How long does it take to commute to school by
   bus?
ⓝ 통근, 통학
4단콤보 commute – commuted – commuted –
   commuting

□ □ □

crowded
[크라우디드]

📖 crowdedness ⓝ 혼잡함

🔊 be crowded with
  혼잡하다

ⓐ 혼잡한, 붐비는 ⇄ empty
It's always crowded with cars during rush hour.

□ □ □

depend
[디펜드]

🔊 depend on
  ~에 의존하다

ⓥ 1. 의지하다, 의존하다, 믿다
   I highly depend on my parents.
  2. ~에 달려있다, 좌우되다 🔄 rely, count
4단콤보 depend – depended – depended – depending

□ □ □

drawback
[드로백]

🔊 a drawback to
  ~이 가진 단점[문제점]

ⓝ 1. 결점 🔄 flaw
  2. 문제점 🔄 disadvantage, snag
   Some drawbacks to adopting a puppy can include
   a lack of sleep.

---

commute 버스로 통근하는 데 얼마나 걸리나요?
crowded 출근 시간에는 항상 차로 혼잡하다.
depend 나는 부모님께 크게 의존한다.
drawback 강아지를 입양하는 것의 몇 가지 문제점은 수면 부족을 포함할 수 있다.

☐ ☐ ☐

exactly
[이그잭틀리]

㈜ exact ⓗ 정확한, 정밀한

ⓟ 정확하게, 엄밀하게 ⓨ precisely, strictly, accurately, specifically
What they did in the past was not exactly moral and ethic.

☐ ☐ ☐

extra
[엑스트러]

⑪ extra pay
　　추가 요금(수당)

ⓗ 여분의, 추가의 ⓨ additional
Extra pay is required for overtime.
ⓝ 할증 요금
ⓟ 1. 여분으로 ⓨ additionally
　 2. 특별히 ⓨ unusually, specially

☐ ☐ ☐

facilitate
[퍼실러테이트]

㈜ facility ⓝ 시설
facilitator ⓝ 조력자
facilitative ⓗ 촉진하는
facile ⓗ 손쉬운

ⓥ 쉽게 하다, 돕다 ⓨ expedite, promote, help
A wide range of knowledge facilitates the understanding of any kind of work.
(4단콤보) facilitate – facilitated – facilitated – facilitating

☐ ☐ ☐

follow
[팔로]

ⓥ 뒤따르다, 따라가다 ⓨ accompany, track, escort, trail
My dog followed me into the house.
ⓝ 뒤따름, 추종
(4단콤보) follow – followed – followed – following

exactly 그들이 과거에 했던 것은 정확하게 도덕적이고 윤리적이지 않았다.
extra 시간외 근무는 추가 수당이 필요하다.
facilitate 폭넓은 지식은 어떤 종류의 일에 대한 이해를 돕는다.
follow 나의 강아지는 나를 따라 집 안으로 뒤따라 들어왔다.

☐ ☐ ☐
guard
[가드]

파 guarder 명 수호자
guardless 형 무방비의

형 1. 감시인, 경비원 유 protector, guardian
The guard kept a close watch on the visitors.
2. 호위병[대] 유 escort
3. 경계 유 watch, vigilance
동 1. 수호하다 유 protect, defend
2. 감시하다 유 watch over
(4단콤보) guard – guarded – guarded – guarding

☐ ☐ ☐
least
[리스트]

형 가장 적은, 최소의
Young people tend to buy the least expensive flight ticket.
부 가장 적게, 제일 적게 반 most
명 가장 적음, 최소량

☐ ☐ ☐
luxurious
[러그주어리어스]

파 luxury 명 사치(품)의
luxuriously 부 사치스럽게

형 1. 호화로운, 아주 편한 유 splendid, sumptuous
반 spartan
Most celebrities live in luxurious houses.
2. (문체 등이) 화려한 유 florid

---

guard 경비원은 철저하게 방문객을 감시했다.
least 젊은 사람들은 가장 저렴한 항공권을 사는 경향이 있다.
luxurious 대부분의 연예인들은 호화로운 집에서 산다.

□ □ □

maintenance

[메인터넌스]

_파 maintain _통 유지하다

_{관용} maintenance service
유지보수 서비스

_명 1. 유지, 지속 _유 continuation
We provide a maintenance service on all our products.
2. 보존 _유 upkeep
3. 보호 _유 support, defence

□ □ □

passenger

[패선저]

_명 여객, 승객, 통행인 _유 passerby
Passengers, please wear seat belts.

□ □ □

pick

[픽]

_파 picky _형 까다로운

_통 1. 고르다, 선택하다
Pick one of the clothes on the shelf.
2. (꽃을) 꺾다, (과일 등을) 따다
_명 고르기, 선택

(4단콤보) pick – picked – picked – picking

□ □ □

quite

[콰이트]

_부 1. 완전히 _유 entirely, completely
2. 꽤 _유 almost, very nearly
She sings quite well.

---

maintenance 우리는 모든 제품에 대한 유지보수 서비스를 제공한다.
passenger 승객 여러분, 안전띠를 착용바랍니다.
pick 선반에 있는 옷들 중 하나를 선택하라.
quite 그녀는 노래를 꽤 잘한다.

□ □ □

regrowth
[리그로쓰]

몡 재생, 재성장 🔁 regeneration
The doctor succeeded in a difficult skin regrowth operation.

□ □ □

resource
[리소스]

파 resourceless 몡 자원이 부족한
resourceful 몡 자원이 풍부한

숙어 natural resources
천연 자원

몡 1. 재원, 재력, 자원
Natural resources like oil has been consumed at an alarming rate.
2. 방책 🔁 expedient

4단콤보 resource – resourced – resourced – resourcing

□ □ □

ruin
[루인]

파 ruinate 통 파괴시키다
ruinous 몡 감당할 수 없는

몡 1. 파괴, 파멸, 멸망, 몰락
Excessive drinking and gambling led to his ruin.
2. 손해
통 파괴하다, 무너뜨리다

4단콤보 ruin – ruined – ruined – ruining

□ □ □

ruler
[룰러]

파 rule 통 통치하다
rulable 몡 규칙상 허용되는

몡 지배자, 통치자 🔁 governor, leader, commander, lord
In North Korea, the ruler completely seizes power over government operations.

---

regrowth 그 의사는 어려운 피부 재생 수술에 성공했다.
resource 석유와 같은 천원 자원은 놀라운 속도로 소비되어 왔다.
ruin 지나친 술과 도박은 그를 파멸로 이끌었다.
ruler 북한에서, 지배자는 국정 운영을 완전하게 장악한다.

□□□
run
[런]

[동] 1. 달리다
She runs faster than her little brother.
2. (사업체 등을) 운영[경영/관리]하다
3. 작동하다, 기능하다

[명] 달리기, 뛰기

[4단콤보] run – ran – run – running

□□□
staff
[스태프]

staves (복수형)

[숙어] **a staff cut**
감원, 인원 감축

[명] 직원
Long-term economic instability leads to staff cuts.

[동] 직원으로 일하다

[4단콤보] staff – staffed – staffed – staffing

□□□
strip
[스트립]

[동] 1. 옷을 벗다[벗기다]
2. 껍질 따위를 벗기다
The bark is stripped by hand.
3. 분해[해체]하다

[명] 가늘고 긴 조각

[4단콤보] strip – stripped – stripped – stripping

run 그녀는 남동생보다 빨리 달린다.
staff 장기적인 경기 불안정은 직원 감축으로 이어진다.
strip 나무 껍질을 손으로 벗긴다.

□ □ □

wax
[웩스]

때 waxen 행 왁스로 만든

명 밀랍, 왁스
Remove dust from cars first and polish with wax.

동 왁스로 광을 내다

4단콤보 wax – waxed – waxed – waxing

□ □ □

conventional
[컨벤셔널]

때 convention 명 관습, 관례
conventionalize 동 관례에 따르다
conventionary 형 협정상의
conventionally 부 진부하게

형 1. 전통적인, 관습적인
A conventional method is one that is usually used
for a long time.
2. 형식적인 요 formal

명 인습 요 convention

□ □ □

diverse
[디버스]

때 diversity 명 다양성
diversely 부 다양하게

형 1. 다양한 요 varied, multiform
Each individual has diverse talents.
2. 다른 요 dissimilar, different

□ □ □

few
[퓨]

fewer (비교급)/fewest (최상급)

형 소수의, 조금밖에 없는, 거의 없는
Few people can shake off the scent of flowers.

대 조금, 소수

wax 자동차에 묻은 먼지를 먼저 제거하고 왁스로 광을 내야한다.
conventional 전통적인 방법은 보통 오랫동안 사용되는 방법이다.
diverse 각 개인은 다양한 재능을 가지고 있다.
few 꽃의 향기를 뿌리칠 수 있는 사람은 거의 없다.

□ □ □

focus
[포커스]

파 focusable 형 집중할 수 있는

focusless 형 초점이 없는

focuses (복수형)/foci (복수형)

숙어 **focus on**
~에 주력하다, 초점을 맞추다

명 초점, 중심

동 집중하다, 초점을 맞추다 동 concentrate, aim, fix
You need to focus on your final exam.

(4단콤보) focus-focused(focussed)-focused(focussed)
– focusing(focussing)

□ □ □

gym
[짐]

명 1. 체육관 동 gymnasium
The concert will be held in a large gym.

2. 체육 동 gymnastics

□ □ □

hassle
[해슬]

숙어 **get in a hassle**
싸움을 하다, 언쟁을 하다

명 1. 혼란 동 muddle

2. 싸움 동 fight
I used to get into a hassle at school.

3. 말다툼 동 quarrel

(4단콤보) hassle – hassled – hassled – hassling

□ □ □

inconvenient
[인컨비니언트]

파 inconvenience 명 불편

형 1. 불편한, 부자유한
Please feel free to contact me if there is any
inconvenience.

2. 형편이 나쁜

focus   당신은 기말고사에 집중할 필요가 있다.
gym   이번 콘서트는 대형 체육관에서 할 예정이다.
hassle   나는 학교에서 싸움을 하곤 했다.
inconvenient   불편한 점이 있을 시에는 언제든 연락주세요.

□ □ □

intense
[인텐스]

피 intensity 명 강렬함
　intension 명 강화
　intensify 동 심해지다
　intensive 형 집중적인

intenser (비교급)/intensest (최상급)

형 1. 극심한, 격렬한 동 dense
　　Medical students are put under intense pressure
　　by society.
　2. 치열한, 열정적인
　3. (명암의 도가) 강한

□ □ □

lifetime
[라이프타임]

숙어 in one's lifetime
　일생 동안

명 일생, 생애, 평생
　How many books can I read in my lifetime?
형 일생의, 평생의

□ □ □

mostly
[모스틀리]

피 most 형 대부분의

부 1. 대개 동 for the most part, usually
　　People mostly like coffee.
　2. 주로 동 chiefly

□ □ □

neighborhood
(neighbourhood)
[네이버훗]

명 1. 이웃 사람들 동 neighbors
　　I always say hello to my neighborhood.
　2. 접근[이웃]하고 있음 동 proximity
형 이웃의, 근처의, 지방의

intense　의대생들은 사회에 의해 극심한 압박을 받는다.
lifetime　일생 동안 몇 권의 책을 읽을 수 있을까?
mostly　사람들은 대개 커피를 좋아한다.
neighborhood　나는 이웃 사람들과 항상 인사를 하고 지낸다.

□ □ □

paintbrush
[페인트브러쉬]

명 화필, 그림붓
I buy at least one paintbrush every month.

□ □ □

palette
[팰릿]

명 1. 팔레트
Wash the palette first and add new paint.
2. 색채의 범위[종류]

□ □ □

payment
[페이먼트]

명 1. 지불, 지출 통 paying
Late payment is 10% of the book's list price.
2. 보수 통 reward

□ □ □

perhaps
[퍼햅스]

부 1. 혹시 통 possibly, maybe
2. 아마 통 probably
Perhaps, it will rain tomorrow.
명 1. 가정 통 supposition
2. 우연한 일 통 contingency

paintbrush 나는 매달 적어도 하나의 그림붓을 산다.
palette 팔레트를 먼저 씻고 새로운 물감을 넣어라.
payment 지불 연체는 도서 정가의 10퍼센트입니다.
perhaps 아마도, 내일 비가 올 것 같다.

□ □ □

privacy
[프라이버시]

파 private 형 사유의

숙어 invasion of privacy
사생활 침해

명 사생활, 혼자 있는 상태
Everyone doesn't like invasion of privacy.

□ □ □

procedure
[프러시저]

파 procedural 형 절차의

명 절차, 순서, 진행, 경과
What's the next procedure?

□ □ □

professional
[프러페셔널]

파 professionally 부 직업적으로

형 1. 직업의, 직업상의
2. 전문직의, 전문적인 반 amateur
I want to sing like a professional singer.
명 전문가, 직업선수(pro로 줄여 씀)

□ □ □

pull
[풀]

동 1. 당기다, 끌다 유 draw, drag, haul, tug 반 push
2. (이·마개 등을) 뽑다, 빼다 유 draw out
I pulled my own teeth when I was a child.
명 1. 당기기, 끌기 유 pulling
2. 매력 유 attraction
4단콤보 pull – pulled – pulled – pulling

privacy 모든 사람들은 사생활 침해를 좋아하지 않는다.
procedure 그 다음 절차는 무엇인가요?
professional 나는 전문적인 가수처럼 노래하고 싶다.
pull 내가 어린이였을 때, 내 치아를 뽑았다.

☐☐☐

quick

[퀵]

[파] quickness [명] 빠름
quickly [부] 빨리

quicker (비교급)/quickest (최상급)

[형] 1. 빠른 [유] rapid, swift, speedy
2. 민첩한 [반] slow
3. 서두르는, 성급한 [유] hurried, hasty, impatient

[명] 1. 생물 [유] living creature
2. 핵심

[부] 빨리, 급히, 서둘러서 [유] quickly
Apparently, a boiling point of water is reached quicker when salt is added.

☐☐☐

salary

[샐러리]

[파] salaryless [형] 무급의

salaries (복수형)

[명] 월급, 급여
Proponents propose a rise in salary and a paid-holiday allowance.

[동] ~에 봉급을 주다

[4단콤보] salary - salaried - salaried - salarying

☐☐☐

secure

[시큐어]

[파] security [명] 보안, 경비
securable [형] 확보할 수 있는
securely [부] 단단히

securer (비교급)/securest (최상급)

[구문] the secure = secure people
(the + 형용사 = 복수보통명사)

[형] 1. 안전한 [유] safe
2. 안정된 [유] firm, stable
It is always the secure who are humble.
3. 확실한 [유] sure, certain

[동] 1. 획득하다 [유] obtain
2. 안전하게 하다 [유] make safe, guard, fortify
3. 보장하다 [유] ensure, guarantee

[4단콤보] secure - secured - secured - securing

quick 분명히, 물의 끓는점은 소금이 더해지면 더 빠르게 도달된다.
salary 지지자들은 급여 인상과 유급 휴가 수당을 제안한다.
secure 겸손한 사람은 항상 안정된 사람이다.

□□□
technique
[테크닉]

[파] technical [형] 기술적인

[명] 기법, 기술, 기교
It is a good idea to learn singing techniques.

□□□
tuition
[튜이션]

[파] tuitional [형] 교수의
tuitionary [형] 수업료의

[명] 1. 수업
There is no free tuition.
2. 교수 [유] teaching, instruction
3. 수업료

□□□
unlike
[언라이크]

[파] unlikeness [명] 같지 않음

[전] ~와는 달리
Unlike my older sister, I am interested in fashion.
[형] 1. 다른 [유] different
2. 있음직하지 않은
[명] ~와 같지 않은 사람[것]

□□□
unsafe
[언세이프]

unsafer (비교급)/unsafest (최상급)

[형] 안전하지 못한, 위험한 [유] dangerous
Riding a bicycle without a helmet is unsafe.

technique 노래 기술을 배우는 것은 좋은 생각이다.
tuition 무료 수업은 없다.
unlike 언니와는 다르게, 나는 패션에 관심이 있다.
unsafe 헬멧 없이 자전거를 타는 것은 위험하다.

□ □ □

workplace
[워크플레이스]

🅝 직장, 업무 현장

There are some advantages if I live close to my workplace.

□ □ □

adjust
[어저스트]

🅟 adjustment 🅝 수정
adjustable 🅐 조절 가능한

🅠🅝 adjust to
~에 적응하다

🅥 1. 조절하다, 적합하게 하다, 맞추다, 조정하다, 정비하다
2. 적응하다

He will gradually adjust to his new role.

(4단콤보) adjust – adjusted – adjusted – adjusting

□ □ □

associate
[어소쉬에이트]

🅟 associator 🅝 동료
association 🅝 협회
associateship 🅝 동업자
associatory 🅐 연합의

🅥 제휴하다, 결합하다 🅤 combine, ally, connect
🅝 1. 동료 🅤 acquaintance
2. 제휴자
🅐 연합한, 동료의

Associate companies hold a regular meeting to share information.

(4단콤보) associate – associated – associated – associating

□ □ □

athlete
[애쓸릿]

🅟 athletic 🅐 육상의

🅝 운동선수

As an athlete, I want to win a gold medal in the Olympics.

---

workplace 내가 직장 가까이 산다면 몇 가지 장점이 있다.
adjust 그는 점차 새로운 역할에 적응할 것이다.
associate 연합한 기업들은 정보를 공유하기 위해 정기 회의를 개최한다.
athlete 운동선수로서, 나는 올림픽에서 금메달을 획득하고 싶다.

□□□
average
[애버리지]

파 averagely 부 평균적으로

명 평균, 평균값
형 평균의, 보통 수준의
The average rainfall this summer is less than last year.
동 평균하다, 평균 내다
(4단콤보) average – averaged – averaged – averaging

□□□
badly
[배들리]

worse (비교급)/worst (최상급)

부 1. 심하게, 매우
Many cars were badly damaged by the storm.
2. 나쁘게 유 wrongly
3. 서투르게 유 poorly 반 well

□□□
bare
[베어]

파 bareness 명 노출
barely 부 간신히

barer (비교급)/barest (최상급)

숙어 in bare feet
맨발로

형 1. 발가벗은 유 naked
My children love to walk around in bare feet.
2. 있는 그대로의
3. 다만 ~뿐인 유 mere
동 1. 발가벗기다
2. (이빨 등을) 드러내다
(4단콤보) bare – bared – bared – baring

average 이번 여름 평균 강수량은 작년보다 적다.
badly 많은 차들이 폭풍으로 심하게 파손되었다.
bare 내 아이들은 맨발로 돌아다니는 것을 좋아한다.

□ □ □
carry
[캐리]

퍼 carriable 형 운반할 수 있는

carries (복수형)

동 1. 보내다 유 convey
   2. 수송하다 유 transport
   3. ~을 휴대하다 유 hold
     You should always carry your driver's license
     wherever you go.
   4. ~을 수행하다 유 accompany
명 운반, 수송

(4단콤보) carry – carried – carried – carrying

□ □ □
certain
[서튼]

퍼 certainty 명 확실성
   certitude 명 확신
   ascertain 동 알아내다

형 1. 확신하는
   2. 믿을 수 있는, 의심할 여지가 없는 유 confident,
     unquestionable, sure
   3. 어떤
     Certain people don't like dogs.
대 (복수 취급) (~중의) 약간의 사람[것]

□ □ □
compare
[컴페어]

퍼 comparison 명 비교함
   comparative 형 비교를 통한

숙어 beyond[past, without]
   compare
   무엇과도 비교할 수 없을 만큼,
   비길 데 없이

동 비교하다, 비유하다 유 contrast, balance, weigh,
   parallelize
명 비교 유 syncrisis, match–up
   Her wisdom is beyond compare.

(4단콤보) compare – compared – compared – comparing

carry   어디를 가든 항상 운전 면허증을 휴대해야 한다.
certain   어떤 사람들은 강아지를 좋아하지 않는다.
compare   그녀의 현명함은 무엇과도 비교할 수 없다.

□□□
compete
[컴핏]

[파] competition [명] 경쟁
competitive [형] 경쟁을 하는

[동] 경쟁하다, 다투다 [유] contend, vie
Golf amateurs gather and **compete** on a monthly basis.

[4단콤보] compete – competed – competed – competing

□□□
complain
[컴플레인]

[파] complaint [명] 불평

[숙어] **complain about[of]**
~에 대해 불평하다[항의하다]

[동] 불평하다, 투덜대다 [유] grumble
Why don't you **complain** about noise between floors?

[4단콤보] complain – complained – complained – complaining

□□□
condition
[컨디션]

[파] conditional [형] 조건부의

[숙어] **working condition**
작업 조건

[명] 조건, 상태 [유] state, trim, terms, requirement
Working **condition** is unsatisfactory.

[동] 조건을 붙이다

[4단콤보] condition – conditioned – conditioned – conditioning

compete 골프 아마추어는 월마다 모여서 경쟁한다.
complain 왜 층간 소음에 대해 불평하지 않니?
condition 작업 조건은 만족스럽지 못하다.

□ □ □
credit
[크레딧]

- 명 신용, 명성 유 prestige, reputation, trust, faith
- 형 1. 신용의
    2. 외상판매의
- 동 신용하다, 명예롭게 하다 유 believe, rely on
  After a bitter controversy, they do not credit each other.

  (4단콤보) credit – credited – credited – crediting

□ □ □
employ
[임플로이]

파 employment 명 직장, 고용

- 동 1. 고용하다
    2. 사용하다, 쓰다, 소비하다 유 spend
      Non but a wise man can employ leisure well.
- 명 고용

  (4단콤보) employ – employed – employed – employing

□ □ □
entire
[인타이어]

파 entirety 명 전체, 전부

- 형 1. 전체의 유 whole
      The entire planet is at risk due to COVID-19.
    2. 완전한, 흠이 없는, 온전한 유 complete, intact
- 명 1. 완전 유 entirety
    2. 전부 유 whole

---

credit 뜨거운 논란 이후, 그들은 서로를 신용하지 않는다.
employ 현명한 사람만이 여가를 잘 사용한다.
entire 지구 전체가 코로나 바이러스로 인해 위험에 처해 있다.

☐ ☐ ☐

explore
[익스플로]

파 explorer 명 탐험가
exploratory 형 탐사의, 탐구의

동 1. 탐험하다, 답사하다, 조사하다 유 investigate, examine
A large and safe ship is needed to explore the North Pole.
2. 검진하다 유 probe

(4단콤보) explore – explored – explored – exploring

☐ ☐ ☐

exposure
[익스포저]

파 expose 동 드러내다

(숙어) exposure to
~에의 노출

명 1. 노출
Prolonged exposure to the sun causes skin cancer.
2. (비밀 따위의) 폭로 유 dislosure
3. 드러내기 유 unmasking

☐ ☐ ☐

factor
[팩터]

파 factorability 명 인수분해할 수 있음
factorize 동 인수분해하다
factorial 형 도매상의

명 요소, 요인 유 element, part, cause, item
A factor causing children obesity is the high consumption of fast foods.
동 1. 인수분해하다
2. 고려하다

(4단콤보) factor – factored – factored – factoring

---

explore 북극을 탐험하기 위해서는 크고 안전한 배가 필요하다.
exposure 태양에 장기간 노출은 피부암을 유발한다.
factor 소아 비만을 야기하는 요소는 패스트푸드의 높은 소비이다.

☐☐☐

faulty
[폴티]

[파] fault [명] 잘못, 책임
faultily [부] 불완전하게

faultier (비교급)/faultiest (최상급)

[형] 1. 결점 있는, 하자 있는 [유] defective
A full refund will be given if the item is faulty.
2. 불완전한 [유] imperfect

☐☐☐

floor
[플로]

[명] 1. 마루, (집의) 층 [유] storey
My two dogs lay flat on the floor.
2. 밑바닥 [유] flat bottom
[동] (돌·벽돌 등을) 바닥에 깔다 [유] pave
[4단콤보] floor – floored – floored – flooring

☐☐☐

frequent
[프리퀀트]

[파] frequency [명] 빈도
frequenter [명] 단골 손님
frequentness [명] 빈번함
frequently [부] 자주, 흔히

[형] 1. 빈번한, 흔히 있는 [유] occurring, often
Frequent exposure to radiation is more likely to increase a risk of cancer.
2. 상습적인 [유] habitual, regular
[동] ~에 자주 가다
[4단콤보] frequent – frequented – frequented – frequenting

☐☐☐

highly
[하일리]

[부] 1. 매우, 아주 [유] greatly, extremely, very
Flexible cords are highly preferred by electricians.
2. (신분이) 높이, 고귀하게 [유] nobly

faulty 제품에 하자가 있으면 전액 환불해 드립니다.
floor 내 개 두 마리는 마루에 납작 엎드렸다.
frequent 방사능에 빈번한 노출은 암의 위험을 더 증가하는 경향이 있다.
highly 잘 구부러지는 소재 코드는 전기 기술자들이 매우 선호한다.

highway
[하이웨이]

숙어 on the highway
고속도로상에서

명 고속도로, 교통로 유 traffic route
There was a traffic jam on the highway, so I took the side roads.
형 길거리에 출몰하는

impossible
[임파서블]

형 불가능한, 믿을 수 없는 유 unbelievable
It's impossible to get there in time.

inquire
[인콰이어]

숙어 inquire about
~에 관하여 묻다

동 1. 묻다, ~에게 질문을 하다 유 ask, question
I want to inquire about how to use my credit card wisely.
2. 알아보다, 살피다 유 examine, investigate

inspire
[인스파이어]

파 inspirer 명 격려하는 사람
inspiratory 형 들이마시는
inspiration 명 영감

동 1. 영감을 주다, 감정 등을 불어넣다
Her successful life inspired many young people.
2. 고무하다, 격려하다

4단콤보 inspire – inspired – inspired – inspiring

---

highway 고속도로에 차가 막혀서 샛길로 접어들었다.
impossible 거기에 시간 내에 닿는 것은 불가능하다.
inquire 신용카드를 현명하게 사용하는 방법에 대해 물어보고 싶다.
inspire 그녀의 성공적인 삶은 많은 젊은이들에게 영감을 주었다.

☐ ☐ ☐

install

[인스톨]

파 installer 명 설치하는 사람
installation 명 설치
installment 명 1회분

동 1. 설치하다
My grandmother installs a new air-conditioner in her office.
2. 취임시키다 동 institute, establish, inaugurate

(4단콤보) install(instal) – installed – installed – installing

☐ ☐ ☐

interact

[인터랙트]

Q.01 interact with each other
서로 교감하다, 상호작용하다

동 상호작용하다, 소통하다
The world should learn how to interact with each other.

(4단콤보) interact – interacted – interacted – interacting

☐ ☐ ☐

issue

[이슈]

파 issuer 명 발행인
issuance 명 발행
issueless 형 결과가 없는

명 1. 발행물, 발행 동 delivery, publication
2. 유출, 결과
3. 논쟁, 사안
It is common to take a vote on a controversial issue.
동 1. 나오다, 유래하다
2. (명령·면허증 등을) 내다, 간행하다, 발행하다

(4단콤보) issue – issued – issued – issuing

install 나의 할머니는 사무실에 새로운 에어컨을 설치하신다.
interact 세계는 서로 상호작용하는 방법을 배워야 한다.
issue 논쟁의 여지가 있는 사안에 대해서는 투표를 실시하는 것은 흔하다.

□ □ □

lawn
[론]

[파] lawny [형] 잔디의

[숙어] mow the lawn(grass)
잔디를 깎다

[명] 잔디(밭)
My little brother has to mow the lawn once a week.

□ □ □

library
[라이브레리]

libraries (복수형)

[명] 도서관
I am at the library to pick up a book I had reserved.

□ □ □

loud
[라우드]

[파] aloud [부] 큰 소리로
loudly [부] 큰 소리로

louder (비교급)/loudest (최상급)

[숙어] a loud shout
큰 고함 소리

[형] 시끄러운, (소리가) 큰 [유] clamorous, noisy
A loud shout was heard behind me.
[부] 큰 목소리[소리]를 내어

□ □ □

magazine
[매거진]

[명] 잡지 [유] journal, publication
I rarely read fashion magazines.

---

lawn 내 남동생은 일주일에 한 번 잔디를 깎아야 한다.
library 나는 내가 예약한 책을 가지러 도서관에 있다.
loud 큰 함성이 내 뒤에서 들렸다.
magazine 나는 패션 잡지를 거의 읽지 않는다.

☐☐☐
manual
[매뉴얼]

파 manually 🕑 손으로

QM instruction manual
취급 설명서

형 손으로 하는, 손의
명 소책자, 설명서
If you don't know how to use it, you can look at the instruction manual.

☐☐☐
mention
[멘션]

동 언급하다, 말하다 🔁 refer to, state, reveal, disclose
I do not want to mention my relationship with Cindy.
명 언급, 진술

(4단콤보) mention – mentioned – mentioned – mentioning

☐☐☐
method
[메써드]

파 methodize 동 방식화하다
methodical 형 체계적인

명 방법 🔁 manner, process, technique, way
There are fun methods to teach letter writing.

☐☐☐
minimal
[미너멀]

파 minimally 🕑 최소량으로

QM minimal cost
최소비용

형 1. 최소의, 최소량의 🔁 minimum
The first principle of economics is the maximum effect at the minimal cost.
2. 극소의 🔁 least, lowest, smallest 🔄 maximal
명 최소값, 극솟값

manual 사용법을 모르면 사용 설명서를 보면 된다.
mention 나는 Cindy와 나의 관계를 언급하고 싶지 않다.
method 편지쓰기를 가르치는 재미있는 방법들이 있다.
minimal 경제학의 제1원칙은 최소의 비용으로 최대의 효과이다.

□□□
mobile
[모빌]
[파] mobility [명] 유동성
mobilize [동] 동원하다

[형] 이동하는, 유동적인 [유] movable, portable, wandering
Some equipment in the laboratory can be mobile.
[명] 모빌, 이동 전화

□□□
monthly
[먼쓸리]
monthlies (복수형)

[형] 한 달의
The monthly magazine recruited advertisers.
[부] 매달
[명] 한 달에 한 번 내는 출판물

□□□
museum
[뮤지엄]

[명] 박물관, 미술관, 기념관
I founded a museum of modern art in my hometown.

□□□
nearby
[니어바이]

[형] 바로 가까이[옆]의, 인근의
I sometimes park my car in a nearby bookstore.
[부] 바로 옆에, 근처에
[전] ~의 바로 옆의[에]

mobile 실험실에서 어떤 장비들은 이동할 수 있다.
monthly 월간 잡지사는 광고주를 모집했다.
museum 나는 내 고향에 현대 미술 박물관을 세웠다.
nearby 나는 가끔 인근의 서점에 차를 주차한다.

□ □ □

noisy
[노이지]

파 noisiness 명 시끄러움
noisily 부 요란하게

noisier (비교급)/noisiest (최상급)

형 1. 시끄러운 유 clamorous
The noisy fowler catches no birds.
2. 유난히 눈에 띄는 유 loud, conspicuous

□ □ □

object
[압직트]

파 objection 명 이의, 반대
objectify 동 객관화하다
objective 형 객관적인

명 1. 물체, 목적 유 purpose, aim
2. 대상, 객체 반 subject
동 1. 반대하다 유 oppose
Most people objected the construction of
apartments in the area.
2. 이의를 제기하다 유 protest

4단콤보 object – objected – objected – objecting

□ □ □

outdoor
[아웃도어]

형 옥외의, 야외의 유 open-air, outside, alfresco
I saw many people sitting on an outdoor cafe in
Autumn.

□ □ □

overcrowded
[오버크라우디드]

숙어 be overcrowded with
~으로 혼잡하다

형 혼잡한, 인원 과잉의, 붐비는
During the peak season, the city airport was
overcrowded with people.

---

noisy 시끄러운 포수는 새를 잡지 못한다.
object 대부분의 사람들은 그 지역에 아파트 건설을 반대했다.
outdoor 나는 많은 사람들이 가을에 야외 카페에 앉아 있는 것을 보았다.
overcrowded 성수기 때 도시 공항은 사람들로 너무 붐볐다.

□ □ □
patience
[페이션스]

파 patient 형 참을성 있는

명 인내, 끈기 유 perseverance, endurance, fortitude
1. Your patience is a key in success.
2. Patience is bitter, but its fruit is sweet. (Aristotle)

□ □ □
peace
[피스]

파 peaceful 형 평화로운

숙어 peace treaty
평화 조약

명 1. 평화, 평온, 고요 반 war
A peace treaty is an agreement between two or
more hostile countries.
2. 치안, 질서

□ □ □
per
[퍼]

전 1. ~마다 유 for each
We give 2 towels per customer.
2. ~으로, 으로써 유 by means of, through
3. ~에 대하여 유 for

□ □ □
physical
[피지컬]

파 physically 부 신체적으로

형 1. 육체의, 신체적 반 mental, psychical, spiritual,
moral
Please refrain from physical contact.
2. 천연의, 물질적인 유 material

---

patience 1. 당신의 인내는 성공에서 중요하다. 2. 인내는 쓰지만 그 열매는 달다. (아리스토텔레스)
peace 평화 조약은 둘 이상의 적대국들 사이의 협정이다.
per 손님 한 명당 수건은 2장씩 지급 드립니다.
physical 신체적 접촉은 삼가시기 바랍니다.

☐ ☐ ☐
poorly
[푸얼리]

형 1. 저조하게, 형편없이
Patients were poorly treated due to a lack of doctors.
2. 건강이 좋지 않은, 병이 난 🔁 unwell, sickly
부 1. 가난하게 🔁 in poverty
2. 서투르게 🔁 awkwardly

☐ ☐ ☐
postpone
[포스트폰]

파 postponement 명 연기

동 연기하다, 미루다 🔁 defer, put off
Can we postpone our meeting?
(4단콤보) postpone – postponed – postponed – postponing

☐ ☐ ☐
price
[프라이스]

파 priceless 형 대단히 귀중한

명 1. 값, 가격, 매매가격 🔁 charge
Oscillating oil price needs to be urgently stabilized.
2. 대가 🔁 cost
3. 보상 🔁 recompense, reward
4. 가치 🔁 value, worth
동 ~의 가격을 매기다, 값을 정하다
(4단콤보) price – priced – priced – pricing

poorly 환자들은 의사 부족으로 치료를 형편없이 받았다.
postpone 우리 회의를 연기해도 될까요?
price 요동치는 석유 가격은 긴급하게 안정화될 필요가 있다.

□ □ □

progress
[프라그레스]

파 progression 명 진행
progressive 형 혁신적인

명 1. 진보, 향상, 발달 유 advancement
The progress of science has made our life easier.
2. 진행
3. 숙달 유 improvement
동 1. 진행하다, 전진하다 유 advance
2. 발달하다 유 develop
3. 향상하다 유 improve

(4단콤보) progress – progressed – progressed –
progressing

□ □ □

prone
[프론]

파 proneness 명 엎드린 자세
pronely 부 엎드려서

숙어 be prone[apt, liable] to
~하기 쉽다, 걸핏하면 ~하다

형 (좋지 않은 방향으로의) 경향이 있는
Many sick patients are prone to infection.

□ □ □

properly
[프라펄리]

파 propriety 명 적절성
proper 형 적절한

부 적합하게, 적당하게 유 rightly, fittingly, appropriately,
accurately
The government should properly support poor but
talented artists.

---

progress 과학의 진보는 우리의 삶을 더 쉽게 만들었다.
prone 많은 아픈 환자들은 감염되는 경향이 있다.
properly 정부는 가난하지만 재능 있는 예술가들을 적합하게 지원해야만 한다.

□ □ □
property
[프라퍼티]

properties (복수형)

@ 1. 재산 @ possessions, wealth
His property was divided equally among all his children.
2. 소유권 @ ownership
3. 토지 @ estate
4. 특성

□ □ □
rarely
[레얼리]

@ rare @ 드문

@ 좀처럼 ~않는, 별로 ~않는 @ seldom
The singer rarely appears to the public.

□ □ □
rather
[래더]

@ 그러기는커녕, 다소 @ quite, somewhat
It was not happiness, rather despair.

□ □ □
ready
[레디]

@ readiness @ 준비가 되어 있음
readily @ 손쉽게

readier (비교급)/readiest (최상급)

@@ be ready [prepared] for
~할 준비가 되다

@ 1. 준비가 된, 채비를 갖춘 @ prepared
He is ready for the trip.
2. 신속한 @ prompt, quick
3. 즉각적인, 즉석의 @ offhand
@ 미리, 준비하여, 빨리 @ quickly
@ 준비 완료 상태
@ 준비하다[시키다] @ prepare
(4단콤보) ready – readied – readied – readying

---

property 그의 재산은 모든 자녀들에게 똑같이 나눠졌다.
rarely 그 가수는 대중에게 좀처럼 나타나지 않는다.
rather 그것은 행복이기는커녕 절망이었다.
ready 그는 여행갈 준비가 되었다.

□□□

rely

[리라이]

[파] reliance [명] 의존, 의지
reliant [형] 의존하는
reliable [형] 믿을 수 있는

[숙어] rely on
기대다, 의존하다

[동] 의존하다 [유] depend on(upon), turn to, be dependent (up)on
Overprotected children highly **rely** on their parents.

□□□

return

[리턴]

[파] returnless [형] 보수가 없는

[동] 1. 돌아오다
2. 답변하다 [유] answer, reply
3. 되돌려놓다 [유] turn back

[명] 1. 귀가, 복귀, 보수 [유] repayment
2. 보답 [유] requital
3. 응답 [유] response, reply
Please reply by **return** of post.

[형] 복귀하는, 응답하는

[4단콤보] return - returned - returned - returning

□□□

route

[룻]

[명] 길, 도로 [유] way, road
Please tell me the fastest **route** to get to you.

[동] ~의 절차를 정하다, 발송하다 [유] send, forward

[4단콤보] route - routed - routed - routing(routeing)

rely 과보호된 아이들은 부모님들에게 엄청 의존한다.
return 최대한 빨리 응답해 주시기 바랍니다.
route 당신에게 가는 가장 빠른 길을 알려주세요.

□ □ □

scary
[스케어리]

scarier (비교급)/scariest (최상급)

형 1. 겁나는, 무서운
It is scary to drive a car because of steep slopes.
2. 겁 잘 내는, 겁 많은 윤 timid
3. 무시무시한 윤 alarming

□ □ □

seldom
[셀덤]

부 드물게, 간혹, 좀처럼 ~않다[없다], 거의 ~않는다
윤 rarely, infreguently, not often
Opportunity seldom knocks twice.
형 드문, 좀처럼 없는 윤 rare, infrequent

□ □ □

separate
[세퍼레이트]

파 separative 형 독립적인
separately 부 따로따로

형 분리된, 따로 떨어진, 독립된
동 분류하다, 나누다 윤 sort
Let's separate those who have a cold from those who don't.
(4단콤보) separate – separated – separated – separating

□ □ □

series
[시어리즈]

파 seriate 동 연속시키다
serial 형 순차적인
seriate 형 연속적인

series (복수형)

숙어 a series of
일련의

명 연속, 일련, 연쇄 윤 sequence, succession, order
I had a whole series of tests.

---

scary 급경사 때문에 자동차를 운전하는 것은 겁난다.
seldom 기회는 거의 두 번 문을 두드리지 않는다.
separate 감기에 걸린 사람과 그렇지 않은 사람을 분리하자.
series 나는 일련의 모든 테스트를 받았다.

☐ ☐ ☐

set
[셋]

동 1. 놓다 유 put, place, lay
   2. 기록하다 유 record, write down
   3. (기계·연장 따위를) 조절하다, 맞추다 유 adjust
      Set the alarm for 9 o'clock.
명 1. (해·달 따위가) 지기, 일몰 유 setting
   2. 한 쌍 유 pair
형 1. 고정된 유 fixed, rigid, immovable
   2. 준비가 다 된
4단콤보 set – set – set – setting

☐ ☐ ☐

stand
[스탠드]

동 1. 서다, 일어서다, 기립하다
   2. 대항하다 유 face, encounter
   3. 참다, 견디다 유 put up with, endure
   4. 용서하다 유 tolerate
명 판매대 유 stall, booth
   The stand selling tickets should be relocated.
4단콤보 stand – stood – stood – standing

☐ ☐ ☐

station
[스테이션]

파 stational 형 정거장
stationary 형 움직이지 않는

숙어 police station (station house)
경찰서

명 1. 정류소, 역 유 depot
   2. 위치 유 place, position
   3. 서, 본부
      I called the police station to report the criminal.
동 부서에 배치하다, 주재[주둔]시키다, 두다
4단콤보 station – stationed – stationed – stationing

set 자명종을 9시에 맞추어라.
stand 입장권을 판매하는 판매대는 이전되어야만 한다.
station 범인 제보를 하기 위해 경찰서에 전화를 걸었다.

□ □ □

stick
[스틱]

⊜ 1. 찌르다, 박다, 찔리다
   2. 견디다, 참다
⊜ 나뭇가지, 막대, 꼬챙이
   A patient with uncomfortable legs walked down the
   street relying on a stick.

(4단콤보) stick – sticked(stuck) – sticked(stuck) – sticking

□ □ □

tax
[택스]

㉠ taxless ⊜ 세금이 안 붙는

⊜ 세금
   All individuals should pay tax.
⊜ 1. ~에 세금을 부과하다, 과세하다
      ⊞ impose[put] a tax on
   2. ~에 무거운 짐[부담]을 지우다

(4단콤보) tax – taxed – taxed – taxing

□ □ □

temperature
[템퍼러처]

⊞ average annual temperature
   연평균 온도

⊜ 1. 온도, 체온, 고열 ⊞ temperament
      The average annual temperature in may hometown
      is constant.
   2. 기질

---

stick   다리가 불편한 환자는 막대기 하나에 의지하면서 길을 걸었다.
tax   모든 개인은 세금을 내야 한다.
temperature   고향의 연평균 온도는 일정하다.

□ □ □

undergo
[언더고]

图 1. 겪다 ⊞ experience, go through, suffer
All people undergo hardships as long as they are alive.
2. 견디다 ⊞ stand, bear

4단품보 undergo – underwent – undergone – undergoing

□ □ □

upcoming
[업커밍]

图 다가오는, 곧 있을
The upcoming appointment of personnel is shaking everyone.

□ □ □

upfront
[업 프론트]

图 1. 선불로
She must pay her rent upfront.
2. 솔직한

□ □ □

wealthy
[웰씨]

파 wealth 图 부
wealthily 图 넉넉하게

wealthier (비교급)/wealthiest (최상급)

图 1. 부유한 ⊞ rich, opulent 반 poor
She grew up in a wealthy family.
2. 많은 ⊞ ample, abundant

---

undergo 모든 사람들은 살아 있는 동안 고난을 겪는다.
upcoming 곧 있을 인사 발령은 모두를 뒤흔들고 있다.
upfront 그녀는 방세를 선불로 내야 한다.
wealthy 그녀는 부유한 가정에서 자랐다.

□□□

wide

[와이드]

[파] wideness [명] 넓이
width [명] 폭
widen [동] 넓어지다

wider (비교급)/widest (최상급)

[형] 1. 폭이 넓은 [유] board [반] narrow
2. (면적이) 넓은 [유] vast
3. 헐렁한 [유] loose

[부] 널리, 넓게
My mother opened her arms wide to embrace me.

[명] 넓은 공간

□□□

wonder

[원더]

[파] wonderment [명] 경탄, 경이
wonderful [형] 훌륭한

[숙어] **wonder about**
~에 대해 궁금해 하다

[동] 1. 이상하게 여기다
I often wonder about the boy's behavior.
2. 놀라다

[형] 놀라운, 경이로운

[명] 경이, 놀라움 [유] amazement, surprise, astonishment, wonderment
We felt wonder at seeing the pyramid of ancient Egypt.

[4단콤보] wonder – wondered – wondered – wondering

wide 어머니는 나를 껴안으려고 두 팔을 넓게 벌리셨다.
wonder 나는 종종 소년의 행동을 이상하게 여긴다. / 우리는 고대 이집트 피라미드를 보면서 놀랐다.

01 Asian students claim such school rules could **disadvantage** ethnic minorities.

아시아 학생들은 그러한 학교 규칙이 소수 민족에 _____고 주장한다.

02 She **trained** me to be a famous singer.

그녀는 내가 유명한 가수가 되도록 _____.

03 We must respect other people's right to **privacy**.

우리는 다른 사람들의 _____을 존중해야만 한다.

04 By asking for the impossible obtain the best **possible**.

불가능을 구함으로써 가장 _____ 것을 얻는다.

05 Nurses provide **care** to patients.

간호사는 환자에게 _____를 제공한다.

06 Traveling to Europe is **depended** on my budget.

유럽여행은 내 예산에 _____.

07 My father **runs** a family business.

아버지는 가족 사업을 _____.

08 We need insurance to **secure** an uncertain future.

불확실한 미래를 _____ 보장할 수 있는 보험이 필요해.

(answer)

01 불리할 수 있다 02 훈련시켰다 03 사생활 04 가능한 05 간호 06 달려있다 07 운영하신다 08 안전하게

09 Salaries are **adjusted** for inflation.

급여는 인플레이션에 맞춰 _____.

10 It is not a good idea to **compare** yourself with other people.

너 스스로를 다른 사람들과 _____ 것은 좋은 생각이 아니다.

11 Women were unfairly **conditioned** to receive lower wages than men.

여성들은 남성들보다 낮은 임금을 받는 것으로 부당하게 _____.

12 One way to solve this question is to **factor** numbers.

이 질문을 푸는 한 방법은 숫자들을 _____ 것이다.

13 Organic fertilizer is **highly** preferred these days.

유기농 비료는 요즘 _____ 선호된다.

14 Any time is the **proper** time for justice.

정의를 위해서는 어떤 때도 _____하다.

15 His friends call him a **wonder** boy.

그의 친구들은 그를 _____ 소년이라고 부른다.

answer

09 조정된다 10 비교하는 11 조건을 붙였다 12 인수분해 하는 13 매우 14 적당 15 놀라운

PART
02

Listening

Pre Check

> 이번 CHAPTER에서 학습하게 될 단어들입니다. 이미 알고 있는 단어가 얼마나 되는지 체크해 보세요.

O 알고 있는 단어 △ 애매한 단어 × 모르는 단어

☐ customer	☐ earn	☐ exist
☐ account	☐ establish	☐ frustration
☐ band	☐ fee	☐ handle
☐ fake	☐ financial	☐ handshake
☐ tip	☐ grade	☐ headline
☐ item	☐ imitation	☐ hygiene
☐ own	☐ link	☐ inaccurate
☐ document	☐ officer	☐ logos
☐ post	☐ pour	☐ lower
☐ source	☐ rude	☐ matter
☐ content	☐ smell	☐ mouthwash
☐ official	☐ agent	☐ necessary
☐ process	☐ bacteria	☐ perfect
☐ contract	☐ balance	☐ perfume
☐ foam	☐ beverage	☐ pop
☐ pitcher	☐ beware	☐ questionable
☐ calm	☐ bottle	☐ rate
☐ clickbait	☐ buyer	☐ repute
☐ genuine	☐ cite	☐ reward
☐ gig	☐ comment	☐ routine
☐ manage	☐ convince	☐ scent
☐ prepare	☐ cover	☐ steam
☐ regular	☐ credibility	☐ stitch
☐ situation	☐ dentist	☐ substantial
☐ sweaty	☐ deposit	☐ suspect
☐ toenail	☐ doubt	☐ sweat
☐ wash	☐ encounter	☐ term
☐ attract	☐ error	☐ topic
☐ authentic	☐ everywhere	☐ trim
☐ bean	☐ exaggerate	☐ truth
☐ clue	☐ examine	☐ unpleasant

- [ ] whatever
- [ ] wrong
- [ ] ahead
- [ ] approve
- [ ] argue
- [ ] boost
- [ ] bureau
- [ ] catchy
- [ ] cautious
- [ ] chain
- [ ] cheap
- [ ] chemical
- [ ] community
- [ ] critical
- [ ] crooked
- [ ] dead
- [ ] decay
- [ ] destroy
- [ ] devote
- [ ] engage
- [ ] express
- [ ] extract
- [ ] familiarize
- [ ] favor
- [ ] finance

- [ ] fix
- [ ] flavor
- [ ] forget
- [ ] gather
- [ ] genre
- [ ] germ
- [ ] guide
- [ ] heated
- [ ] lift
- [ ] meanwhile
- [ ] mid
- [ ] negotiate
- [ ] notify
- [ ] obtain
- [ ] odor
- [ ] opposite
- [ ] outdated
- [ ] outfit
- [ ] pack
- [ ] paid
- [ ] pattern
- [ ] persuade
- [ ] platform
- [ ] politely
- [ ] precious

- [ ] previous
- [ ] quota
- [ ] raise
- [ ] recruit
- [ ] remark
- [ ] repeat
- [ ] restrict
- [ ] retain
- [ ] revenue
- [ ] risk
- [ ] seek
- [ ] select
- [ ] showcase
- [ ] somewhere
- [ ] spot
- [ ] sufficient
- [ ] talent
- [ ] teammate
- [ ] texture
- [ ] understand
- [ ] valid
- [ ] widespread
- [ ] wisely

□ □ □

customer
[커스터머]

圐 고객, 단골, 거래처 圖 patron
The company is looking for a solution for customer management.

□ □ □

account
[어카운트]

숙어 open[establish] a bank account
계좌를 개설하다

圐 1. 계좌
I need to open a new bank account.

2. (돈 거래상의) 계산, 회계 圖 counting, reckoning

3. 설명, 이유, 근거 圖 explanation, reason, grounds

4. 고려 圖 consideration

5. 중요성 圖 importance

됭 1. ~이라고 생각하다 圖 consider

2. 계산하다 圖 reckon, count

4단콩보 account – accounted – accounted – accounting

□ □ □

band
[밴드]

圐 악단, 악대 圖 ensemble, group, orchestra
I joined a music band.

됭 띠(줄무늬)를 두르다

4단콩보 band – banded – banded – banding

---

customer 그 회사는 고객 관리를 위한 해결책을 찾고 있다.

account 나는 새 은행 계좌를 개설해야 한다.

band 나는 음악 악단에 가입했다.

□ □ □

fake
[페이크]

파 faker 명 사기꾼
　 fakery 명 속임수

형 가짜의, 모조의, 위조의
　 Viewers should distinguish between real and fake news.
명 모조품, 위조품
동 위조하다, 날조하다, 조작하다

(4단콤보) fake – faked – faked – faking

□ □ □

tip
[팁]

파 tipless 형 끝이 없는
　 tippable 형 기울일 수 있는

명 1. 끝, 끝부분
　 I need to put a bandaid on the tip of my second finger.
　 2. 조언
　 3. 봉사료
동 1. 팁을 주다
　 2. 덮다, 싸다

(4단콤보) tip – tipped – tipped – tipping

□ □ □

item
[아이텀]

파 itemize 동 항목별로 적다

명 품목, 항목, 조항
　 The next item is a famous antique from the past.
동 항목별로 쓰다
부 또 마찬가지로, 또한 유 also

---

fake　시청자는 진짜 뉴스와 가짜 뉴스를 구별해야 한다.
tip　나는 둘째손가락 끝에 반창고를 붙여야겠다.
item　다음 품목은 유명한 과거의 골통품입니다.

□□□
own
[온]

혱 자신의, 고유한
Cruel criminals abuse their family members for their own good.

동 소유하다, 소지하다

(4단콤보) own – owned – owned – owning

□□□
document
[다큐먼트]

파 documentation 명 서류
documentary 명 기록물

명 문서, 서류 유 paper, report
This document should be kept confidentially.

동 1. 문서로 증명하다
2. 상세히 보도[기록]하다

(4단콤보) document – documented – documented – documenting

□□□
post
[포스트]

파 postage 명 우편 요금
postal 혱 우편의

동 1. 발송하다
I need to post letters and parcels.
2. 배치하다

명 1. 우편
2. 지위
3. 근무처, 부서
4. 기둥

전 ~후에 유 after

(4단콤보) post – posted – posted – posting

own 잔인한 범죄자들은 자신의 이익을 위해 가족 구성원을 학대한다.
document 이 문서는 비밀리에 유지되어져야만 한다.
post 나는 편지와 소포를 발송해야 한다.

□□□
source
[소스]

㎉ sourceful ⓥ 근원적인
sourceless ⓥ 근본적이 아닌

ⓥ 원천, 원인 ⓤ cause, origin, derivation, beginning
The source of solar energy is the sun.
(4단콤보) source – sourced – sourced – sourcing

□□□
content
[칸텐트]

㎉ contain ⓥ ~이 들어 있다

be content with
~에 만족하다

ⓥ 1. 내용(물) ⓤ material, substance, subject matter
2. 콘텐츠
ⓥ 1. 만족하는
I am fully content with my current life.
2. 찬성하는

□□□
official
[어피셜]

㎉ officialdom ⓥ 관료집단
officiate ⓥ 공무를 수행하다
officialize ⓥ 공표하다

ⓥ 공식의, 공무의
The country's official languages are English and
French.
ⓥ 공무원, 관공리

□□□
process
[프로세스]

㎉ proceed ⓥ 진행하다

ⓥ 과정, 처리 ⓤ procedure, course, performance
Working process is expected to be prompt.
ⓥ 가공하다, 처리하다
(4단콤보) process – processed – processed – processing

source 태양 에너지의 원천은 태양이다.
content 나는 최근의 삶에 완전히 만족한다.
official 그 나라의 공식 언어는 영어와 불어이다.
process 작업 과정은 빨라질 것으로 예상된다.

contract
[칸트랙트]

파 contraction **명** 수축, 축소
contractive **형** 수축성의

명 계약서
A contract requires a signature before it can be valid.
형 일을 청부맡은
동 계약하다, 수축시키다 **반** expand

(4단콤보) contract – contracted – contracted – contracting

foam
[폼]

파 foamable **형** 형성 가능한
foamingly **부** 거품을 일으키며

명 거품
I want a glass of beer with a lot of foam on top.
동 거품이 일다

(4단콤보) foam – foamed – foamed – foaming

pitcher
[피처]

명 1. 항아리, 물주전자
The pitcher goes so often to the well that it is broken at last.
2. 투수

calm
[캄]

파 calmness **명** 고요

calmer (비교급)/calmest (최상급)

형 1. 고요한, 잔잔한, 조용한 **반** stormy, windy
2. 차분한, 평온한
She needs to talk in a calm voice when she argues.
명 고요함, 침착
동 가라앉히다

(4단콤보) calm – calmed – calmed – calming

---

contract 계약서가 유효하려면 서명이 필요하다.
foam 위에 거품이 듬뿍 얹힌 맥주 한 잔 마시고 싶다.
pitcher 물주전자가 너무 자주 우물로 가면 깨진다.(꼬리가 길면 잡힌다)
calm 그녀는 논쟁할 때 차분한 목소리로 말할 필요가 있다.

□□□
clickbait
[클릭베이트]

명 낚시성 기사
Clickbyte is a combination of click and bait, which uses provocative titles or images on the Internet to induce click of content that has lost value.

□□□
genuine
[제뉴인]

파 genuinely 부 진정으로

형 1. 진짜의, 진품의 유 authentic
Is this really a genuine Vincent van Gogh painting?
2. 참된 유 sincere, real

□□□
gig
[기그]

명 공연, 출연
The gig was pulled at the last moment.

(4단콤보) gig – gigged – gigged – gigging

□□□
manage
[매니지]

파 management 명 경영

동 1. 이럭저럭 해내다
2. 경영하다, 관리하다
For the benefit of the company, it is important to manage employees well.
3. 다루다, 조종하다

(4단콤보) manage – managed – managed – managing

clickbait 클릭바이트는 클릭(click)과 미끼(bait)의 합성어로, 인터넷에서 자극적인 제목이나 이미지 등을 사용해 가치가 떨어지는 콘텐츠의 클릭을 유도하는 행위이다.
genuine 이 그림은 정말 진짜 빈센트 반 고흐 그림인가요?
gig 그 공연은 마지막 순간에 취소되었다.
manage 회사의 이익을 위해, 직원들을 잘 관리하는 일은 중요하다.

□ □ □
prepare
[프리페어]

파 preparatory 형 준비를 위한
preparative 형 예비의

숙어 **prepare for**
~를 준비하다

동 준비하다, 대비하다 유 arrange, prime, get ready
Many university graduates prepare for civil service
examination.

(4단콤보) prepare – prepared – prepared – preparing

□ □ □
regular
[레귤러]

파 regularity 명 정기적임
regularly 부 정기적으로

형 1. 보통의, 일상의 유 normal, common, typical, usual,
ordinary
After a short holiday, we would have to return to
our regular duties.
2. 균형 잡힌
3. 정기적인, 규칙적인
부 규칙적으로, 정기적으로 유 regularly
명 단골, 정규병, 정직원 유 habitue, account, haunter

□ □ □
situation
[시추에이션]

파 situate 동 짓다
situational 형 상황에 따른

숙어 **be in a difficult situation**
곤란한 상황에 처해있다

명 1. 위치, 장소
2. 경우, 상태, 상황
Our department is in a difficult situation because
of the wrong report.
3. 관계

---

prepare 많은 대학 졸업생들은 공무원 시험을 준비한다.
egular 짧은 휴가 후에, 우리는 일상의 임무로 돌아가야 할 것이다.
situation 우리 부서는 잘못된 보고서 때문에 곤란한 상황에 처해있다.

□ □ □

sweaty
[스웨티]

sweatier (비교급)/sweatiest (최상급)

형 땀이 나는, 땀에 젖은
I took a shower right away because I was sweaty.

□ □ □

toenail
[토네일]

🔊 cut one's toenails
발톱을 깎다

명 1. 발톱
I went to the nail shop to cut my long toenails.
2. 비스듬히 박은 못
동 비스듬히 박은 못으로 고정시키다

□ □ □

wash
[와쉬]

파 washable 형 물에 빨아도 되는
awash 형 물에 뒤덮인

🔊 wash hands
손을 씻다

동 1. 씻다, 세수하다
You need to wash your hands when you arrive home.
2. 빨래하다
명 빨래
형 세탁이 되는 🔁 washable

4단콤보 wash – washed – washed – washing

□ □ □

attract
[어트랙트]

파 attraction 명 끌림
attractor 명 끌어당기는 것
attractive 형 매력적인

동 끌어당기다, 마음을 끌다 🔁 draw, allure
This amusement park enormously attracts a number of visitors, especially children.

4단콤보 attract – attracted – attracted – attracting

---

sweaty   땀에 젖어서 나는 바로 샤워를 했다.
toenail   긴 발톱을 깎으러 네일샵에 갔다.
wash   집에 도착하면 손을 씻어야 한다.
attract   놀이 공원은 많은 방문객, 특히 어린이들을 엄청나게 끌어당긴다.

□□□
authentic
[오센틱]

[파] authentication [명] 입증
authenticate [동] 진짜임을 증명하다

[형] 진품인, 진정한, 진짜의, 믿을 만한
I am not sure whether this ring is authentic or not.

□□□
bean
[빈]

[명] 콩, 열매
I don't like beans.
[동] (야구공 등으로) ~의 머리를 치다
[4단콤보] bean – beaned – beaned – beaning

□□□
clue
[클루]

[명] 1. 실마리, 단서
We need to find the exact clues to solve the case.
2. 줄거리
[동] ~에게 (해결의) 실마리를 주다
[4단콤보] clue – clued – clued – cluing

□□□
earn
[언]

[숙어] **earn a lot of money**
많은 돈을 벌다

[동] (돈을) 벌다, 획득하다
A majority of cosmetic surgeons earn a lot of money.
[4단콤보] earn – earned – earned – earning

authentic 나는 이 반지가 진품인지 아닌지 확신할 수 없다.
bean 나는 콩을 좋아하지 않는다.
clue 우리는 사건을 해결하기 위해 정확한 단서를 찾아야 한다.
earn 대다수의 성형외과 의사들은 많은 돈을 번다.

□ □ □

establish
[이스태블리쉬]

圃 establishment 圐 기관, 시설

圐 1. 설립하다 圀 institute, constitute, found, set up
My firm was established before the Korean War.
2. 확립하다

(4단콤보) establish – established – established – establishing

□ □ □

fee
[피]

圃 feeless 圐 겁없는

圐 보수, 사례금 圀 charge, price, payment
A fee for law consultation is quite expensive.
圐 ~에 요금을 지불하다, 사례하다, 팁을 주다

(4단콤보) fee – feed – feed – feeing

□ □ □

financial
[파이낸셜]

圃 finance 圐 재원

圐 금융의, 재정(상)의, 재무의
My cousin is a financial expert.

□ □ □

grade
[그레이드]

圀 get good grades
좋은 성적을 받다

圐 1. 등급, 계급, 학년 圀 step, degree
2. 정도, 성적 圀 mark
I want to get good grades in this final exam.
圐 ~을 등급별로 나누다, ~을 채점하다 圀 mark

(4단콤보) grade – graded – graded – grading

establish 나의 회사는 한국 전쟁 전에 설립되었다.
fee 법률 자문에 대한 보수는 꽤 비싸다.
financial 내 사촌 동생은 금융 전문가이다.
grade 나는 이번 기말고사에서 좋은 성적을 얻고 싶어.

□□□
imitation
[이머테이션]

파 imitate 🔵 모방하다
　　imitative 🔵 모방적인

🔵 모방, 모조, 모조품
🔵 모조의, 인조의
　　People should not buy imitation jewelery online.

□□□
link
[링크]

파 linkage 🔵 연결
　　enlink 🔵 ~을 연결하다

🔵 1. 관련성, 관계
　　There is a link between language and music.
　　2. (사슬의) 고리, 연결, 유대
🔵 연결하다, 이어지다
(4단콤보) link – linked – linked – linking

□□□
officer
[오피서]

🔵 public officer
　　공무원, 관리

🔵 1. (육·해·공군의) 장교
　　2. 공무원
　　My dream is to become a public officer.
🔵 지휘하다, 관리하다

□□□
pour
[포]

파 pourable 🔵 부을 수 있는
　　pouringly 🔵 부으면서

🔵 pour A into B
　　B에 A를 붓다(따르다)

🔵 1. 붓다, 따르다
　　Pour water into the empty cup here.
　　2. (빛·열 등을) 쏟다
🔵 주입
(4단콤보) pour – poured – poured – pouring

imitation 사람들은 모조 보석을 온라인에서 구매해서는 안 된다.
link 언어와 음악 사이에는 관련성이 있다.
officer 나의 꿈은 공무원이 되는 것이다.
pour 여기 비어있는 컵에 물을 부어라.

□ □ □

rude
[룻]

파 rudeness 명 무례함

rudely 부 무례하게

ruder (비교급)/rudest (최상급)

형 1. 버릇없는 유 impolite
Don't be rude.
2. 가공하지 않은

□ □ □

smell
[스멜]

파 smelly 형 냄새 나는

동 1. 냄새 맡다, 냄새 [향]가 나다
It is not every flower that smells sweet.
2. (음모 등을) 낌새 채다

명 1. 후각, 냄새
2. 낌새

4단콤보 smell – smelled(smelt) – smelled(smelt) –
smelling

□ □ □

agent
[에이전트]

명 대리인, 대행자 유 representative, negotiator
Paterson is my legal agent.

□ □ □

bacteria
[백티어리어]

명 박테리아, 세균
The plural form of 'bacterium' is 'bacteria'.

---

rude 버릇없이 굴지 마.
smell 꽃이라고 모두 향기로운 냄새가 나는 것은 아니다.
agent Paterson은 나의 법률 대리인이다.
bacteria 'bacterium'의 복수형은 'bacteria'이다.

□ □ □
balance
[밸런스]

- 🅝 균형, 평균, 평정 🅐 imbalance, unbalance
  What I dream of is an art of balance. (Henri Matisse)
- 🅥 균형을 잡다

(4단콤보) balances – balanced – balanced – balancing

□ □ □
beverage
[베버리지]

- 🅝 마실 것, 음료 🅢 drink
  We prepared light beverage and refreshments.

□ □ □
beware
[비웨어]

- 🅥 조심하다, 주의하다
  Beware the fury of a patient man. (John Dryden)

(4단콤보) beware – bewared – bewared – bewaring

□ □ □
bottle
[바틀]

- 🅝 병, 한 병의 분량, 용기
  Two bottles of French wine, please.
- 🅥 병에 담다

(4단콤보) bottle – bottled – bottled – bottling

---

balance 내가 꿈꾸는 것은 바로 균형의 예술이다. (앙리 마티스)
beverage 우리는 간단한 음료와 다과를 준비했다.
beware 참을성이 있는 사람이 화를 냈을 때는 조심해야 한다. (존 드라이든)
bottle 프랑스산 포도주 2병만 주세요.

□ □ □

buyer
[바이어]

몡 구매자, 사는 사람 웹 seller
Sellers know how to attract buyers.

□ □ □

cite
[사이트]

파 citation 몡 인용구
　 citable 혱 인용할 수 있는

동 1. 인용하다 유 quote
　 She citied that atmospheric gases came from
　 organisms.
　 2. 예증하다 유 mention

(4단콤보) cite – cited – cited – citing

□ □ □

comment
[카멘트]

파 commentary 몡 해설
　 commentable 혱 칭찬받을 만한

몡 1. 논평, 의견 유 remark
　 2. 비판, 비평 유 criticism
동 1. 비평하다, 논평하다
　 A spokesman refused to comment.
　 2. 해설하다, 주석하다

(4단콤보) comment – commented – commented –
　　　　　 commenting

□ □ □

convince
[컨빈스]

파 conviction 몡 유죄 선고

동 확신시키다, 납득시키다, 설득하다 유 persuade
　 Convinced myself, I seek not to convince. (Edgar
　 Allan Poe)

(4단콤보) convince – convinced – convinced – convincing

---

buyer　판매자는 구매자를 끌어들이는 방법을 안다.
cite　그녀는 대기 가스가 유기체에서 나온다고 인용했다.
comment　대변인은 논평하기를 거부했다.
convince　내 스스로 확신한다면 나는 남의 확신을 구하지 않는다. (에드거 앨런 포)

☐ ☐ ☐

cover
[커버]

파 coverer 명 보호자
covert 형 비밀의

숙어 be covered with
~로 뒤덮여 있다

동 덮다 유 hide, mask, veil, obscure
My cold legs are covered with a blanket.
명 덮개, 피난처

4단콤보 cover – covered – covered – covering

☐ ☐ ☐

credibility
[크레더빌러티]

명 믿을 수 있음, 진실성, 신용도
A sharp drop in a country's foreign exchange reserves has undermined the nation's credibility.

☐ ☐ ☐

dentist
[덴티스트]

명 치과 의사 유 dental surgeon
An apple in the morning keeps the dentist away.

☐ ☐ ☐

deposit
[디파짓]

숙어 pay a deposit
보증금을 내다

명 1. 보증금, 착수금, 예금, 적립금
It is common to pay a deposit before you sign the lease.
2. 침전물
동 1. 두다 유 place
2. (돈을) 맡기다, 예금하다

4단콤보 deposit – deposited – deposited – depositing

cover 나의 차가운 다리는 담요로 덮여 있다.
credibility 한 나라의 외환 보유액의 급감은 국가 신용도를 떨어뜨렸다.
dentist 아침에 사과 하나는 치과 의사를 멀리하게 해준다.
deposit 임대 계약서에 서명하기 전에 보증금을 지불하는 것은 일반적이다.

□ □ □

doubt

[다우트]

[파] doubtable [형] 의심할 만한
doubtingly [부] 의심스러운 듯이

[숙어] **without (a) doubt**
의심할 바 없이, 확실히

[명] 의심
Without a doubt, he loves her.

[동] 의심하다

[4단콤보] doubt – doubted – doubted – doubting

□ □ □

encounter

[인카운터]

[파] encounterer [명] 조우하는 것

[숙어] **on one's way home[back]**
돌아가는 길에

[동] (우연히) 만나다, 마주치다
On my way home, I encountered a girl selling flowers.

[명] 만남 [유] meeting, confrontation, rendezvous

[4단콤보] encounter – encountered – encountered – encountering

□ □ □

error

[에러]

[파] err [동] 잘못하다, 틀리다
erroneous [형] 잘못된

[명] 1. 잘못, 실수, 틀림 [유] mistake
Love truth, but pardon error.
2. 그릇된 생각 [유] delusion
3. 과실

□ □ □

everywhere

(everyplace)

[에브리웨어]

[부] 어디에나, 도처에
A word once out flies everywhere.

[명] 모든 곳

doubt 의심의 여지없이, 그는 그녀를 사랑한다.
encounter 집에 오는 길에, 꽃을 파는 소녀를 우연히 만났다.
error 진실을 사랑하라. 그러나 잘못을 용서하라.
everywhere 한번 내뱉은 말은 도처에 날아다닌다.

Word

□□□
exaggerate
[이그재저레이트]

파 exaggeration 명 과장
exaggerative 형 과장적인
exaggeratingly 부 과장해서

동 과장하다 유 overstate, embroider, overemphasize
Many advertisements are exaggerated.

(4단콤보) exaggerate – exaggerated – exaggerated – exaggerating

□□□
examine
[이그재민]

파 examination 명 조사
examiner 명 심사 위원

동 1. 검사하다, 조사하다, 심사하다 유 inspect, investigate, inquire
They examine the cause of death.
2. 진찰하다, 시험하다

(4단콤보) examine – examined – examined – examining

□□□
exist
[이그지스트]

파 existence 명 존재, 실재
existent 형 존재하는
existing 형 기존의

동 존재하다, 생존하다
I think it is good that books still exist, but they do make me sleepy. (Frank Zappa)

(4단콤보) exist – existed – existed – existing

□□□
frustration
[프러스트레이션]

파 frustrate 동 좌절감을 주다

명 1. 불만, 좌절감, 실패
I sensed frustration in his voice.
2. 장애물

exaggerate 많은 광고는 과장되어 있다.
examine 그들은 죽음의 원인을 조사한다.
exist 책이 여전히 존재한다는 것은 좋다고 생각하지만 책이 나를 졸립게 만드는 것은 사실이다. (프랭크 자파)
frustration 나는 그의 목소리에서 좌절감을 느꼈다.

□□□
handle
[핸들]

[파] handleable [형] 다룰 수 있는
handled [형] 핸들이 있는

[명] 1. 손잡이, 핸들
2. 취급 방법, 요령
[동] 1. 손을 대다, 만지다 [유] touch, feel
2. 처리하다 [유] manage
3. 다루다 [유] treat
Test-takers should be able to **handle** their stress well.

[4단콤보] handle - handled - handled - handling

□□□
handshake
[핸드쉐이크]

[명] 악수
The beginning and end of the conversation is a **handshake**.

□□□
headline
[헤드라인]

[명] 헤드라인, 표제
Each **headline** in newspaper has to draw instant attention from readers.
[동] ~에 표제를 달다, 대서특필하다

[4단콤보] headline - headlined - headlined - headlining

□□□
hygiene
[하이진]

[파] hygienic [형] 위생적인

[명] 위생, 위생학
In the interests of **hygiene**, the restaurant does not recycle food that customers have eaten.

handle 수험생은 스트레스를 잘 다룰 수 있어야 한다.
handshake 대화의 시작과 끝은 악수이다.
headline 신문에서 각각의 표제는 독자들에게 즉각적인 관심을 끌어야만 한다.
hygiene 위생을 위해, 그 식당은 손님이 먹었던 음식 재활용을 하지 않는다.

□□□
inaccurate
[인애키어럿]

[파] inaccurateness [명] 부정확
inaccuracy [명] 부정확
inaccurately [부] 부정확하게

[형] 부정확한 [유] inexact
Computers are incredibly fast, accurate, and stupid. Human beings are incredibly slow, inaccurate, and brilliant. Together they are powerful beyond imagination. (Albert Einstein)

□□□
logos
[로가스]

[명] 이성, 로고스
The meaning of Logos is the dynamic principle of reason that influences the universe and its order.

□□□
lower
[로어]

[형] 아래쪽의, 하부의 [반] upper
[동] ~을 내리다, ~을 낮추다 [반] heighten
My parents need to lower their blood pressure.

□□□
matter
[매터]

[파] material [형] 물질적인

[숙어] **the matter[question] in hand**
당면한 문제

[명] 1. 문제, 일, 사건, 상황, 사정
I need to concentrate on the matter in hand for now.
2. 중요성
3. 물질, 재료
[동] 중요하다
[4단콤보] matter - mattered - mattered - mattering

inaccurate 컴퓨터는 믿을 수 없이 빠르고, 정확하며, 멍청하다. 사람은 매우 느리고, 부정확하며, 뛰어나다. 둘이 힘을 합치면 상상할 수 없는 힘을 가질 수 있다. (알버트 아인슈타인)
logos 로고스의 의미는 우주와 그 질서에 영향을 주는 이성의 역동적인 원리이다.
lower 내 부모님은 혈압을 낮춰야 해.
matter 나는 우선 당연한 문제에 집중해야 한다.

□ □ □
mouthwash
[마우쓰와쉬]

명 구강 세정제, 치약
She often uses mouthwash after brushing her teeth.

□ □ □
necessary
[네서세리]

파 necessity 명 필요(성)
necessitate 동 ~을 필요하게 만들다
necessarily 부 어쩔 수 없이

형 1. 필요한
It is no longer necessary to take your advice.
2. 피할 수 없는 유 inevitable
명 필수품

□ □ □
perfect
[퍼펙트]

파 perfectness 명 완전함
perfection 명 완벽
perfectly 부 완전히

형 1. 완전한, 완벽한 유 complete
She speaks perfect English and German.
2. 정확한
명 완료 시제
동 완성하다
4단콤보 perfect – perfected – perfected – perfecting

□ □ □
perfume
[퍼퓸]

명 향수, 향기 유 fragrance
I bought a bottle of perfume.
동 향수를 뿌리다
4단콤보 perfume – perfumed – perfumed – perfuming

mouthwash 그녀는 종종 양치 후 구강 세정제를 사용한다.
necessary 너의 충고를 받는 것은 더 이상 필요없다.
perfect 그녀는 완벽한 영어와 독일어를 구사한다.
perfume 나는 향수 한 병을 구입했다.

□ □ □
pop
[팝]

pops (복수형)

📚 1. 펑 하고 터뜨리다

I jumped as children popped balloons behind me.

2. 잠깐 가다[들르다]

📖 팝(뮤직), 펑

📢 펑 하고, 별안간

🔤 뻥, 펑

📑 팝(뮤직)의

(4단콤보) pop – popped– popped– popping

□ □ □
questionable
[퀘스처너블]

📝 questionably 📢 의심스럽게

📖 1. 의심스러운 🔁 doubtful

It is questionable whether the content of the article is true.

2. 문제가 되는

□ □ □
rate
[레이트]

(숙어) unemployment rate
실업률

📖 1. 비율

The unemployment rate is likely to rise further in the first half of the year due to the economic recession.

2. 요금

3. 속도

4. 등급

📚 평가하다, 등급[서열]을 정하다

(4단콤보) rate – rated – rated – rating

---

pop 아이들이 뒤에서 풍선을 터뜨리자 나는 펄쩍 뛰었다.

questionable 그 기사의 내용이 진실인지가 의심스럽다.

rate 경기 불황으로 상반기 실업률은 더 올라갈 것 같다.

□□□

repute

[리퓨트]

[파] reputation [명] 평판, 명성
reputable [형] 평판이 좋은

[명] 평판, 명성 [유] reputation
The writer has a good repute.

[동] ~이라고 평하다, 여기다

□□□

reward

[리워드]

[파] rewardless [형] 무보수의

[명] 보수, 보상, 사례금
The journey is the reward. (Steve Jobs)

[동] 보답하다

[4단콤보] reward – rewarded – rewarded – rewarding

□□□

routine

[루틴]

[파] routinely [부] 일상적으로

[명] 판에 박힌 일, 일상

[형] 일상의, 틀에 박힌, 일상적인
Civil servants' work will be mostly routine and simple.

□□□

scent

[센트]

[파] scentlessness [명] 향기, 향내
scented [형] 향기로운
scentless [형] 무취의

[명] 냄새, 향기, 향수 [유] perfume
Painted flowers have no scent.

[동] ~의 냄새를 맡다

[4단콤보] scent – scented – scented – scenting

repute 그 작가는 좋은 평판을 가지고 있다.
reward 여정은 (목적지로 향하는 과정이지만, 그 자체로) 보상이다. (스티브 잡스)
routine 공무원 업무는 대부분 일상적이고 단순할 것이다.
scent 그려진 꽃에는 향기가 없다.

□ □ □

steam
[스팀]

폐 steamy 혱 김이 자욱한

혱 증기 용 vapor
Steam is observed when water is heated to the boiling point.
혱 증기로 뜨겁게 하는, 뜨거워진
동 찌다, 김을 내다

4단콤보 steam – steamed – steamed – steaming

□ □ □

stitch
[스티치]

혱 한 바늘, 한 코
A stitch in time saves nine.
동 꿰매다, 바느질하다

4단콤보 stitch – stitched – stitched – stitching

□ □ □

substantial
[섭스탠셜]

폐 substance 혱 물질
substantiate 동 입증하다
substantially 틧 상당히

혱 1. 상당한 용 quite, considerable
A substantial number of people like him.
2. 실체의, 내용이 있는
3. 물질의
혱 실체적인 것, 실질적인 것

steam 증기는 물이 끓는점까지 가열될 때 관찰된다.
stitch 제때의 바늘 한 번이 아홉 바느질을 던다.
substantial 상당한 수의 사람들은 그를 좋아한다.

□ □ □

suspect

[서스펙트]

[파] suspicion [명] 혐의
suspicious [형] 의혹을 갖는
suspectless [형] 의심 없는

[동] 의심하다, 추측하다 [유] suppose, speculate, distrust, doubt

[명] 용의자, 혐의자
The suspect was arrested yesterday by the police.

[형] 의심할 만한, 의심쩍은, 수상한 [유] suspected, suspicious

[4단콤보] suspect – suspected – suspected – suspecting

□ □ □

sweat

[스웻]

[파] sweaty [형] 땀에 젖은
sweatless [형] 땀이 없는

[명] 1. 땀
No sweet without sweat.
2. 걱정, 문제

[동] 땀 흘리다

[4단콤보] sweat – sweated – sweated – sweating

□ □ □

term

[텀]

[파] termless [형] 무한의
termly [부] 정기적으로

[명] 1. 용어 [유] word
Medical students must memorize many medical terms.
2. (정해진) 기간, 만기

[동] 이름 짓다, 칭하다

[4단콤보] term – termed – termed – terming

□ □ □

topic

[타픽]

[파] topical [형] 주제에 관한

[명] 화제, 주제
Find the right topic after reading this article.

suspect 그 용의자는 경찰에 의해 어제 체포되었다.
sweat 땀 없는 달콤함은 없다.
term 의대생들은 의학 용어들을 외워야만 한다.
topic 이 글을 읽고 난 후 올바른 주제를 찾으시오.

trim
[트림]

파 trimness 명 정돈
　　trimly 부 정돈하여

trimmer (비교급)/trimmest (최상급)

지텔프 trim one's beard
　　턱수염을 다듬다

명 정돈(된 상태)
형 산뜻한
부 깨끗하게, 단정하게
동 1. 다듬다, 정돈하다
　　I learned how to trim my beard from my father.
　　2. 장식하다

(4단콤보) trim – trimmed – trimmed – trimming

truth
[트루쓰]

파 true 형 사실인
　　truthful 형 진실한
　　truthless 형 허위의

명 1. 진실 반 lie, falsehood
　　1. The mass media must convey the truth only.
　　2. Truth and sweet oil always come to the top.
　　2. 성실

unpleasant
[언플레전트]

파 unpleasantly 부 불쾌하게

형 불쾌한, 싫은, 무례한
　　It is unpleasant to work with selfish people.

whatever
[왓에버]

대 ~하는 것은 무엇이든지, ~일지라도, 어떤 ~이든
　　One must do one's best in whatever on undertakes.
형 어떠한 ~이라도, 얼마간의 ~이라도 동 no matter what

---

trim　나는 아빠에게 턱 수염을 다듬는 방법을 배웠다.
truth　1. 대중 매체는 진실만을 전달해야만 한다. 2. 진실과 참기름은 언제나 물 위에 뜬다.
unpleasant　이기적인 사람들과 일하는 것은 불쾌하다.
whatever　어떤 일을 맡든 최선을 다해야 한다.

☐ ☐ ☐

wrong
[롱]

파 wrongful 형 불법의
wrongous 형 불법의
wrongly 부 부당하게

형 1. 나쁜, 그릇된
This case is not a matter of right or wrong.

2. 고장 난

부 나쁘게, 잘못하여

명 악, 부정, 과실, 부당

동 나쁜 짓을 하다

4단콤보 wrong – wronged – wronged – wronging

☐ ☐ ☐

ahead
[어헤드]

숙어 be ahead by
앞서다

부 1. 앞쪽에, 앞길에, 앞으로 동의 forward

2. 미리

3. 앞선
Our team was ahead by seven points.

형 (사건·물건의) 가는 쪽에 있는

☐ ☐ ☐

approve
[어프루브]

파 approver 명 승인자, 찬성자
approval 명 인정, 찬성

동 찬성하다, 승인하다
The City Council today approved the construction of
public hospitals.

4단콤보 approve – approved – approved – approving

wrong 이 사건은 옳고 그름의 문제가 아니다.
ahead 우리 팀은 7점이나 앞섰다.
approve 시의회는 오늘 공공병원 건립을 승인했다.

□ □ □
argue
[아규]

파 argument 명 논쟁
arguer 명 논쟁자
argufy 통 논쟁하다

동 1. 논쟁하다 유 dispute
Fear not those who argue but those who dodge.
(Marie Ebner von Eschenbach)
2. 주장하다 유 maintain
3. 설득하다

4단콤보 argue – argued – argued – arguing

□ □ □
boost
[부스트]

동 1. 밀어 올리다
2. (사기·기력 등을) 돋우다, 승진시키다
Performance-based bonuses are designed to boost productivity.
명 밀어올림

4단콤보 boost – boosted – boosted – boosting

□ □ □
bureau
[뷰어로]

bureaus/bureaux (복수형)

명 1. 부서(국) 유 department
Immigration Bureau plans to move to another building.
2. 사무소

□ □ □
catchy
[캐치]

catchier (비교급)/catchiest (최상급)

형 기억하기 쉬운 유 screaming, sensational
His name is catchy.

---

argue 논쟁하는 자가 아니라 논쟁을 피하는 자를 두려워하라. (마리 폰 에브너 에셴바흐)
boost 성과급은 생산력을 증진시키기 위해 마련되었다.
bureau 출입국관리국은 다른 건물로 이동할 계획이다.
catchy 그의 이름은 기억하기 쉽다.

□ □ □
cautious
[코셔스]

파 cautiousness 명 조심성
   caution 명 조심
   cautiously 부 조심스럽게

숙어 **be cautious**
   주의하다 유 be careful

형 조심성 있는, 신중한
The policy of being too cautious is the greatest risk of all. (Jawaharlal Nehru)

□ □ □
chain
[체인]

파 enchain 동 사슬로 매다

명 1. 쇠사슬
    This chain is heavy.
   2. 연쇄
   3. 체인점
   4. 구금 유 captivity
동 사슬로 매다, 묶다
(4단콤보) chain – chained – chained – chaining

□ □ □
cheap
[칩]

파 cheapness 명 저렴
   cheapen 동 격을 낮추다
   cheapish 형 싸구려 같은
   cheapishly 부 싸구려 같이

cheaper (비교급)/cheapest (최상급)

형 싼, 싸구려의
Words are cheap. The biggest thing you can say is 'elephant'. (Charlie Chaplin)
부 싸게

---

cautious 극히 조심한다는 방침이야말로 가장 위험한 것이다. (자와할랄 네루)
chain 이 쇠사슬은 무겁다.
cheap 말이란 값싼 것이다. 말로 할 수 있는 가장 큰 것은 '코끼리'다. (찰리 채플린)

□□□
chemical
[케미컬]

파 chemistry 명 화학
chemically 부 화학적으로

형 화학의, 화학상의
Some chemical substances in hair products cause hair loss.
명 화학 제품, 화학 약품

□□□
community
[커뮤너티]

communities (복수형)

명 공동 사회, 일반 사회, 공동체
The community leader gathered together for world peace.

□□□
critical
[크리티컬]

파 critically 부 비평적으로

형 1. 비평(가)의, 비판적인
Reading improves critical thinking.
2. 위기의
3. 결정적인

□□□
crooked
[크루키드]

파 crookedness 명 뒤틀림
crookedly 부 구부러져서

형 1. 구부러진, 기형의
All that is straight lies. All truth is crooked; time itself is a circle. (Friedrich Nietzsche)
2. 부정직한

chemical 모발상품에 들어 있는 어떤 화학적 물질은 탈모를 유발한다.
community 공동체 지도자는 세계 평화를 위해 한 자리에 모였다.
critical 독서는 비판적인 사고방식을 향상시킨다.
crooked 곧은 것은 한 결 같이 속인다. 진리는 하나 같이 굽어 있으며, 시간 자체도 둥근 고리다. (프레드리히 니체)

□ □ □

dead

[데드]

[파] death [명] 죽음
deaden [동] 죽이다, 약하게 하다
deadly [형] 치명적인

[형] 죽은, 생명이 없는 [반] alive
The hyena is eating a **dead** buffalo.

[부] 완전히

[명] 죽은 듯이 고요한 때

□ □ □

decay

[디케이]

[파] decadence [명] 타락
decadent [형] 타락한

[동] 1. 부식하다, 부패하다
2. 쇠퇴하다, 시들다 [유] decline
Life is subject to **decay**.
3. 타락하다, 퇴화하다 [유] deteriorate
4. (이가) 벌레 먹다

[명] 1. 부식, 쇠퇴 [유] decline
2. 충치

[4단콤보] decay – decayed – decayed – decaying

□ □ □

destroy

[디스트로이]

[파] destruction [명] 파괴
destructive [형] 파괴적인

[동] 1. 파괴하다, (계획·희망 등을) 망치다 [반] construct
It is reported that the habitat of wild animals is **destroyed** by humans.
2. 죽이다

[4단콤보] destroy – destroyed – destroyed – destroying

dead 하이에나는 죽은 물소를 먹고 있다.
decay 인생이란 어차피 시들게 되어 있다.
destroy 야생 동물의 서식지는 인간에 의해 파괴되고 있다고 보고된다.

□ □ □
devote
[디보트]

구분01 **devote A to B**
B에 A를 전념(헌신)하다

ⓢ 전념하다, 헌신하다 ⓤ dedicate
He decided to devote himself to studying accounting.
4단콤보 devote – devoted – devoted – devoting

□ □ □
engage
[인게이지]

ⓟ engagement ⓝ 약혼

ⓢ 1. 약속하다
  2. (주의, 관심을) 사로잡다
   My goal is to engage young investors.
  3. 고용하다
  4. 종사하다
4단콤보 engage– engaged – engaged – engaging

□ □ □
express
[익스프레스]

ⓟ expression ⓝ 표현, 표출
expressive ⓐ 나타내는
expressible ⓐ 표현할 수 있는

ⓢ 1. (감정·생각 등을) 표현하다 ⓤ show
   We have no right to express an opinion until we
   know all of the answers. (Kurt Cobain)
  2. 상징하다 ⓤ represent
ⓐ 1. 명시된 ⓤ expressed
  2. 명확한 ⓤ definite, clear ⓥ implied
  3. 급행의
ⓐ 운송편으로, 급행으로
ⓝ 운송편, 급행
4단콤보 express – expressed – expressed – expressing

---

devote 그는 회계 공부에 전념하기로 결심했다.
engage 내 목표는 젊은 투자자들을 사로잡는 것이다.
express 우리가 모든 해답을 알기 전까지 어떤 의견도 표현할 권리가 없다. (커트 코베인)

□□□

extract

[익스트랙트]

파 extraction 명 추출
　extractible 형 얻어낼 수 있는
　extractive 형 뽑아내는

동 1. (이빨·총알 등을) 뽑다, 뽑아내다
　My dentist extracted two wisdom teeth yesterday.
　2. 추출하다
　3. 발췌하다
명 추출물, 발췌

4단콤보 extract – extracted – extracted – extracting

□□□

familiarize
(familiarise)

[퍼밀리어라이즈]

파 familiariser 동 친숙하게 하다

숙어 familiarize A with B
　A를 B에 익숙하게 하다

동 친하게 하다, 익숙하게 하다
　I need more time to familiarize myself with new
　working environment.

4단콤보 familiarize – familiarized – familiarized –
　　　familiarizing

□□□

favor
(favour)

[페이버]

숙어 ask a favor
　부탁을 하다

명 호의, 친절, 인기
　Can I ask you a favor?
동 호의를 보이다, 찬성하다

---

extract　치과 의사가 어제 사랑니 두 개를 뽑았다.
familiarize　새로운 작업 환경에 익숙해질 시간이 더 필요하다.
favor　부탁 하나 해도 될까요?

□ □ □
finance
[파이낸스]

파 financial 휑 금융의

명 1. 재정, 재무, 금융
Finance is the art of passing money from hand to hand until it finally disappears. (Robert W. Sarnoff)
2. 자금, 재원
동 ~에 돈을 융통하다, 융자하다

(4단콤보) finance – financed – financed – financing

□ □ □
fix
[픽스]

파 fixation 명 고정
fixture 명 정착
fixity 명 고정

동 1. 고착시키다, 고정시키다, 확립하다
2. 수리하다 유 mend, repair
How much does it cost to fix my car?
명 수리, 치료

(4단콤보) fix – fixed – fixed – fixing

□ □ □
flavor
(flavour)
[플레이버]

명 1. 풍미, 향미, 맛 유 savor
He's a nice guy who knows the flavor.
2. 멋
동 ~에 풍미[향기]를 곁들이다 유 season

□ □ □
forget
[포겟]

파 forgetful 휑 건망증이 있는
forgettable 휑 쉽게 잊혀질

동 잊다, 망각하다 반 remember
Don't forget me.

(4단콤보) forget – forgot – forgotten – forgetting

---

finance 금융은 돈이 마침내 사라질 때까지 이 사람 저 사람 손으로 돌리는 예술이다. (로버트 사노프)
fix 제 차를 수리하는 비용은 얼마인가요?
flavor 그는 풍미를 아는 멋진 녀석이다.
forget 나를 잊지 마세요.

□ □ □

gather
[개더]

🔊 gather up
~을 주워 모으다

동 모으다, 모이다
After a typhoon, we gathered up fallen pears.
명 모인 것, 수확
4단콤보 gather – gathered – gathered – gathering

□ □ □

genre
[잔러]

명 유형, 장르, 종류
My favorite genre of literature is English drama.
형 장르별의

□ □ □

germ
[점]

파 germinate 동 싹트다
germless 형 균이 없는
germinant 형 싹트는

명 세균, 병균
Let's wash our hands well to kill germs.
형 병원균의(에 의한)
동 발생하다, 싹트다 🔁 sprout, develop

□ □ □

guide
[가이드]

파 guidance 명 지도
guider 명 지도자

동 안내하다, 지도하다
명 1. 안내자, 길잡이, 가이드
   A number of tourists hire a local guide.
2. 지침
4단콤보 guide – guided – guided – guiding

gather 태풍이 지난 뒤 우리는 떨어진 배를 주워 모았다.
genre 내가 좋아하는 문학 장르는 영국 희곡이다.
germ 세균을 죽이기 위해 손을 잘 닦자.
guide 많은 관광객들이 현지 가이드를 고용한다.

☐☐☐
heated
[히티드]

㈜ heatedly ❺ 격해져서

● 1. 뜨거워진, 난방이 되는
In winter, children like a heated pool.
2. 성난, 격한
In a heated argument, we are apt to distort the truth.

☐☐☐
lift
[리프트]

● 1. 올리다, 들어 올리다
It's too heavy for me to lift this log.
2. 향상시키다
● 1. 올림, 승강기
2. 승진
4단콤보 lift – lifted – lifted – lifting

☐☐☐
meanwhile
[민와일]

● 그 동안에, 한편
Meanwhile, make yourself at home.

☐☐☐
mid
[미드]

● 중앙의, 중간의
Mid pleasures and palaces though we may roam, be it ever so humble, there's no place like home. (John Howard Payne)

---

heated 겨울에, 아이들은 난방이 되는 수영장을 좋아한다. / 격한 언쟁 중에, 우리는 진실을 왜곡하기 쉽다.
lift 내가 이 통나무를 들어올리기에는 너무 무겁다.
meanwhile 그 동안에, 편히 쉬고 계세요.
mid 쾌락과 궁궐 속을 다닐지라도, 아무리 초라해도 내 집과 같은 곳은 없다. (존 하워드 페인)

□ □ □

negotiate
[니고쉬에이트]

파 negotiation 명 협상
   negotiator 명 협상자
   negotiatory 형 협상의

동 협상하다, 교섭하다
Let us never negotiate out of fear. But let us never
fear to negotiate. (John F. Kennedy)

4단콤보 negotiate – negotiated – negotiated –
        negotiating

□ □ □

notify
[노터파이]

파 notification 명 통지
   notifier 명 통보자, 고지서
   notice 동 알아차리다, 주목하다

동 통지하다, 통보하다, 알리다 윤 announce
You can notify your employer by phone or in writing.

4단콤보 notifiy – notified – notified – notifying

□ □ □

obtain
[업테인]

파 obtainment 명 획득
   obtainability 명 획득 가능성
   obtainable 형 얻을 수 있는

동 얻다, 획득하다
All laws are broken to obtain a crown.

4단콤보 obtain – obtained – obtained – obtaining

□ □ □

odor
(odour)

[오더]

명 1. 냄새 윤 smell
You have to open the window to get rid of the odor
of cigarettes in the car.
2. 낌새

---

negotiate 두려움 때문에 협상하지 맙시다. 그렇다고 협상하는 것을 두려워하지도 맙시다. (존 F. 케네디)
notify 너는 전화나 서면으로 고용주에서 통보할 수 있다.
obtain 모든 법률은 왕관을 얻기 위해 깨뜨려진다.
odor 차 안에 있는 담배 냄새를 없애기 위해 창문을 열어야 한다.

□ □ □
opposite
[아퍼짓]

㉟ oppositeness ⑬ 정반대
oppose ⑤ 반대하다
oppositely ⑭ 반대 위치에

㉿ be opposite (to)
(마주 대하다) 마주 보다

⑬ 반대편의, 정반대의
⑬ 정반대의 일
⑭ 정반대의 위치에
㉟ ~의 맞은편에, 건너편에
The police station is opposite the post office.

□ □ □
outdated
[아웃데이티드]

⑬ 1. 구식의, 시대에 뒤떨어진 ㉿ old-fashioned
I'm sorry, but your thoughts are too outdated.
2. 진부한 ㉿ out-of-date

□ □ □
outfit
[아웃핏]

㉟ outfitter ⑬ 장신구점

⑬ 채비, 옷, 복장 ㉿ cloth
Those outfits and shoes look really good on you.
⑤ 1. 공급하다
2. 준비하다
(4단콤보) outfit – outfitted – outfitted – outfitting

opposite 경찰서는 우체국 건너편에 있다.
outdated 미안하지만, 너의 생각은 너무 시대에 뒤떨어져 있다.
outfit 그 옷과 신발은 너에게 정말 잘 어울린다.

□ □ □

pack
[팩]

파 packable 형 짐꾸리기에 쉬운

동 1. (짐 등을) 싸다
   2. 가득 채우다
명 1. 꾸러미
   I'd like a pack of cigarettes and a bottle of wine, please.
   2. 일당

(4단콤보) pack – packed – packed – packing

□ □ □

paid
[페이드]

형 유급의, 보수를 받는 반 unpaid
Everyone wants a highly paid job.

□ □ □

pattern
[패턴]

명 1. 무늬, 양식 유 style
   My skirt has a leopard pattern on it.
   2. 모범, 견본 유 sample
동 본떠서 만들다 유 model

(4단콤보) pattern – patterned – patterned – patterning

□ □ □

persuade
[퍼스웨이드]

파 persuasion 명 설득
   persuasive 형 설득력 있는
   persuadable 형 설득할 수 있는
   persuasible 형 설득될 수 있는

동 설득하다, 확인시키다
   It's really hard to persuade angry customers.

(4단콤보) persuade – persuaded – persuaded – persuading

---

pack 담배 한 갑과 와인 한 병 주세요.
paid 누구나 고액의 보수를 받는 직장을 원한다.
pattern 내 치마에는 표범 무늬가 있다.
persuade 화난 고객을 설득하는 것은 정말 어렵다.

platform
[플랫폼]

명 1. 승강장
Which platform does the train leave from?
2. 교단
동 연단에서 말하다, 연설하다

politely
[펄라잇리]

파 politeness 명 공손함

politer (비교급)/politest (최상의)

부 공손히, 예의 바르게, 정중히
The director politely asked the boss to shake hands.

precious
[프레셔스]

파 preciousness 명 귀중함
preciously 부 매우, 대단히

형 귀중한, 값비싼
The words that enlighten the soul are more precious than jewels. (Hazrat Inayat Khan)
명 소중한 사람(동물)
부 대단히, 지독하게 유 very

previous
[프리비어스]

파 previousness 명 사전, 예비
previously 부 미리

형 (시간·순서적으로) 앞의, 이전의, 사전의 유 prior
No previous arrangements between employers and employees were made.

---

platform 그 열차는 어떤 승강장에서 출발하나요?
politely 이사님은 사장님께 정중히 악수를 청했다.
precious 영혼을 밝히는 말은 보석보다 귀중하다. (하즈라트 이나야트 칸)
previous 노사 간 사전 합의가 이뤄지지 않았다.

□□□

quota

[쿠오터]

[숙어] screen quota
스크린쿼터(극장이 자국 영화를 일정 기준 일수 이상 상영하도록 강제하는 제도적 장치)

[명] 몫, 분담액, 할당액
Will the screen quota system help the film industry?

□□□

raise

[레이즈]

[파] raiser [명] 일으키는 사람

[숙어] raise[put up] one's hand
손을 들다

[동] 1. 올리다, 건축하다, 건립하다 [유] build, erect
2. (사람 몸 등을) 일으키다
Raise your right hand if you agree with me.
3. 승진[진급, 향상]시키다
4. (돈을) 모으다

[명] 올림, 조달, 증가

[4단콤보] raise – raised – raised – raising

□□□

recruit

[리크룻]

[파] recruital [명] 보충, 보급(품)
recruitment [명] 신병 모집

[숙어] recruit employees
종업원을 모집하다

[동] (신입 회원·사원 등을) 모집하다, (신병을) 징집하다
Our company plans to recruit more full-time employees in the second half of the year.

[명] 신병, 신입 회원, 신입 사원

[4단콤보] recruit – recruited – recruited – recruiting

quota 스크린쿼터 제도는 과연 영화 산업에 도움이 될까?
raise 내 의견에 동의하는 사람은 오른손을 올리세요.
recruit 우리 회사는 하반기에 정직원을 더 많이 모집할 계획이다.

□ □ □
remark
[리마크]

파 remarkable 휑 놀라운

동 1. 주의하다, 주목하다
2. 말하다
3. 인지하다

명 발언, 논평, 의견, 비평
His remarks are not consistent at all.

4단콤보 remark – remarked – remarked – remarking

□ □ □
repeat
[리핏]

파 repeatable 휑 무례하지 않은
repetitious 휑 자꾸 반복되는
repetitive 휑 반복적인

동 되풀이하다, 반복하다
Isn't life a series of images that change as they
repeat themselves? (Andy Warhol)

명 되풀이, 반복

4단콤보 repeat – repeated – repeated – repeating

□ □ □
restrict
[리스트릭트]

파 restriction 명 제한
restrictive 휑 제한하는

동 제한하다, 금지하다
Many parents agree to restrict the use of smart
phones as well as the Internet for their kids.

4단콤보 restrict – restricted – restricted – restricting

□ □ □
retain
[리테인]

파 retainability 명 보유할 수 있음
retentive 휑 잘 잊지 않는

동 계속 유지하다, 보유하다, 간직하다
I have successfully retained my position as the senior
designer.

4단콤보 retain – retained – retained – retaining

---

remark 그의 발언은 전혀 일관성이 없다.
repeat 인생은 스스로 되풀이하면서 변화하는 모습의 연속이 아닐까? (앤디 워홀)
restrict 많은 부모님들은 아들을 위해 인터넷뿐만 아니라 스마트폰의 사용을 제한하는 데 동의한다.
retain 나는 수석 디자이너의 자리를 성공적으로 유지하고 있다.

□ □ □

revenue
[레버뉴]

㉔ revenual ㉕ 수익의

㉑ 세입, 수익 ⊕ profits, gain, proceeds
The public revenue is money that government receives from citizens.

□ □ □

risk
[리스크]

㉔ risker ㉕ 모험가
　 riskful ㉕ 위태로운
　 riskless ㉕ 위험이 없는

⊕ take a risk
　 위험을 감수하다

㉓ 위험
There are many things to take risks in life.
㉕ 1. 위태롭게 하다 ⊕ hazard
　 2. 모험하다
　 3. 감히 ~하다
(4단콤보) risk – risked – risked – risking

□ □ □

seek
[식]

㉕ 1. 찾다, 추구하다
　　 Seek not every quality in one individual. (Confucius)
　 2. (~하려고) 노력하다, 시도하다 ⊕ try
㉓ 목표물 탐색
(4단콤보) seek – sought – sought – seeking

---

revenue 국고 세입은 정부가 시민들로부터 받은 돈이다.
risk 살면서 위험을 감수해야 할 일이 많다.
seek 한 사람에게서 모든 덕을 찾지 말라. (공자)

□□□
select
[실렉트]

[파] selectness [명] 선택됨
selectly [부] 선택되어

[동] 1. 고르다, 선택하다 [유] choose
Customers **select** the best salesperson every year.
2. 발탁하다, 발췌하다
[형] 고른, 발췌한
[명] 정선품
[4단콤보] select - selected - selected - selecting

□□□
showcase
[쇼케이스]

[명] 전시, 진열
This is an annual **showcase** for British design and innovation.
[동] 1. 전시하다, 진열하다
2. 소개하다 [유] exhibit, display, parade

□□□
somewhere (someplace)
[섬웨어]

[부] 어딘가에, 어딘가로
The treasure must be here **somewhere**.
[명] 어떤 장소

select 고객들은 매년 최고의 영업사원을 선택한다.
showcase 이것은 영국 디자인 및 혁신을 위한 연례 전시이다.
somewhere 그 보물은 여기 어딘가에 반드시 있을 것이다.

□ □ □

spot
[스팟]

파 spotty 형 여드름이 많이 난
　spottable 형 얼룩지기 쉬운

명 1. 반점, 얼룩
　2. 장소, 지점
　　The criminal reappears at the spot of the crime.
　3. 처지
형 당장의, 즉석의, 현지의
부 꼭, 딱, 정확히
동 더럽히다, 발견하다

(4단콤보) spot – spotted – spotted – spotting

□ □ □

sufficient
[서피션트]

파 sufficiency 명 충분한 양
　suffice 동 충분하다
　sufficiently 부 충분히

형 충분한
　Their silence is sufficient praise. (Terence)
명 충분(한 수량)

□ □ □

talent
[탤런트]

파 talented 형 재능이 있는

명 1. 재능, 소질
　　The audition aims to find talent that has yet to be
　　discovered.
　2. 연기자

□ □ □

teammate
[팀메이트]

명 같은 팀의 사람, 동료
　He is one of my teammates.

---

spot　범죄자는 그 범죄 장소에 다시 나타난다.
sufficient　그들의 침묵은 충분한 찬사다. (테렌스)
talent　그 오디션은 아직 발견되지 않은 재능을 찾는 것이 목적이다.
teammate　그는 같은 팀 동료 중 한 명이다.

□□□
texture
[텍스처]

🔁 textural 📋 조직의
texturally 🔁 조직상으로

📋 1. 직물, 조직
2. 질감
The suit is expensive with a soft texture.
📗 직조하다, (무늬를) 짜넣다

□□□
understand
[언더스탠드]

🔁 understandable 📋 이해할 수 있는
understandably 🔁 당연히

📗 알다, 이해하다
My friend seems to understand the conversation between dogs.
4단콤보 understand – understood – understood – understanding

□□□
valid
[밸리드]

🔁 validity 📋 유효점, 타당성
validate 📗 입증하다
validly 🔁 유효하게

📋 1. 근거가 확실한 🔁 well-founded, sound
2. 유효한 🔁 effective, authoritative
This discount coupon is valid until December.
3. 타당한 🔁 Invalid

□□□
widespread
[와이드스프레드]

📋 광범위한, 널리 퍼진
The widespread use of the Internet has a mostly positive effect on life in today's world.

---

texture 그 양복은 부드러운 질감을 가져 비싸다.
understand 내 친구는 강아지끼리의 대화를 이해하는 것처럼 보인다.
valid 이 할인권은 12월까지 유효하다.
widespread 인터넷의 광범위한 사용은 오늘날 세계의 삶에 대부분 긍정적인 영향을 끼친다.

□ □ □

wisely
[와이즐리]

파 wise ⊚ 지혜로운

(예) behave (act) wisely
슬기롭게 처신하다

🗣 현명하게 🈁 sensibly, advisably

You need to learn how to behave wisely as you get older and older.

---

wisely 너는 나이가 들면서 현명하게 행동하는 법을 배울 필요가 있다.

01 She is one of the **regulars** at my shop.

그녀는 우리 가게의 _____ 중 한 명이다.

02 This public library was initially **established** by some teachers and students.

공공 도서관은 처음에 어떤 선생님들과 학생들에 의해 _____었다.

03 I will **pop** over and see you this afternoon.

오늘 오후에 잠깐 _____.

04 Blessedness is not the **reward** of virtue but virtue itself. (Baruch Spinoza)

행복은 미덕의 _____이 아닌, 미덕 그 자체다. (바뤼흐 스피노자)

05 The police **suspect** him of killing his wife.

경찰은 그가 아내를 살해한 것으로 _____.

06 Contemporary society is **termed** as the era of globalization.

현대 사회는 세계화의 시대라고 _____.

07 It is not necessary to understand things in order to **argue** about them. (Pierre Beaumarchais)

_____할 때 그 사안을 이해할 필요는 없다. (피에르 보마르셰)

08 Buy **cheap**, buy twice.

_____ 게 비지떡이지.

answer

01 단골 02 설립되 03 들릴게 04 보상 05 의심한다 06 칭해진다 07 논쟁 08 싼

09 I **engaged** to visit my grandmother next week.

나는 다음 주에 할머니 댁에 가기로 _____.

10 The **finance** department draws up a year's budget.

_____ 부서는 일년 예산을 편성한다.

11 **Gather** roses while you may.

할 수 있을 때 장미를 _____.

12 I had to put down a 10% **deposit** on the house.

나는 그 집에 10%의 _____을 걸어야만 했다.

13 We read a lot of reports to **negotiate** a good deal.

우리는 유리한 _____ 위해 많은 보고서를 읽었다.

14 I **raised** money for the street maintenance business.

길거리 정비 사업을 하기 위해 투자금을 _____.

15 Our shop will **showcase** a variety of expensive designer bags and watches.

우리 상점은 다양한 비싼 명품 가방과 시계를 _____ 것이다.

---

answer

09 약속했다 10 재정 11 모아라 12 보증금 13 협상을 하기 14 모았다 15 진열할

PART
03

Reading

> 이번 CHAPTER에서 학습하게 될 단어들입니다. 이미 알고 있는 단어가 얼마나 되는지 체크해 보세요.

O 알고 있는 단어 △ 애매한 단어 × 모르는 단어

☐ career	☐ justice	☐ debut
☐ cross	☐ numerous	☐ deficiency
☐ figure	☐ pacific	☐ depict
☐ cargo	☐ patent	☐ diplomatic
☐ elevate	☐ pump	☐ distinct
☐ voyage	☐ rename	☐ distribute
☐ bomb	☐ scaffold	☐ eject
☐ castle	☐ seaman	☐ emerge
☐ former	☐ southern	☐ entrepreneur
☐ invent	☐ spray	☐ equal
☐ regard	☐ strait	☐ fame
☐ sail	☐ transport	☐ flea
☐ soldier	☐ truck	☐ fuel
☐ degree	☐ wounded	☐ graduate
☐ eventually	☐ achieve	☐ hormone
☐ force	☐ alone	☐ huge
☐ goods	☐ animation	☐ humble
☐ junior	☐ aptly	☐ illness
☐ performance	☐ arrange	☐ inclination
☐ resign	☐ rare	☐ load
☐ role	☐ attempt	☐ malicious
☐ share	☐ brave	☐ murder
☐ supply	☐ breed	☐ nickname
☐ without	☐ brief	☐ notable
☐ baroque	☐ circuit	☐ patron
☐ battlefield	☐ commit	☐ period
☐ captain	☐ compress	☐ pirate
☐ charity	☐ conference	☐ politics
☐ childhood	☐ contemporary	☐ portrait
☐ draft	☐ contrast	☐ pronounce
☐ entry	☐ crime	☐ prototype

- ☐ realism
- ☐ relentless
- ☐ relief
- ☐ sizeable
- ☐ solar
- ☐ storm
- ☐ subsequent
- ☐ superb
- ☐ superior
- ☐ theft
- ☐ unremarkable
- ☐ vessel
- ☐ violent
- ☐ welfare
- ☐ aboard
- ☐ absence
- ☐ accomplish
- ☐ acknowledge
- ☐ advocate
- ☐ afterward
- ☐ asset
- ☐ batch
- ☐ branch
- ☐ bronze
- ☐ captive
- ☐ catch
- ☐ clerk

- ☐ coast
- ☐ communicate
- ☐ court
- ☐ co-worker
- ☐ declaration
- ☐ depression
- ☐ donate
- ☐ double
- ☐ earthquake
- ☐ endorsement
- ☐ entitle
- ☐ envious
- ☐ era
- ☐ essential
- ☐ factory
- ☐ flood
- ☐ fur
- ☐ grandparent
- ☐ harmful
- ☐ headmistress
- ☐ heritage
- ☐ impress
- ☐ inappropriate
- ☐ injured
- ☐ involve
- ☐ landscape
- ☐ mammal

- ☐ master
- ☐ mate
- ☐ mature
- ☐ medicine
- ☐ minor
- ☐ needy
- ☐ nephew
- ☐ net
- ☐ network
- ☐ outstanding
- ☐ palm
- ☐ partner
- ☐ peel
- ☐ peer
- ☐ prominent
- ☐ recover
- ☐ renowned
- ☐ reunite
- ☐ tail
- ☐ transfer
- ☐ transform
- ☐ trial
- ☐ vanish
- ☐ via
- ☐ weapon
- ☐ wildlife
- ☐ willing

□□□
career
[커리어]

[숙어] **start one's career**
경력을 쌓기 시작하다

[명] 경력, 이력 [유] occupation, employment
She started her career as a nursing assistant in a small private hospital.
[동] 질주하다, 바쁘게 이리저리 뛰어다니다
[4단콤보] career – careered – careered – careering

□□□
cross
[크로스]

[파] crossly [부] 비스듬히
crosswise [부] 옆으로

crosser (비교급)/crossest (최상급)

[숙어] **cross the road**
길을 건너다

[형] 1. 교차된 [유] placed across, transverse, intersecting
2. 반대의 [유] opposed
[명] 십자가
[동] 1. 가로지르다, 횡단하다 [유] go across, traverse
Many old people do not walk fast enough to cross the road in time.
2. 십자를 긋다
[4단콤보] cross – crossed – crossed – crossing

□□□
figure
[피기어]

[파] figuration [명] 형태
figurative [형] 비유적인
figureless [형] 형체가 없는

[명] 외모, 형상 [유] shape, frame, design
[동] 1. 계산하다 [유] calculate, compute
I am still figuring my monthly expense.
2. 묘사하다 [유] descrive, portraty, depict
3. 이해하다 [유] comprehend
[4단콤보] figure – figured – figured – figuring

career 그녀는 작은 개인 병원에서 간호 보조로서 경력을 쌓기 시작했다.
cross 많은 노인들은 제때에 도로를 횡단할 만큼 빨리 걷지 못한다.
figure 나는 아직도 한 달 생활비를 계산하고 있다.

□ □ □
cargo
[카고]

cargoes (복수형)/cargos (복수형)

숙어 **load cargo**
짐을 싣다

🅵 뱃짐, 화물
Loading and unloading heavy cargo can be dangerous without proper safety procedures.

□ □ □
elevate
[엘러베이트]

파 elevation 🅵 승진, 승격
elevatory 🅷 올리는

🅥 올리다, 높이다 🆎 raise, lift up
Only passions, great passions, can elevate the soul to great things. (Denis Diderot)
🅷 높여진
4단콤보 elevate – elevated – elevated – elevating

□ □ □
voyage
[보이지]

파 voyager 🅵 여행자

🅵 항해, 여행 🆎 journey
Life's a voyage that's homeward bound. (Herman Melville)
🅥 항해하다, 횡단하다 🆎 traverse

□ □ □
bomb
[밤]

숙어 **bomb disposal**
폭탄 처리

🅵 폭탄, 수류탄 🆎 hand grenade
Don't touch the bag before the bomb disposal expert comes.
🅥 폭격하다 🆎 bombard

---

cargo 적절한 안전 절차 없이 무거운 화물을 적재하고 내리는 것은 위험할 수 있다.
elevate 마음을 위대한 일로 올리는 것은 오직 열정, 위대한 열정뿐이다. (데니스 디드로)
voyage 인생은 집을 향한 여행이다. (허먼 멜빌)
bomb 폭탄 처리 전문가가 오기 전에 그 가방을 건들지 마라.

☐ ☐ ☐

castle
[캐슬]

몡 성, 큰 저택 윤 mansion
During the late Middle Ages, kings and lords lived in castles.

통 성을 쌓다, 성곽을 둘러치다

☐ ☐ ☐

former
[포머]

파 formerly 븟 이전에

혱 1. 예전[옛날]의
2. 전자의
The former choice would be better than the latter.

☐ ☐ ☐

invent
[인벤트]

파 invention 몡 발명품
inventable 혱 발명할 수 있는
inventive 혱 창의적인

통 발명하다, 창조하다 윤 contrive, originate
The best way to predict the future is to invent it. (Alan Kay)

4단콤보 invent – invented – invented – inventing

☐ ☐ ☐

regard
[리가드]

파 regardful 혱 주의 깊은

구문 regard + A + B
A를 B로 여기다

통 1. 고려하다, ~으로 여기다 윤 consider, contemplate
Cats regard people as warmblooded furniture.
(Jacquelyn Mitchard)
2. 응시하다 윤 gaze at, observe intently

몡 1. 주목, 응시 윤 fixed look, gaze
2. 존중, 존경 윤 respect, esteem

4단콤보 regard – regarded – regarded – regarding

castle 중세 말기에, 왕과 영주들은 성에서 살았다.
former 전자의 선택이 후자보다 나을 것이다.
invent 미래를 예측하는 최선의 방법은 미래를 창조하는 것이다. (앨런 케이)
regard 고양이는 사람을 따뜻한 피를 가진 가구라고 여긴다. (재클린 미쳐드)

□ □ □

sail
[세일]

파 sailable 형 항해 가능한
sailed 형 돛을 올린
sailless 형 돛이 없는

명 돛, 배
동 항해하다 유 navigate
He that is once at sea, must either sail or sink.

4단콤보 sail – sailed – sailed – sailing

□ □ □

soldier
[솔저]

파 soldiership 명 군인의 신분
soldiery 명 군대

명 군인, 병사
My little brother wants to be a soldier.
동 군인이 되다

4단콤보 soldier – soldiered – soldiered – soldiering

□ □ □

degree
[디그리]

파 degreeless 형 학위가 없는

명 1. 학위 유 stage, grade
I obtained a doctor's degree two years ago.
2. 온도

□ □ □

eventually
[이벤추얼리]

부 결국, 마침내 유 finally, ultimately, after all, at (long) last, in the end, in the long run
She eventually decided to study abroad.

---

sail 바다로 나왔으면 항해하거나, 가라 앉거나 둘 중 하나다.
soldier 나의 어린 동생은 군인이 되길 원한다.
degree 나는 2년 전에 의사 학위를 받았다.
eventually 그녀는 결국 해외로 공부하러 가기로 결정했다.

☐ ☐ ☐

force
[포스]

파 forcer **명** 강제자
forceless **형** 힘없는
forcingly **부** 강제적으로

구문 force + A + B
A가 B하도록 강요하다
(수동태: be forced to do)

명 1. 힘
2. 집단
동 강요하다
He was forced to withdraw from politics.
4단콤보 force – forced – forced – forcing

☐ ☐ ☐

goods
[구즈]

명 상품, 제품 **동** product
The price and barcode should be marked on the goods.

☐ ☐ ☐

junior
[주니어]

파 juniority **명** 손아래

명 연소자, 후배
He is my junior and lovely son.
형 1. 연소한 **동** younger
2. 하급의 **동** subordinate

---

force 그는 정계에서 물러나도록 강요받았다.
goods 가격과 바코드는 제품에 표기되어 있어야 한다.
junior 그는 내 후배이자 사랑스러운 아들이다.

□□□
performance
[퍼포먼스]

[파] perform [동] 실행하다
performable [형] 실행할 수 있는

[명] 1. 실행
2. 공연 [유] presentation, exhibition
Your dancing performance was extraordinary.

□□□
resign
[리자인]

[파] resignation [명] 사직

[숙어] **resign from**
사임하다

[동] 1. 사임하다, 그만두다 [유] give up, relinquish
Let's give him one more chance than to resign from the job.
2. 포기하다, 단념하다 [유] abandon

[4단콤보] resign – resigned – resigned – resigning

□□□
role
[롤]

[명] 1. 역할 [유] function
The role of a teacher is to inspire, motivate, encourage and educate learners.
2. 배역 [유] character

□□□
share
[쉐어]

[파] sharer [명] 공유자

[동] 공유하다, 나누다 [유] divide, split, distribute, assign
[명] 몫, 할당량
A fair share should be distributed to all people who work diligently.

[4단콤보] share – shared – shared – sharing

performance 당신의 춤 공연은 놀라웠다.
resign 그를 그 일에서 사임시키는 것보다 한 번 더 기회를 줘보자.
role 선생님의 역할은 학습자들에게 영감을 주고, 동기를 부여하고, 격려하고, 교육하는 것이다.
share 공정한 몫은 부지런하게 일하는 모든 사람들에게 분배되어야만 한다.

□ □ □

supply
[서플라이]

파 supplier 명 공급자

supplies (복수형)

명 지급, 공급 유 provision, distribution, presentation
A free supply of food will be only carried out for low
income earners.
동 공급하다

4단콤보 supply – supplied – supplied – supplying

□ □ □

without
[위드아웃]

전 ~이 없는, ~이 없이
Without fresh water, all living things cannot survive.

□ □ □

baroque
[버로크]

파 baroquely 부 바로크 양식으로

형 바로크식의
The Baroque style is characterized by its intense and
dynamic characteristics.
명 바로크 건축 양식

□ □ □

battlefield
[배틀필드]

명 전쟁터
Many soldiers lost their lives in the battlefield.

supply 무료 음식 공급은 저임금자를 위해서만 실행될 것이다.
without 신선한 물이 없다면, 모든 생물은 살아남을 수 없다.
baroque 바로크 양식의 특징은 강렬하고 역동적인 것이다.
battlefield 많은 군인들이 전쟁터에서 목숨을 잃었다.

□□□
captain
[캡턴]
[파] captainship [명] 주장의 자격

[명] 선장, 수령 [유] chief, leader
The soul is the **captain** and ruler of the life of morals. (Sallust)
[동] 1. 통솔하다, 지휘하다 [유] lead
2. 감독하다
[4단콤보] captain – captained – captained – captaining

□□□
charity
[채러티]

[명] 1. 자선단체, 구제 단체
She donates a considerable amount of money to **charity** every year.
2. 관대, 관용 [유] lenience

□□□
childhood
[차일드훗]

[명] 어린 시절, 아동기
I suffered from asthma during my **childhood**.

□□□
draft
[드래프트]
[파] drafter [명] 초안 작성자

[명] 밑그림, 초고, 초안
The publisher asked me to send the **draft** by tomorrow.
[동] ~의 초고를 쓰다
[형] 초안의
[4단콤보] draft – drafted – drafted – drafting

captain 영혼은 도덕적 삶의 선장이자 지배자이다. (살루스트)
charity 그녀는 매년 상당한 액수의 돈을 자선단체에 기부한다.
childhood 나는 어린 시절에 천식을 앓았다.
draft 출판사는 내게 내일까지 초고를 보내달라고 요청했다.

□ □ □
entry
[엔트리]

파 enter 동 들어가다

entries (복수형)

명 입구, 입장 유 entrance
Please put your umbrella at the entry before entering the room.

□ □ □
justice
[저스티스]

명 1. 정의 유 righteousness 반 injustice
If it were not for injustice, men would not know justice. (Heraclitus)
2. 타당

□ □ □
numerous
[뉴머러스]

파 numerousness 명 무수함
numerously 부 수없이 많이

형 다수의, 수많은 유 abundant, countless, plentiful, copious
Numberous patients are waiting for their doctors in emergency department.

□ □ □
pacific
[퍼시픽]

파 pacify 동 진정시키다
pacifically 부 평화적으로

형 평화적인, 온화한 유 peaceful, irenic
My pacific personality is a merit when I make new friends.

---

entry 우산은 실내에 들어오기 전에 입구에 놓아주세요.
justice 불의가 없다면 인간은 정의를 알지 못할 것이다. (헤라클레이토스)
numerous 수많은 환자들은 응급실에서 의사를 기다리고 있는 중이다.
pacific 나의 온화한 성격은 새로운 친구를 사귈 때 장점이다.

□ □ □
patent
[패튼트]

파 patentability 명 특허권
patentable 형 특허를 받을 수 있는

숙어 apply for a patent (for)
특허를 신청[출원]하다

명 특허, 특허권 유 copyright, franchise, licence
She applied for a patent for her latest invention.
통 ~의 특허를 얻다
형 특허의, 특허권을 가진

(4단콤보) patent – patented – patented – patenting

□ □ □
pump
[펌프]

파 pumpable 형 펌프로 퍼낼 수 있는

숙어 pump A into B
B에 A를 집어 넣다, 주입하다

명 펌프
통 1. 펌프로 공기를 넣다
I pumped air into the flat bicycle wheel.
2. 질문을 퍼붓다

(4단콤보) pump – pumped – pumped – pumping

□ □ □
rename
[리네임]

숙어 be renamed after
~의 이름을 따서 새로운 이름을 짓다

통 새로 이름 짓다, 개명하다
The street was renamed after a celebrity.

(4단콤보) rename – renamed – renamed – renaming

□ □ □
scaffold
[스캐펄드]

명 1. 발판 유 scaffolding
2. 교수대 유 gallows
He made his final argument on the scaffold.
3. 뼈대
통 ~에 발판을 만들다

---

patent 그녀는 최신 발명품에 대한 특허권을 신청했다.
pump 펑크 난 자전거 바퀴에 공기를 주입했다.
rename 그 거리는 유명인 이름을 따서 새로운 이름을 지었다.
scaffold 그는 교수대 위에서 최후 변론을 했다.

□ □ □
seaman
[시맨]

seamen (복수형)

ⓝ 선원, 뱃사람 ⓤ sailor, mariner
He was a merchant seaman and an labor leader.

□ □ □
southern
[서던]

㉤ south ⓝ 남쪽
southernly ⓐ 남쪽에

ⓐ 남쪽의, 남부지방의
Of the 51 states, there are 17 southern states in the United States.
ⓝ 미국 남부 주의 주민

□ □ □
spray
[스프레이]

㉤ sprayer ⓝ 분무기

ⓔⓞⓘ spray insecticide[pesticide]
살충제를 뿌리다

ⓝ 스프레이, 분무기
ⓥ 뿌리다
Spraying pesticide kills both harmful and non-harmful insects.
4단콤보 spray – sprayed – sprayed – spraying

□ □ □
strait
[스트레이트]

㉤ straitness ⓝ 옹색함, 엄함
straiten ⓥ 난처하게 하다
straitly ⓐ 옹색하게, 엄격하게

ⓐ 1. 좁은 ⓤ narrow
　 2. 엄격한 ⓤ strict
ⓝ 해협
The Baring Strait is named after the Russian explorer Vitus Bering.

seaman 그는 상인 선원이자 노동계의 지도자였다.
southern 미국에는 51개의 주 중, 17개의 남부 주가 있습니다.
spray 살충제를 뿌리는 것은 해롭고 해롭지 않은 곤충들 모두 죽인다.
strait 배링 해협은 러시아의 탐험가 Vitus Bering의 이름에서 유래한다.

□ □ □

transport
[트랜스포트]

표 transportation 명 수송, 운송
transportability 명 수송, 추방
transportive 형 수송하는

동 수송하다, 운송하다 유 convey
명 1. 수송, 운송 유 shipment
We will refund all damaged products during transport.
2. 운반 유 conveyance
3. 수송기

(4단콤보) transport – transported – transported – transporting

□ □ □

truck
[트럭]

명 트럭, 화물차
Drivers should be very careful when driving behind trucks.
동 트럭으로 운반하다

(4단콤보) truck – trucked – trucked – trucking

□ □ □

wounded
[운디드]

표 woundless 형 상처가 없는
wounding 형 마음을 상하게 하는

형 1. 다친
The wounded passengers were taken to the hospital.
2. 손상된, 훼손된 유 injured, marred, impaired
명 부상자

(4단콤보) wound – wounded – wounded – wounding

transport 운송 중에 파손된 제품은 모두 환불해 드립니다.
truck 운전자는 트럭 뒤에서 운전할 때 상당히 조심해야 한다.
wounded 다친 승객들은 병원으로 이송되었다.

□□□
achieve
[어치브]
[파] achievement [명] 성취, 달성

[동] 달성하다, 성취하다 [유] accomplish, perform, carry out
I **achieved** one of my goals sooner than I thought.
[4단콤보] achieve - achieved - achieved - achieving

□□□
alone
[얼론]

[형] 홀로이, 외로운
[부] 1. 혼자서, 홀로 [유] by oneself
He decided to leave the world behind and live **alone** in the mountains.
2. 오직 [유] only

□□□
animation
[애너메이션]
[파] animate [동] 생기를 불어넣다
animate [형] 살아 있는

[명] 1. 생기, 활기 [유] life, spirit
2. 애니메이션, 만화(제작)
Most children like **animation** characters.

□□□
aptly
[앱틀리]
[파] apt [형] 적절한
aptitude [명] 소질, 적성

[부] 적절히, 형편 좋게 [유] well
He was **aptly** described in the novel as a kind and wise man.

achieve 나는 생각했던 것 보다 의외로 빨리 나의 목표들 중 하나를 **달성했다**.
alone 그는 세상을 등지고 산에서 **혼자서** 살기를 결정했다.
animation 대부분의 아이들은 **애니메이션** 캐릭터를 좋아한다.
aptly 그는 그 소설 속에서 친절하고 현명한 사람으로 **적절하게** 묘사가 되었다.

□ □ □

arrange
[어레인지]

파 arrangement 명 준비, 마련
arrangeable 형 수습 가능한

숙어 arrange meeting
미팅(회의, 만남)을 준비하다

동 1. 약속을 정하다
We need to arrange next meeting as soon as possible.
2. 배열하다 유 order, sort, classify

4단콤보 arrange – arranged – arranged – arranging

□ □ □

rare
[레어]

파 rarity 명 희귀성
rarely 부 드물게

rarer (비교급)/rarest (최상급)

형 드문, 진귀한 유 uncommon, unusual, sparse
It is rare to see smokers smoking inside the building.

□ □ □

attempt
[어템프트]

명 1. 시도, 기도 유 trial
The new attempt was socially unconventional.
2. 공격
동 1. 시도하다 유 try
2. 습격하다 유 attack

4단콤보 attempt – attempted – attempted – attempting

---

arrange 우리는 되도록 빨리 다음 모임 약속을 정할 필요가 있다.
rare 건물 안에서 흡연자들이 흡연을 하는 것을 보는 것은 드물다.
attempt 그 새로운 시도는 사회적으로 파격적이었다.

brave
[브레이브]

파 braveness 명 용감함
　bravely 부 용감하게

braver (비교급)/bravest (최상급)

형 1. 용감한, 씩씩한 유 courageous, gallant
　　All are brave when the enemy flies.
　2. 훌륭한 유 having a fine appearance
명 대담한 사람
동 용감하게 맞서다, 무릅쓰다 유 risk

4단콤보 brave – braved – braved – braving

breed
[브리드]

동 양육하다, 기르다 유 rear, tend, farm, care for
　Many dog lovers do not want to breed their dogs in a
　small house.
명 품종, 유형

4단콤보 breed – bred – bred – breeding

brief
[브리프]

briefer (비교급)/briefest (최상급)

숙어 in brief
　간단히 말해서

형 1. 간단한, 간결한 유 terse, concise
　2. 짧은 시간의, 잠시의
부 짤막하게, 간결하게 유 briefly
　In brief, today's meeting was a great success.
명 보고서
동 1. 작성하다 유 summarize
　2. 사건의 내용을 알려주다

4단콤보 brief – briefed – briefed – briefing

---

brave 적이 달아날 때는 누구나 용감하다.
breed 많은 애견가들은 조그마한 집에서 강아지들을 기르기를 원하지 않는다.
brief 간단히 말해서, 오늘 모임은 대성공이었어.

□□□

circuit

[서킷]

㉺ circuitous ⓐ 우회하는

circuital ⓐ 순회적인

（숙어） make[do] a circuit of

순회(여행을)하다, 일주하다

ⓝ 순회, 순행 🔁 circular journey, round

It will take them two years to make a circuit of the world by car.

□□□

commit

[커밋]

㉺ commissional ⓐ 위원회의

commissionary ⓐ 위원회에 관한

ⓥ 행하다, 저지르다 🔁 do, carry out

Those who can make you believe absurdities can make you commit atrocities. (Voltaire)

（4단콤보） commit – committed – committed – committing

□□□

compress

[컴프레스]

㉺ compression ⓝ 압축, 압착

compressive ⓐ 압축의

ⓥ 1. (공기·가스 등을) 압착하다, 압축하다 🔁 condense

Compressing so many files can reduce your computer's capacity.

2. 요약하다

ⓝ 압박대, 압박붕대

（4단콤보） compress – compressed – compressed – compressing

circuit 그들이 자동차로 세계를 순회하는 데는 2년이 걸릴 것이다.

commit 네게 부조리를 믿게 만든 사람들은 네가 포악한 행위도 저지르게 만들 수 있다. (볼테르)

compress 많은 파일을 압축하면 컴퓨터 용량을 줄일 수 있다.

☐ ☐ ☐

conference
[칸퍼런스]

㈜ confer 🄳 상의하다
conferential 🄰 회의의

🄰 회의, 회담 🄵 meeting, discussion, convention, forum
The conference was very well organized.

☐ ☐ ☐

contemporary
[컨템퍼레리]

🄰 1. 현대의, 당대의 🄵 existing
Contemporary art is the art of today.
2. 같은 시대[시기]의
🄽 같은 시대의 사람

☐ ☐ ☐

contrast
[컨트래스트]

㈜ contrastable 🄰 대조할 수 있는
contrasty 🄰 명암이 심한
contrastive 🄰 대조하는

🅂🄴 contrast A with B
A와 B를 대조시키다

🄽 대조, 대비 🄵 opposition, comparison, distinction
🄳 대조하다, 대비시키다
If you contrast his early painting with his later work, you can see how he has used a variety of colors.
(4단콤보) contrast – contrasted – contrasted – contrasting

☐ ☐ ☐

crime
[크라임]

㈜ criminate 🄳 ~에게 죄를 씌우다
criminal 🄰 범죄의

🄽 죄, 범죄
Many crimes have been prevented by advanced technology.
🄳 처벌하다

---

conference 그 회의는 아주 잘 준비되었다.
contemporary 현대 미술은 오늘날의 예술이다.
contrast 만약 당신이 그의 초기 그림을 그의 후기 작품과 대조한다면, 당신은 그가 어떻게 다양한 색을 사용했는
　　　　　지 알 수 있다.
crime 많은 범죄들이 발전된 기술에 의해 예방되어 왔다.

□ □ □
debut
[데이뷰]

ⓥ 데뷔하다, 첫발을 디디다
They debut as a singer and an actor.
ⓝ 첫 출연 ⓤ beginning, coming out, entrance
ⓐ 첫 출연(무대)의

□ □ □
deficiency
[디피션시]

ⓟ deficient ⓐ 부족한

deficiencies (복수형)

ⓝ 1. 결핍 ⓤ lack
　 2. 부족 ⓤ insufficiency, shortage
　　 Students who study should be careful because they
　　 may have vitamin deficiencies.

□ □ □
depict
[디픽트]

ⓟ depicter ⓥ 그리다
　 depiction ⓝ 묘사, 서술
　 depictive ⓐ 묘사적인

ⓥ 묘사하다, 표현하다, 그려내다 ⓤ draw, paint, portray,
describe
How can she depict her inner beauty?
(4단콤보) depict – depicted – depicted – depicting

□ □ □
diplomatic
[디플러매틱]

ⓟ diplomatically ⓤ 외교적으로

ⓐ 외교상의, 외교관에 관한
The country has always had diplomatic disputes with
countries adjacent to the border.

---

debut　그들은 가수와 배우로 데뷔한다.
deficiency　공부하는 학생들은 비타민 부족이 생길 수 있으니 조심해야 한다.
depict　어떻게 그녀는 자신의 내적인 아름다움을 묘사할 수 있을까?
diplomatic　그 나라는 국경과 인접한 국가와 외교상의 분쟁이 늘 있어왔다.

□ □ □

distinct
[디스팅크트]

파 distinction 명 차이

distinguish 동 구별하다

형 1. 확실한, 뚜렷한, 분명한 유 plain

Korea has four distinct seasons.

2. 독특한 유 individual

□ □ □

distribute
[디스트리뷰트]

파 distribution 명 분배, 방식

distributable 형 분배할 수 있는

distributive 형 유통의

구문 distribute A to B

A를 B에 배급하다

동 나누어 주다, 분배[배급]하다 유 allot, deal out

The charity distributed free meals to those in need.

4단콤보 distribute – distributed – distributed –
distributing

□ □ □

eject
[이젝트]

파 ejection 명 분출

구어 be ejected from
~에서 퇴출되다

동 1. 쫓아내다, 추방하다 유 drive out, expel

Children were ejected from the restaurant.

2. 퇴거시키다 유 evict

명 투사

4단콤보 eject – ejected – ejected – ejecting

---

distinct 한국은 뚜렷한 4계절이 있다.

distribute 그 자선단체는 도움이 필요한 사람에게 무료 급식을 배급했다.

eject 아이들은 식당에서 쫓겨났다.

□□□

emerge
[이머지]

파 emergence 명 출현, 발생
　emergent 형 신생의, 신흥의
　emerging 형 최근 생겨난

숙어 emerge into
　~에서 나오다

동 1. 나오다, 나타나다 유 come up, appear
　Faith is the strength by which a shattered world shall emerge into the light. (Helen Keller)
　2. 드러나다, 밝혀지다 유 come to light

(4단콤보) emerge – emerged – emerged – emerging

□□□

entrepreneur
[안트러프러너]

파 entrepreneurial 형 기업가의

명 기업가
She is a singer and entrepreneur.

□□□

equal
[이퀄]

파 equality 명 평등, 균등
　equalize 동 동등하게 하다
　equally 부 동일하게

숙어 equal to
　…와 같은, …를 감당할 수 있는

형 1. 같은, 동등한 유 identical
　Have no friends not equal to yourself. (Confucius)
　2. 대등한, 균등한 유 equable
명 동등[대등]한 사람
동 ~와 같다

(4단콤보) equal – equalled(equaled) – equalled(equaled)
　– equalling(equaling)

emerge　믿음은 산산조각 난 세상을 빛으로 나오게 하는 힘이다. (헬렌 켈러)
entrepreneur　그녀는 가수이자 기업가이다.
equal　자기보다 동등하지 못한 자를 벗으로 삼지 말라. (공자)

□ □ □
fame
[페임]

파 fameless 형 이름 없는
famous 형 유명한
famed 형 저명한

명 1. 명성 유 renown
His fame was exaggerated by his friends.
2. 소문 유 rumor
동 ~의 명성을 떨치다

□ □ □
flea
[플리]

명 벼룩
I have an itch on my neck from a flea bite.

□ □ □
fuel
[퓨얼]

명 연료
Driving a small car is an advantage in terms of fuel efficiency.
동 연료를 구하다
(4단콤보) fuel – fuelled(fueled) – fuelled(fueled) – fuelling(fueling)

□ □ □
graduate
[그래주어트]

파 graduation 명 졸업

명 졸업생
Most applicants are university graduates.
형 학사학위를 받은
동 졸업하다
(4단콤보) graduate – graduated – graduated – graduating

---

fame 그의 명성은 친구들에 의해 과장되었다.
flea 벼룩에 물려서 나는 목이 가렵다.
fuel 소형차를 운전하는 것은 연료 효율성의 관점에서 유리하다.
graduate 대부분의 지원자들은 대학 졸업생이다.

☐☐☐

hormone

[호몬]

[파] hormonal [형] 호르몬의
hormonic [형] 호르몬을 함유하는

[명] 호르몬
Hormones control activities throughout the body.

☐☐☐

huge

[휴지]

[파] hugeness [명] 거대함
hugely [부] 엄청나게, 극도로

huger (비교급)/hugest (최상급)

[형] 거대한, 막대한 [유] enormous, gigantic
A huge tsunami is destroying the city.

☐☐☐

humble

[험블]

[파] humbleness [명] 겸손함, 하찮음
humbler [명] 겸손한 사람
humblingly [부] 겸손하게

[형] 1. 겸손한 [유] modest
2. 초라한, 보잘 것 없는 [유] shabby, mean
Home is home, be it ever so humble.
[동] 천하게 하다, 낮추다 [유] abase
[4단콤보] humble – humbled – humbled – humbling

☐☐☐

illness

[일니스]

[파] ill [형] 아픈

[명] 질병 [유] sickness, disease, malady
Mental illness occurs from stress.

hormone 호르몬은 몸 전체의 활동을 통제한다.
huge 거대한 쓰나미가 도시를 파괴하고 있다.
humble 아무리 보잘 것 없다 할지라도 집과 같은 곳은 없다.
illness 정신 질환은 스트레스에서 발생한다.

☐ ☐ ☐

inclination
[인클러네이션]

피 incline 동 ~쪽으로 기울다
inclinational 형 의향

숙어 **inclination to do**
~하고 싶은 기분(의향)

명 1. 의향
Most people don't have inclination to evaluate everything they are told.
2. 경향, 성향, 기질

☐ ☐ ☐

load
[로드]

명 짐, 적하 유 burden
동 짐을 싣다, 장전하다 반 unload
Their job is to load their luggage onto the truck.

(4단콤보) load – loaded – loaded – loading

☐ ☐ ☐

malicious
[멀리셔스]

피 maliciously 부 악의를 갖고

형 악의의, 악의적인, 악성의 유 spiteful, malevolent, rancorous, vengeful
Malicious rumors can hurt innocent people.

☐ ☐ ☐

murder
[머더]

피 murderer 명 살인범
murderous 형 살인의

숙어 **committed murder**
살인을 저지르다

명 살인, 살해
He committed murder.
동 죽이다, 살해하다 유 kill, slaughter

(4단콤보) murder – murdered – murdered – murdering

---

inclination 대부분의 사람들은 그들이 들은 모든 것을 평가할 의향이 없다.
load 그들의 직업은 짐을 트럭에 싣는 것이다.
malicious 악의적인 루머는 무고한 사람들을 해칠 수 있다.
murder 그는 살인을 저질렀다.

□□□
nickname
[닉네임]

[명] 별명
High school friends called their **nicknames** instead of their real names.

[동] 별명을 붙이다

[4단콤보] nickname – nicknamed – nicknamed – nicknaming

□□□
notable
[노터블]

[파] notability [명] 유명함
note [명] 메모
notably [부] 특히

[숙어] **be notable for**
~로 유명하다

[형] 1. 주목할 만한 [유] noteworthy
2. 유명한, 저명한 [유] distinguished, remarkable, famous
London is **notable** for soccer.

[명] 유명 인물, 주요 인물

□□□
patron
[페이트런]

[파] patronize [동] 가르치려 들다
patronal [형] 보호자의

[명] 1. 후원자 [유] sponsor
Is there a **patron** who can support our music band?
2. 보호자, 고객

nickname 고등학교 친구들은 실제 이름 대신에 별명을 불렀다.
notable 런던은 축구로 유명하다.
patron 우리 음악 밴드를 지원할 수 있는 후원자가 있을까?

□ □ □
period
[피어리어드]

[파] periodic ⓐ 주기적인
periodical ⓐ 정기 간행의

Q01 loan period
융자(대출) 기간

ⓝ 1. 기간
The average loan period is two weeks in our bank.
2. 시기, 시대
3. 주기
ⓐ 어떤 시대의, 역사상의 일을 다룬

□ □ □
pirate
[파이어럿]

[파] piratical ⓐ 해적의

ⓝ 1. 해적 ⓤ sea robber
The pirate captain ordered the crew to go ashore.
2. 약탈자 ⓤ plunderer
3. 표절하는 사람 ⓤ piagiarist
ⓥ 1. 약탈하다
2. 표절하다 ⓤ plagiarize
4단꿀보 pirate – pirated – pirated – pirating

□ □ □
politics
[팔러틱스]

[파] political ⓐ 정치와 관련된

ⓝ 정치, 정치학 ⓤ political science
The Chosun dynasty has a great impact on Korean politics.

□ □ □
portrait
[포트릿]

[파] portraitist ⓐ 초상화 제작자
portray ⓥ 그리다

ⓝ 1. 초상(화), 인물상 ⓤ statue
The face is the portrait of the mind; the eyes, its informers.
2. 서술

---

period 평균 융자 기간은 우리 은행에서는 2주이다.
pirate 해적 선장은 육지로 가자고 선원들에게 명령했다.
politics 조선 왕조는 한국 정치에 커다란 영향력을 끼친다.
portrait 얼굴은 마음의 초상, 눈은 그 마음의 밀고자이다.

□ □ □
pronounce
[프러나운스]

파 pronunciation 명 발음
　　pronouncement 명 공표

통 1. 발음하다 유 articulate
　　Which word do babies pronounce first, mother or
　　father?
　　2. 선언하다 유 announce formally, deliver
(4단콤보) pronounce – pronounced – pronounced –
　　pronouncing

□ □ □
prototype
[프로우터타입]

명 1. 원형 유 original type 반 ectype
　　The Wright brothers' efforts became the prototype
　　of a modern airplane.
　　2. 모범 유 model, pattern

□ □ □
realism
[리얼리즘]

명 현실주의, 사실주의
Realism is known as a theory that claims to explain
the reality of international politics.

□ □ □
relentless
[릴렌틀리스]

파 relentlessly 부 가차없이

형 1. 무정한, 무자비한, 잔인한 유 cruel
　　2. 집요한, 끊임없는 유 constant
　　The gambler was seized with relentless ambition.

---

pronounce　아기들은 엄마와 아빠 중 어떤 단어를 가장 먼저 발음할까?
prototype　라이트 형제의 노력은 현대 비행기의 원형이 되었다.
realism　현실주의는 국제 정치의 현실을 설명하는 이론으로 알려져 있다.
relentless　그 노름꾼은 끊임없는 욕망에 사로잡혔다.

□ □ □
relief
[릴리프]

파 relieve 용 없애주다

명 1. 안도, 안심
I shed tears of joy and relief when I heard of her passing.
2. 제거, 경감
This medicine can give quick relief from pain.

sizeable
(size)
[사이저블]

형 꽤 큰(많은), 상당한 유 considerable
The country has sizeable oil reserves.

□ □ □
solar
[솔러]

파 solarize 용 지나치게 노출시키다

형 태양의
Solar energy is renewable.
명 태양 에너지

□ □ □
storm
[스톰]

파 stormless 형 폭풍우가 없는
stormy 형 폭풍우가 몰아치는
stormlike 형 폭풍우 같은

명 1. 폭풍(우)
I am not afraid of storms for I am learning how to sail my ship. (Helen Keller)
2. 소동
동 1. 폭풍우치다
2. 고함치다
(4단콤보) storm – stormed – stormed – storming

---

relief 나는 그녀의 합격 소식을 듣고 기쁨과 안도의 눈물이 흘렸다. / 이 약은 통증을 없애는 데 즉효일 수 있다.
sizeable 그 나라는 상당한 석유 매장량을 가지고 있다.
solar 태양 에너지는 재생 가능하다.
storm 나는 폭풍이 두렵지 않다. 나의 배로 항해하는 법을 배우고 있으니까. (헬렌 켈러)

□ □ □
subsequent
[섭시퀀트]

㉠ subsequently ⬛ 그 뒤에, 나중에

㉠ 다음의, 그 후의
We haven't seen each other in subsequent years.

□ □ □
superb
[수퍼브]

㉠ superbly ⬛ 아주 훌륭하게

㉠ 훌륭한, 멋진, 눈부신 ⬛ splendid, sumptuous
The soccer player scored a superb goal.

□ □ □
superior
[서피어리어]

㉠ superiority ⬛ 우월성, 우세
superiorly ⬛ 우세하게

⬛ superior to
~보다 뛰어난

㉠ 우월한, 뛰어난, 보다 나은 ⬛ better
According to studies, girls are usually superior to boys in terms of language acquisition.
㉠ 1. 뛰어난 사람
2. 상관

□ □ □
theft
[쎄프트]

㉠ thieve ⬛ 훔치다

㉠ 도둑질, 절도 ⬛ stealing
The man was arrested on charges of theft of an expensive necklace.

---

subsequent　우리는 그 후 몇 년 동안 만나지 못했다.
superb　그 축구 선수는 멋진 골을 넣었다.
superior　연구에 따르면, 언어 습득에 있어 여학생이 보통 남학생보다 우월하다.
theft　그 남자는 고가의 목걸이 절도 혐의로 체포되었다.

□ □ □

unremarkable
[언리마커블]

형 특별할 것 없는, 평범한 유 normal
I feel like I am living a very unremarkable life because I do the same thing every day.

□ □ □

vessel
[베설]

파 vesselled 형 배에 실은

명 1. 배
Where the water is shallow, no vessel will ride.
2. 그릇

□ □ □

violent
[바이얼런트]

파 violence 명 폭행, 폭력
violently 부 격렬하게, 맹렬히

형 1. 난폭한, 폭력적인 유 boisterous, impetuous, strong
Residents reported violent teenagers to the police station.
2. 세찬, 격렬한, 맹렬한

□ □ □

welfare
[웰페어]

명 복지, 행복 유 well-being, prosperity
The Ministry of Health and Welfare gave free vaccines to those in need.

---

unremarkable 나는 매일 똑같은 일을 하기 때문에 나는 특별한 것 없는 삶을 살고 있다고 느낀다.
vessel 물이 얕으면 배가 가지 못한다.
violent 주민들은 난폭한 청소년들을 경찰서에 신고했다.
welfare 보건복지부는 도움이 필요한 사람들에게 백신을 무료로 지급했다.

□ □ □
aboard
[어보드]

- 🔵 배로, 승선하여
- 🔵 ~을 타고
- 🔵 탑승한, 승선한

Due to this plane crash, all passengers aboard were killed.

□ □ □
absence
[앱선스]

피 absent 🔵 결석한

인 absence from
~을 쉬는 일, ~에 참가하지 않는 것

- 🔵 부재, 결석 🔵 being away

Her latest absence from school was unintentional.

□ □ □
accomplish
[어캄플리쉬]

피 accomplished 🔵 기량이 뛰어난
accomplishment 🔵 재주, 기량

- 🔵 1. 완성하다 🔵 carry out

Our team has to accomplish the project by next week.

2. 성취하다

4단콤보 accomplish – accomplished – accomplished – accomplishing

□ □ □
acknowledge
[액날리지]

피 acknowledgment 🔵 승인, 시인

- 🔵 인정하다, 승인하다 🔵 admit, confess

If you wish your merit to be known, acknowledge that of other people.

4단콤보 acknowledge – acknowledged – acknowledged – acknowledging

---

aboard   이 비행기 사고로, 탑승객 전원이 사망했다.
absence   그녀의 가장 최근의 결석은 의도적이지 않았다.
accomplish   우리 팀은 다음 주까지 그 프로젝트를 완성해야 한다.
acknowledge   너의 장점이 알려지길 원하면 남의 공적을 인정하라.

□ □ □
advocate
[애드버케이트]

파 advocacy 명 지지, 변호
advocative 형 옹호하는
advocatory 형 변호의

명 옹호자 유 defender
동 1. 주장하다, 고취하다
　 2. 변호하다, 옹호하다 유 plead for
　 We advocated liberal democracy.

4단콤보 advocate – advocated – advocated –
　 advocating

□ □ □
afterward
[애프터워드]

부 뒤에, 그 후
There is no abstract art. You must always start with
something. Afterward you can remove all traces of
reality. (Pablo Picasso)

□ □ □
asset
[애셋]

명 자산, 재산
Historical buildings are cultural assets that should be
preserved with care.

□ □ □
batch
[배치]

명 한 무리, 한 묶음
A batch of students graduate every winter.
동 함께 묶다

4단콤보 batch – batched(bached) – batched(bached) –
　 batching(baching)

---

advocate　우리는 자유민주주의를 옹호했다.
afterward　추상 예술이라는 것은 존재하지 않는다. 당신은 항상 어딘가에서부터 출발해야 한다. 그 후 현실의 모
　　든 흔적을 지울 수 있다. (파블로 피카소)
asset　역사적인 건물들은 조심스럽게 보존되어야 하는 문화적 자산이다.
batch　한 무리의 학생들이 매년 겨울 졸업한다.

□ □ □
branch
[브랜치]

📖 branchy 📗 가지가 많은
  branchless 📗 가지가 없는

🔵 **branch office**
  지점, 지사, 지국, 지부, 출장소

📗 1. 가지
  2. 지점, 지사
     Our company is planning to establish a branch office in America.
  3. 분기
📘 1. 가지가 뻗다, 가지가 퍼지다 🔁 spread, ramify
  2. 갈라지다 🔁 bifurcate, fork

(4단콤보) branch – branched – branched – branching

□ □ □
bronze
[브란즈]

📖 bronzy 📗 청동의

📗 청동, 청동 제품
📗 청동의
  He won one gold, two silver, and three bronze medals.
📘 청동색으로 하다, 단단하게 하다

□ □ □
captive
[캡티브]

📗 포로 🔁 prisoner
📗 포로가 된, 사로잡힌
  Better be a free bird than a captive king.

□ □ □
catch
[캐치]

📘 1. 잡다
  2. 붙들다, 붙잡다 🔁 grip, get hold of
  3. 타다
     We got off the bus to catch the subway.
📗 잡기, 포획물

(4단콤보) catch – caught – caught – catching

---

branch   우리 회사는 미국에 지사를 만들 계획이다.
bronze   그는 금메달 한 개, 은메달 두 개, 그리고 동메달 세 개를 땄다.
captive 포로가 된 왕보다 자유로운 새가 더 낫다.
catch   우리는 그 지하철을 타기 위해 버스에서 내렸다.

□ □ □

clerk
[클러크]

<small>파</small> clerical <small>형</small> 사무직의

<small>명</small> 점원, 사무원, 행원
She worked as a clerk of bookstores.
<small>동</small> 사무원으로 근무하다

4단콤보 clerk – clerked – clerked – clerking

□ □ □

coast
[코스트]

<small>파</small> coastal <small>형</small> 해안의
coastward <small>부</small> 해안쪽의
coastally <small>부</small> 해안을 따라서

<small>명</small> 연안, 해안, 바닷가 <small>유</small> seashore, shore
Many fish are mostly found on the southern coast.
<small>동</small> 전진하다

4단콤보 coast – coasted – coasted – coasting

□ □ □

communicate
[커뮤너케이트]

<small>파</small> communicator <small>명</small> 전달자
communicative <small>형</small> 말을 잘 하는
communicatory <small>형</small> 통신의

<small>동</small> 1. 통신하다, 전달하다
　　2. 소통하다
Observe Everything. Communicate Well. Draw,
Draw, Draw. (Frank Thomas)

4단콤보 communicate – communicated – communicated
　　　　 – communicating

---

clerk　그녀는 서점에서 점원으로 일했다.
coast　많은 물고기들이 주로 남해안에서 발견된다.
communicate　모든 것을 관찰하세요. 잘 소통하세요. 그림을 그리고, 그리고, 또 그리세요. (프랭크 토마스)

□□□
court
[코트]

[파] courtly [형] 공손한

[명] 1. 법원
Our chairman was contacted to appear in court tomorrow.
2. 판사
3. 안마당, 안뜰 [유] courtyard
4. 경기장, 궁정
[동] 고소하다
[형] 궁정의
[4단콤보] court - courted - courted - courting

□□□
co-worker
[코워커]

[명] 동료 [유] fellow worker
We are co-workers but compete in good faith.

□□□
declaration
[데클러레이션]

[파] declare [동] 선언하다
declarative [형] 서술문의
declaratory [형] 선언의

[명] 1. 선언, 선언문 [유] announcement
The Universal Declaration of Human Rights covers the values of human dignity, equality and freedom.
2. 고지

□□□
depression
[디프레션]

[파] depress [동] 우울하게 만들다
depressive [형] 우울증의

[명] 1. 침울, 우울 [유] low spirits, gloom
She suffered from severe depression after breaking up with her boyfriend.
2. 억압

court 우리 회장님은 내일 법원에 출두하라고 연락을 받았다.
co-worker 우리는 동료지만 선의의 경쟁을 한다.
declaration 세계 인권 선언문에는 인간 존엄성, 평등, 자유의 가치와 관련된 내용을 다루고 있다.
depression 그녀는 남자친구와 이별한 후 심한 우울증에 시달렸다.

☐ ☐ ☐
donate
[도네이트]

파 donator 명 기부자

동 기부하다, 기증하다 유 contribute, endow
There are many people who donate food, money, blood, books or body organs to help others.

(4단콤보) donate – donated – donated – donating

☐ ☐ ☐
double
[더블]

파 doubleness 명 중복성

형 갑절의, 두 곱의, 두 배의
부 갑절로, 두 배만큼
명 곱, 배, 두 배(의 수·양)
동 두 배로 하다, 두 배가 되다
The demographer estimated that the elderly population would double within a decade.

(4단콤보) double – doubled – doubled – doubling

☐ ☐ ☐
earthquake
[어스퀘이크]

명 1. 지진 유 quake
Frequent earthquakes occur in Japan.
2. 대변동

☐ ☐ ☐
endorsement
[인도스먼트]

명 1. 배서, 이서 유 enfacement
Endorsement is a convenient method of transfer recognized by law to promote the circulation of bills.
2. 보증, 확인 유 approval

---

donate 다른 사람들을 돕기 위해 음식, 돈, 혈액, 책 또는 신체 기관을 기증하는 많은 사람들이 있다.
double 인구통계학자는 십 년 이내에 노인 인구가 두 배가 될 것이라고 추측했다.
earthquake 일본에서는 지진이 자주 일어난다.
endorsement 배서는 어음의 유통을 조장하기 위하여 법이 인정하고 있는 간편한 양도방법이다.

□□□

entitle

[인타이틀]

[파] entitlement [명] 자격

[동] 1. ~에 명칭을 붙이다

Soccer fans all over the world **entitled** Lionel Messi 'God of Soccer'.

2. ~에 권리[자격]를 주다

[4단콤보] entitle - entitled - entitled - entitling

□□□

envious

[엔비어스]

[파] enviousness [명] 부러움
envy [명] 부러움

[형] 질투하는, 부러워하는

The **envious** man grows lean when his neighbor waxes fat. (Horace)

□□□

era

[이어러]

[명] 연대, 시대

How many a man has dated a new **era** in his life from the reading of a book. (Henry David Thoreau)

□□□

essential

[이센셜]

[파] essence [명] 본질
essentiality [명] 본성, 본질

[숙어] **be essential to[for]**
~에 필요하다

[형] 1. 필수적인, 본질적인, 근본적인

2. 중요한, 주요한 [유] important

Proper hydration is **essential** to your survival.

3. 실질의 [유] substantial

[명] 본질적 요소

entitle 전 세계의 축구 팬들은 Lionel Messi를 '축구의 신'이라는 명칭을 붙였다.
envious 질투심 많은 사람은 이웃 사람들이 살이 찔 때 마르게 된다. (호라티우스)
era 한 권의 책을 읽음으로써 자신의 삶에서 새 시대를 본 사람이 너무나 많다. (헨리 데이비드 소호)
essential 적절한 수분공급은 생존에 중요하다.

□ □ □

factory
[팩터리]

factories (복수형)

- 몡 공장
  Many people work in this factory.
- 혱 공장의

□ □ □

flood
[플러드]

- 몡 홍수
  The price of crops has soared after the flood and typhoon.
- 동 1. 범람시키다 🔁 inundate
  2. 물이 나다 🔁 overflow
  (4단콤보) flood – flooded – flooded – flooding

□ □ □

fur
[퍼]

파 furless 혱 털이 없는
　furry 혱 털로 덮인

- 몡 모피
  Anti-fur campaigners shouted for animal protection.
- 혱 모피의
- 동 ~에 모피를 붙이다
  (4단콤보) fur – furred – furred – furring

□ □ □

grandparent
[그랜드페어런트]

파 grandparental 혱 조부모의

- 몡 조부모
  The children were raised by their grandparents.

---

factory　많은 사람들이 이 공장에서 일한다.
flood　농작물의 가격은 홍수와 태풍 이후 치솟았다.
fur　모피 반대 운동가들은 동물 보호를 외쳤다.
grandparent　그 아이들은 조부모에 의해서 길러졌다.

□ □ □

harmful
[함펄]

숙어 be harmful to
~에 해롭다

형 유해한, 해로운 **유** injurious
Will global warming be harmful to the Earth?

□ □ □

headmistress
[헤드미스트리스]

명 여교장
The headmistress of my school is intelligent.

□ □ □

heritage
[헤리티지]

명 유산, 유전, 전통
Father's virtue is the best heritage for his child.

□ □ □

impress
[임프레스]

파 impression 명 인상
impressive 형 인상적인

동 1. 깊은 인상을 주다
2. 감동을 주다
Her speech impressed me.

4단콤보 impress – impressed – impressed – impressing

---

harmful 과연 지구 온난화는 지구에 해로울까?
headmistress 우리 학교의 여교장 선생님은 총명하시다.
heritage 아버지의 덕행은 그의 아이를 우한 최상의 유산이다.
impress 그녀의 연설은 나에게 감동을 주었다.

□□□
inappropriate
[이너프로프리어트]

숙어 be inappropriate for
~에 부적절하다

형 부적절한, 어울리지 않는, 맞지 않는 **유** unsuitable, incongruous
Such words and actions are inappropriate for children.

□□□
injured
[인저드]

숙어 be injured(harmed, damaged)
부상당하다

형 1. 부상을 입은, 다친 **유** harmed, damaged
People are injured after the earthquake.
2. 손해를 입은

□□□
involve
[인발브]

파 involver **명** 연루자
involvement **명** 관련, 관여

동 포함하다, 수반하다 **유** entail, imply, occasion
Living as a mother often involves devotion to her family.
4단콤보 involve – involved – involved – involving

□□□
landscape
[랜드스케입]

명 풍경, 경치, 전망 **유** view
Most of Europe coexists with classical and modern landscapes.
동 조경하다
4단콤보 landscape – landscaped – landscaped – landscaping

---

inappropriate 그런 말과 행동은 아이들에게 부적절하다.
injured 사람들이 지진 후에 부상을 입었다.
involve 엄마로서 사는 것은 가족에 대한 헌신을 수반한다.
landscape 대부분의 유럽은 고전과 현대적인 풍경이 같이 공존한다.

☐ ☐ ☐

mammal

[매멀]

파 mammalian 형 포유류의

명 포유동물

What is the largest mammal in the world?

☐ ☐ ☐

master

[매스터]

파 mastery 명 숙달

　　masterless 형 주인 없는

　　masterly 형 거장다운

명 1. 고용주 유 employer

　　2. 주인, 선생 유 teacher, school-master

형 1. 지배자의, 주인의

　　2. 최상의 유 chief, principal

동 1. ~을 완전히 익히다, 숙달하다, 통달하다

　　It takes a fair amount of time to master a new language.

　　2. 지배하다

　　3. (동물을) 길들이다 유 tame

4단콤보 master – mastered – mastered – mastering

☐ ☐ ☐

mate

[메이트]

파 mateship 명 동료 의식

　　mateless 형 배우자가 없는

명 친구, 짝

He is one of my best mates.

동 짝짓기를 하다

4단콤보 mate – mated – mated – mating

mammal　세상에서 가장 큰 포유동물은 무엇이니?

master　새로운 언어에 숙달하는 데는 상당한 시간이 걸린다.

mate　그는 나의 가장 친한 친구 중 한 명이다.

□□□

mature

[머튜어]

[파] maturity [명] 성숙함
maturely [부] 성숙하여

maturer (비교급)/maturest (최상급)

[형] 성숙한, 다 자란 [유] ripe, fully developed, full-grown
There are many books about how to foster young people to be mature social beings.

[동] 성숙하게 하다, 충분히 발달시키다 [유] ripen, develop

[4단콤보] mature - matured - matured - maturing

□□□

medicine

[메더신]

[파] medical [형] 의학의
medicinal [형] 약효가 있는

[명] 의학, 의술
The innovation of medicine has led to the treatment of most cancers.

[동] 약으로 치료하다

□□□

minor

[마이너]

[형] 1. 소수의
Peter is from one of the minor tribes In Nigeria.
2. 중요치 않은

[명] 1. 미성년자
2. 단조, 단음계

[동] 부전공으로 연구하다

[4단콤보] minor - minored - minored - minoring

mature 젊은이들이 성숙한 사회적 인간이 되도록 장려하는 방법에 관한 많은 책이 있다.
medicine 의학 혁신의 대부분의 암 치료로 이어졌다.
minor Peter는 나이지리아의 소수 부족들 중 한 곳에서 왔다.

□ □ □
needy
[니디]

needier (비교급)/neediest (최상급)

형 가난한, 곤궁한 유 poor
A national scholarship should be given to needy students.

□ □ □
nephew
[네퓨]

명 조카, 자손 유 descendant
My nephew is as brave as a tiger.

□ □ □
net
[넷]

파 netty 형 그물 모양의

명 1. 그물
    Many fish were caught in the net.
  2. 순익
형 1. 에누리 없는 유 gross
  2. 최종적인
동 1. 잡다
  2. 획득하다

(4단콤보) net – netted – netted – netting

□ □ □
network
[네트워크]

파 networked 형 네트워크화한

명 계통, 통신망
Our company has set up an internal network to increase work efficiency.
동 1. 그물 모양으로 짜다
  2. 통신망을 구축하다

(4단콤보) network – networked – networked – networking

needy 국가 장학금은 가난한 학생에게 지급되어야 한다.
nephew 내 조카는 호랑이만큼 용감하다.
net 그물에 많은 물고기가 잡혔다.
network 우리 회사는 업무 효율성을 증가시키기 위해 내부 통신망을 구축했다.

□□□
outstanding
[아웃스탠딩]

파 outstandingness 명 우수함
outstandingly 부 현저히

형 1. 뛰어난, 눈에 띄는, 두드러진 유 striking
I was inspired by her outstanding performance.
2. 현저한 유 prominent
명 대조, 대비

□□□
palm
[팜]

파 palmar 형 손바닥의
palmate 형 손바닥 모양의

명 손바닥
I sometimes have sweaty palms.
동 손 안에 감추다
(4단콤보) palm – palmed – palmed – palming

□□□
partner
[파트너]

파 partnerless 형 동료가 없는

명 1. 동료, 동업자 유 sharer, partaker
Partners usually argue with each other.
2. 배우자
동 1. 짝짓다
2. 제휴하다
(4단콤보) partner – partnered – partnered – partnering

□□□
peel
[필]

파 peelite 명 껍질

동 1. 껍질을 벗기다
When are you going to peel the onion?
2. (옷을) 벗다
3. (페인트·벽지 등이) 벗겨 떨어지다
명 (과일, 나무)껍질
(4단콤보) peel – peeled – peeled – peeling

outstanding 난 그녀의 뛰어난 공연에 감명을 받았다.
palm 나는 때때로 손바닥에 땀이 난다.
partner 동업자들은 보통 서로 다툰다.
peel 언제 양파 껍질을 벗길 거예요?

□ □ □

peer
[피어]

🅝 1. 또래
Students should get along well with their peers.
2. 귀족

🅥 유심히 보다, 눈여겨보다, 응시하다

(4단콤보) peer – peered – peered – peering

□ □ □

prominent
[프라머넌트]

🅟 prominence 🅝 중요성, 명성
prominently 🅑 현저히

🅐 1. 유명한, 저명한, 탁월한 🅢 distinguished, noted
Her father was a prominent professor and inventor.
2. 중요한 🅢 important
3. 돌출한 🅢 projecting

□ □ □

recover
[리커버]

🅟 recoverer 🅝 회복하는 사람
recovery 🅝 회복

🅥 1. 회복하다 🅢 win back, regain
A slip of the foot you may soon recover, but a slip
of the tongue you may never get over. (Benjamin
Franklin)
2. 받다

🅝 회복

(4단콤보) recover – recovered – recovered – recovering

□ □ □

renowned
[리나운드]

🅐 유명한, 명성 있는 🅢 famed, celebrated
She is a renowned painter.

---

peer 학생은 또래와 같이 잘 지내야 한다.
prominent 그녀의 아빠는 저명한 교수이자 발명가였다.
recover 발 실수는 곧 회복할 수 있을지 몰라도 말 실수는 결코 만회할 수 없다. (벤자민 프랭클린)
renowned 그녀는 유명한 화가이다.

□ □ □

reunite
[리유나이트]

동 1. 재결합시키다, 재통합하다
Soccer fans from all over the world are reunited to support their teams.
2. 재회하다

4단콤보 reunite – reunited – reunited – reuniting

□ □ □

tail
[테일]

파 tailless 형 꼬리가 없는
taillessly 부 꼬리 없이

숙어 wag[swing] one's tail
꼬리를 휘젓다

명 꼬리, 뒷면
My puppy wagged its tail only to me.
동 미행하다

4단콤보 tail – tailed – tailed – tailing

□ □ □

transfer
[트랜스퍼]

파 transferal 명 이동
transference 명 이동
transferability 명 이동성

숙어 transfer A to B
A를 B로 옮기다

동 1. 옮기다, 이동하다 유 convey, move
2. 전근가다, 전학가다
Tina transferred her son to another school.
3. 전달하다, 건네다 유 hand over
4. 갈아타다
명 옮김, 이동

4단콤보 transfer – transferred – transferred – transferring

---

reunite 전 세계의 축구 팬들이 그들의 팀을 응원하기 위해 재결합했다.
tail 내 강아지는 나에게만 꼬리를 흔들었다.
transfer Tina는 아들을 다른 학교로 전학시켰다.

☐☐☐

transform

[트랜스폼]

[파] transformation [명] 변화
transformative [형] 변화시키는

[숙어] **transform A from B**
A에서 B로 변화하다

[동] 1. 변형시키다 [유] metamorphose
2. 변화시키다 [유] transmute
He attempted to **transform** himself from an announcer to a businessman.

[4단콤보] transform – transformed – transformed – transforming

☐☐☐

trial

[트라이얼]

[파] try [동] 노력하다

[명] 1. 시도 [유] test, experiment, probation
2. 재판
The **trial** was held in public because of its great social interest.

[형] 1. 시험의, 시험 삼아 하는
2. 예선의

[4단콤보] trial – trialled – trialled – trialling

☐☐☐

vanish

[배니쉬]

[파] vanishment [명] 소멸
vanishingly [부] 사라지게

[숙어] **vanish into the air**
허공으로 사라지다

[동] 사라지다, 소멸하다 [유] disappear
Courage and perseverance have a magical talisman, before which difficulties disappear and obstacles **vanish** into air. (John Quincy Adams)

[명] 소음

[4단콤보] vanish – vanished – vanished – vanishing

transform 그는 아나운서에서 사업가로의 변화하는 것을 시도했다.
trial 그 재판은 사회적인 관심이 많기에 공개로 열렸다.
vanish 용기와 인내가 가진 마법 같은 힘은 어려움과 장애물을 사라지게 한다는 것이다. (존 애덤스)

☐☐☐
via
[바이어]

㉚ 1. ~을 경유하여 🔁 by way of
2. ~을 통하여, ~을 거쳐
The soccer finals were broadcast worldwide via satellite connections.
3. ~에 의하여

☐☐☐
weapon
[웨펀]

㉤ weaponed ㉤ 무장한
weaponless ㉤ 무기가 없는

㉠ 무기, 병기
Kindness is the noblest weapon to conquer with.

☐☐☐
wildlife
[와일드라이프]

㉠ 야생 생물(동물)
Excessive development causes the extinction of wildlife.
㉤ 야생 생물(동물)의

via 그 축구 결승전은 위성 연결을 통해 전 세계로 방송되었다.
weapon 친절이 상대를 다스리는 가장 고귀한 무기다.
wildlife 지나친 개발은 야생 동물의 멸종을 야기시킨다.

□ □ □

willing

[윌링]

파 willingness 명 기꺼이 하는 마음

willingly 부 기꺼이

숙어 be willing to R

기꺼이 ~하다

형 기꺼이 ~하는, 자발적인

I'm willing to help you.

---

willing 나는 기꺼이 너를 돕겠다.

01 Many teenagers are obsessed with making a nice body **figure**.

많은 십대들은 예쁜 _____를 만드는 것에 집착한다.

02 One of ways to live in happiness is to **share** love with people.

행복하게 사는 방법들 중 하나는 사람과 사랑을 _____는 것이다.

03 If you don't **patent** your invention, other people may make all the profit out of it.

만약 당신이 당신의 발명품에 대한 _____ 못한다면, 다른 사람들은 그것으로 모든 이익을 얻을 것이다.

04 They are **contemporary** artists.

그들은 _____의 예술가이다.

05 The last result of experiment shows a distinctive **contrast** with the first experiment.

실험의 마지막 결과는 첫 번째 실험과 뚜렷이 구별되는 _____를 보여준다.

06 All animals are **equal** but some animals are more **equal** than others. (George Orwell)

모든 동물이 _____하다. 그러나 어떤 동물은 다른 동물보다 더 _____하다. (조지 오웰)

07 Shall we put the goods on the **flea** market?

우리도 _____시장에 물건을 내놓아 볼까?

08 I must act first to **accomplish** great things.

먼저 위대한 일을 _____ 위해 먼저 행동해야 한다.

(answer)

01 몸매 02 공유하 03 특허를 얻지 04 동시대 05 대조 06 평등, 평등 07 벼룩 08 성취하기

그 물건은 _____ 중에 훼손되지 않았다.

10 I **advocate** that globalization has positive effects on poor countries.

나는 세계화가 가난한 나라에 긍정적인 영향을 미친다고 _____.

11 **Afterward**, she got a promotion.

_____, 그녀는 승진을 했다.

12 Money is **essential** in life.

돈은 인생에서 _____.

13 The conservation of cultural **heritage** is important.

문화_____의 보존은 중요하다.

14 Please **master** all the safety precautions before you go home.

집에 가기전에 모든 안전 주의 사항을 _____.

15 Many commuters **transfer** from a train to a bus.

많은 통근자들이 기차에서 버스로 _____.

answer

09 운송 10 주장한다 11 그 후 12 필수적이다 13 유산 14 익히세요 15 갈아탄다

PART
03

Reading

> 이번 CHAPTER에서 학습하게 될 단어들입니다. 이미 알고 있는 단어가 얼마나 되는지 체크해 보세요.

○ 알고 있는 단어   △ 애매한 단어   × 모르는 단어

☐ symptom	☐ determine	☐ appetite
☐ means	☐ eliminate	☐ attain
☐ passage	☐ enhance	☐ behave
☐ planet	☐ fatigue	☐ breathe
☐ organism	☐ international	☐ bubble
☐ dinosaur	☐ military	☐ campaign
☐ experiment	☐ powder	☐ capital
☐ plight	☐ prove	☐ commoner
☐ further	☐ telescope	☐ conclude
☐ membrane	☐ anemia	☐ cope
☐ tribe	☐ artificial	☐ corruption
☐ according	☐ conduct	☐ crave
☐ lab	☐ diphtheria	☐ desist
☐ leukemia	☐ earthlike	☐ disorder
☐ specimen	☐ edible	☐ disprove
☐ victim	☐ embryo	☐ dwarf
☐ affect	☐ evidence	☐ exercise
☐ creature	☐ explain	☐ expel
☐ lag	☐ genetic	☐ external
☐ nocturnal	☐ implant	☐ fiction
☐ orbit	☐ infection	☐ folklore
☐ rough	☐ oxygen	☐ formality
☐ surf	☐ react	☐ fragile
☐ acute	☐ sighting	☐ fruition
☐ cause	☐ storage	☐ headache
☐ flu	☐ tend	☐ holistically
☐ irritant	☐ viral	☐ ignore
☐ reptile	☐ within	☐ intelligence
☐ suggest	☐ abstract	☐ interface
☐ astronomy	☐ adjacent	☐ invalidate
☐ attack	☐ alternative	☐ mellow

- [ ] monk
- [ ] noticeable
- [ ] nutrition
- [ ] obesity
- [ ] observe
- [ ] overgrown
- [ ] pain
- [ ] paleness
- [ ] pipeline
- [ ] represent
- [ ] resemble
- [ ] retail
- [ ] reveal
- [ ] scheme
- [ ] sequence
- [ ] severe
- [ ] shed
- [ ] shell
- [ ] smuggler
- [ ] sphere
- [ ] strongly
- [ ] succeed
- [ ] superstitious

- [ ] swallow
- [ ] tide
- [ ] trace
- [ ] treat
- [ ] violation
- [ ] wane
- [ ] worse
- [ ] worthy
- [ ] apparent
- [ ] apron
- [ ] await
- [ ] beast
- [ ] beside
- [ ] certify
- [ ] chief
- [ ] constant
- [ ] critic
- [ ] decompose
- [ ] democratic
- [ ] diabetes
- [ ] effective
- [ ] exclusive
- [ ] extreme

- [ ] festival
- [ ] institute
- [ ] lie
- [ ] mental
- [ ] offspring
- [ ] opportunity
- [ ] overcome
- [ ] participate
- [ ] perception
- [ ] personal
- [ ] personnel
- [ ] positive
- [ ] refrain
- [ ] rise
- [ ] ritual
- [ ] scale
- [ ] skip
- [ ] southwestern
- [ ] starve
- [ ] status
- [ ] stimulate
- [ ] vegetable

□□□

symptom
[심프텀]

 symptomatic 증상을 보이는

 증상, 징후, 징조 indication, sign
Symptoms of a cold can be felt about 1~4 days after catching a cold virus.

□□□

means
[민즈]

 by all means
무슨 수를 쓰더라도

 수단, 방법, 방도
Stop him by all means!

□□□

passage
[패시지]

 pass 지나가다, 통과하다

 a passage to
~로의 통로(추이)

 1. 통로, 복도
Where is the secret passage to the castle?
2. 흐름

□□□

planet
[플래닛]

 혹성, 행성
Beware when the great God lets loose a thinker on this planet. (Ralph Waldo Emerson)

---

symptom 감기 증상은 감기 바이러스에 걸린 지 약 1~4일 후에 느낄 수 있다.
means 무슨 수단을 쓰더라도 그를 막아라!
passage 그 성안으로 들어가는 비밀 통로가 어디에 있니?
planet 위대한 하느님이 행성에 사상가를 풀어놓을 때, 조심할지어다. (랄프 왈도 에머슨)

□ □ □

organism
[오거니즘]

파 organismal 형 유기체의, 생물의
organismally 부 유기적으로

콜로 a microscopic organism
미생물 복 microorganisms

명 유기체
A microscopic organism is too small to be seen by human eyes.

□ □ □

dinosaur
[다이너소]

파 dinosaurian 형 공룡의

명 공룡
Almost all dinosaurs disappeared because of the meteor.

□ □ □

experiment
[익스페러먼트]

파 experimenter 명 실험자
experimental 형 실험적인

명 실험
동 실험하다, 시도하다 유 test, investigate, research, examine
We experimented how long children at the age of 6 can concentrate in average.

(4단콤보) experiment – experimented – experimented – experimenting

□ □ □

plight
[플라이트]

명 곤경, 궁지
He was deeply moved by her plight.

organism 미세한 유기체는 너무 작아서 사람의 눈으로 볼 수 없다.
dinosaur 거의 모든 공룡들이 운석 때문에 사라졌다.
experiment 우리는 평균 6살 아이들이 얼마나 오래 집중할 수 있는지 실험했다.
plight 그는 그녀의 곤경에 너무 마음이 아팠다.

□□□
further
[퍼더]

[파] furtherance [명] 발전, 진척

[부] 1. 더, 더 멀리
We need to further increase the number of programmers.
2. 게다가, 그 이상의
[형] 더, 더 먼, 더 앞의, 그 위의
[동] 1. 조장[조성]하다
2. 촉진시키다, 증진하다 [유] promote, advance, forward
[4단콤보] further - furthered - furthered - furthering

□□□
membrane
[멤브레인]

[파] membranous [형] 막을 형성하는

[명] (인체 피부·조직의) 막, (식물의) 세포막, 양피지
Cabbage is a good food that protects the mucous membrane of the stomach.

□□□
tribe
[트라입]

[명] 1. 부족, 종족
Call it a clan, call it a network, call it a tribe, call it a family. Whatever you call it, whoever you are, you need one. (Jane Howard)
2. 집단, 무리

further 우리는 프로그래머의 수를 더 늘려야 한다.
membrane 양배추는 위의 점막을 보호해주는 좋은 음식이다.
tribe 그것을 파벌, 네트워크, 부족, 가족, 뭐라고 부르든, 그리고 당신이 누구이건 간에, 당신에게는 그것이 필요하다. (제인 하워드)

□ □ □
according
[어코딩]

according to
~에 따르면

🔄 ~에 따라서, ~에 의해서
According to economists, housing prices will go up next year.
📝 1. 일치되는 🔄 agreeing
2. 어울리는 🔄 in harmony

□ □ □
lab
[랩]

📝 실험실, 연구소 🔄 laboratory
Please send me the results of the lab research by email.

□ □ □
leukemia
[류키미어]

📝 백혈병
Leukemia patients need bone marrow transplants.

□ □ □
specimen
[스페서먼]

📝 표본, 샘플 🔄 sample, example, case, instance, illustration
This rare specimen was discovered by Dr. Stanford.
📝 견본의

---

according 경제학자에 따르면, 주택 가격은 내년에 오를 것이라고 한다.
lab 실험실 연구 결과를 이메일로 보내주세요.
leukemia 백혈병 환자는 골수 이식이 필요하다.
specimen 이러한 희귀한 표본은 Dr. Stanford에 의해 발견되었다.

□ □ □

victim

[빅팀]

[파] victimize [동] 부당하게 괴롭히다, 희생시키다

[명] 피해자, 희생자

There are so many innocent **victims** living in despair.

□ □ □

affect

[어펙트]

[파] affection [명] 애착, 보살핌
affectation [명] 가장, 꾸밈
affective [형] 감정적인, 정서적인

[동] 1. 영향을 미치다
How will global warming **affect** our planet?
2. 발생하다
3. 충격을 주다, 슬픔을 유발하다

[4단콤보] affect – affected – affected – affecting

□ □ □

creature

[크리처]

[파] creatural [형] 생물의, 인간[동물]적인

[명] 1. 생명이 있는 존재, 창조물, 생물 [유] living being
Dogs are more social **creatures** than cats.
2. 사람 [유] human being

□ □ □

lag

[래그]

[숙어] jet lag
시차 적응

[동] 뒤떨어지다

[명] 뒤쳐짐

We are having trouble getting over the **jet lag**.

victim 절망 속에 살고 있는 무고한 희생자들이 너무 많다.
affect 지구 온난화가 지구에 어떤 영향을 미칠까요?
creature 개는 고양이보다 더 사회적인 존재이다.
lag 우리는 시차 적응에 어려움을 겪고 있다.

nocturnal
[낙터늘]

⬥ 밤의, 야행성의 ⬥ diurnal
Tigers are nocturnal.

orbit
[오빗]

㉙ orbital ⬥ 궤도의

⬥ 궤도, 항로
The planet deviated from the orbit we had known.
⬥ 궤도를 그리며 돌다
(4단콤보) orbit – orbited – orbited – orbiting

rough
[러프]

㉙ roughness ⬥ 거침, 조잡
roughen ⬥ 거칠게 만들다

rougher (비교급)/roughest (최상급)

⬥ 1. 거친 ⬥ smooth, soft
The worker's hands were rough and scarred.
2. 심한, 고약한 ⬥ severe, hard
⬥ 거칠게, 우툴두툴하게, 대충대충
⬥ 거친 것
⬥ 거칠게 하다
(4단콤보) rough – roughed – roughed – roughing

surf
[서프]

㉙ surfer ⬥ 파도타기 하는 사람, 서퍼
surfy ⬥ 파도가 거센
surflike ⬥ 파도 같은

⬥ (해안·바위 등에) 밀려드는 파도
⬥ 1. 파도타기를 하다
2. 인터넷 검색을 하다
We usually surf the Internet before buying leisure gears.
(4단콤보) surf – surfed – surfed – surfing

---

nocturnal 호랑이는 야행성이다.
orbit 그 행성은 우리가 알고 있었던 궤도를 이탈했다.
rough 그 노동자의 손은 거칠고 상처가 많았다.
surf 우리는 보통 레저용품을 사기 전에 인터넷 검색을 한다.

□ □ □

acute
[어큐트]

파 acuteness 몡 날카로움, 격렬함
　acuity 몡 명민함, 예리함
　acutely 閉 강렬히

혱 1. 심한, 격렬한 윤 critical, severe
　2. 급성의 뺸 chronic
　　He was taken to the hospital for acute appendicitis.
　3. 날카로운, 예리한 윤 sharp

□ □ □

cause
[코즈]

파 causal 혱 인과 관계의
　causative 혱 원인이 되는
　causeless 혱 원인 없는, 이유 없는

몡 1. 원인
　2. 대의명분
　　Human welfare volunteers raised a charity fund for their cause last month.
　3. 목적
둉 야기시키다, 초래하다 윤 reason, basis, motive
(4단콤보) cause – caused – caused – causing

□ □ □

flu
[플루]

몡 유행성 감기, 독감 윤 influenza
The deadly flu is prevalent throughout the country.

□ □ □

irritant
[이러턴트]

파 irritancy 몡 짜증, 안달, 화남

(숙어) an irritant to
　~에 대한 자극물

혱 자극적인
Peach powder is irritant to her sensitive skin.
몡 자극제, 자극물

---

acute 그는 급성 맹장염으로 병원에 실려 갔다.
cause 인류 복지 자원봉사들은 지난달에 대의명분을 위해 자선기금을 모금했다.
flu 전국적으로 치명적인 독감이 유행 중이다.
irritant 복숭아 가루는 그녀의 민감한 피부에 자극적이다.

□□□
reptile
[렙틸]

페 reptilian 휑 파충류의, 비열한

명 1. 파충류

Reptiles prefer to be active during the warm day rather than at night.

2. 비열한 인간

형 1. 기어 다니는 요 creeping, crawling

2. 비열한 요 mean, base

3. 짓궂은 요 malevolent

□□□
suggest
[서그제스트]

페 suggestion 명 제안, 제의, 의견
suggestive 휑 연상시키는
suggestible 휑 남의 영향을 받기 쉬운

동 1. 제안하다 요 recommend, propose, imply, intimate

Dr. Lee suggested conducting a meeting on a regular basis.

2. 암시하다

(4단흫보) suggest – suggested – suggested – suggesting

□□□
astronomy
[어스트러너미]

페 astronomical 휑 천문학의

명 천문학

I am interested in astronomy.

□□□
attack
[어택]

페 attacker 명 공격자
attackable 휑 공격할 수 있는

동 1. 공격하다, 습격하다 요 assault

The criminal attacked me behind.

2. 비난하다 요 blame, abuse

명 공격 빤 defence

(4단흫보) attack – attacked – attacked – attacking

---

reptile　파충류는 밤보다는 따뜻한 낮에 활동하는 걸 좋아한다.
suggest　Dr. Lee는 정기적으로 회의를 주관할 것을 제안했다.
astronomy　나는 천문학에 관심이 있다.
attack　그 범죄자는 내 뒤에서 공격했다.

□□□

determine

[디터민]

[파] determination [명] 결심, 결단, 결정
determinate [형] 확정적인, 확실한
determinative [형] 확정적인

[동] 1. 결심하다
2. 정하다, 결정하다 [유] fix, settle, decide
The last five minutes **determine** the issue.

[4단콤보] determine – determined – determined – determining

□□□

eliminate

[일리머네이트]

[파] elimination [명] 제거, 배제
eliminatory [형] 제거의

[동] 1. 제거하다, 삭제하다 [유] get rid of, remove, blot out
Everyone is a prisoner of his own experiences. No one can **eliminate** prejudices - just recognize them. (Edward R. Murrow)
2. 배제하다 [유] exclude
3. 생략하다

[4단콤보] eliminate – eliminated – eliminated – eliminating

□□□

enhance

[인핸스]

[파] enhancement [명] 향상, 증대, 강화
enhancive [형] 강화하는

[동] 향상하다, 강화하다 [유] improve, strengthen, reinforce
Painting **enhances** a level of creativity.

[4단콤보] enhance – enhanced – enhanced – enhancing

determine 마지막 5분이 문제를 결정한다.
eliminate 모든 사람은 자기 경험의 포로이다. 편견을 제거할 수 있는 사람은 아무도 없다 - 그저 편견의 존재를 인정할 뿐이다. (에드워드 R. 머로)
enhance 그림 그리기는 창의력을 향상시킨다.

□□□
fatigue
[퍼티그]

파 fatigable 형 피로하기 쉬운
fatigueless 형 지치지 않는

명 피로, 피곤
Fatigue can result from lack of physical activity.
동 지치게 하다, 피로하게 하다 유 tire out, weary, exhaust
(4단콤보) fatigue – fatigued – fatigued – fatiguing

□□□
international
[인터내셔널]

파 internationalize 동 국제화하다

형 국제적인, 국제의 유 global, world, universal
I want to renew my international driving license.

□□□
military
[밀리테리]

파 militarize 동 군대를 파견하다
militarily 부 군사적으로

militaries/military (복수형)

형 1. 군인의
He was exempted from military service for underweight.
2. 전쟁의 유 martial
명 1. 군인 유 soldiers
2. 군대 유 army

□□□
powder
[파우더]

명 가루, 분말 유 dust
Add enough chili powder to the spicy soup.
동 가루로 만들다, 분쇄하다 유 pulverize
(4단콤보) powder – powdered – powdered – powdering

fatigue 피로는 신체활동 부족으로 인해 발생할 수 있다.
international 난 국제운전면허증을 갱신하고 싶다.
military 그는 체중 미달로 병역 면제를 받았다.
powder 매운탕에는 고추 가루를 충분히 넣어 주세요.

□ □ □

prove
[프루브]

파 proof 명 증거, 증명
provability 명 증명성

동 1. 증명하다, 입증하다 유 demonstrate
I'm here to prove myself.
2. 확인하다 유 make certain

(4단콤보) prove – proved – proved(proven) – proving

□ □ □

telescope
[텔러스콥]

파 telescopic 형 망원경으로 본

명 망원경
I recently bought a telescope for my son.
형 끼워 넣는
동 1. 끼워 넣다
2. 짧게 하다

(4단콤보) telescope – telescoped – telescoped – telescoping

□ □ □

anemia
[어니미어]

숙어 have anemia
빈혈이 있다

명 1. 빈혈
She is having anemia.
2. 결핍

---

prove 난 내 자신을 증명하러 왔어.
telescope 나는 최근에 아들을 위해 망원경을 샀다.
anemia 그녀는 빈혈이 있다.

□ □ □
artificial
[아터피셜]

파 artifice 명 책략, 계략
artificiality 명 인위적임, 부자연스러움
artificialize 동 인위적으로 하다,
부자연스럽게 하다

형 1. 인조의, 인공적인, 인위적인
Most of us try to steer clear of artificial flavors in food
2. 어색한 유 unnatural, affected
명 인공물

□ □ □
conduct
[칸덕트]

파 conduction 명 끌어들임, 유도

동 1. 지휘하다
2. 수행하다
3. (열이나 전기를) 전도하다
명 행위, 행동 유 behaviour
His conduct in school is inappropriate.

4단콤보 conduct – conducted – conducted – conducting

□ □ □
diphtheria
[디프씨어리어]

명 디프테리아(급성 전염병)
Diphtheria is common in children with weak respiratory organs.

□ □ □
earthlike
[어쓰라이크]

형 지구와 같은, 지구와 닮은
The astronauts set out to look for earthlike planets.

artificial 우리들의 대부분은 음식에서 인공적인 맛을 멀리하려고 노력한다.
conduct 학교에서 그의 행동은 부적절하다.
diphtheria 디프테리아는 주로 호흡기가 약한 어린이들에게 흔하다.
earthlike 우주비행사는 지구와 같은 행성을 찾으러 출발했다.

☐ ☐ ☐

edible
[에더블]

📖 먹을 수 있는 🔁 eatable
Be sure to distinguish between edible and poisonous mushrooms.

📖 식용품

☐ ☐ ☐

embryo
[엠브리오]

파 embryonic 🕅 초기의
embryoid 🕅 배양의

📖 배아, 태아
Human embryo cloning is currently a social challenge.

📖 미성숙한

☐ ☐ ☐

evidence
[에버던스]

파 evident 🕅 분명한, 눈에 띄는
evidential 🕅 증거가 되는

📖 1. 분명함, 명백함 🔁 obviousness, clearness
  2. 증거 🔁 testimony
  The judge adopted the items submitted by the lawyers as evidence.

📖 입증하다, 증언하다 🔁 attest

4단콤보) evidence – evidenced – evidenced – evidencing

☐ ☐ ☐

explain
[익스플레인]

파 explanation 🕅 해명, 이유
explanatory 🕅 이유를 밝히는

📖 설명하다 🔁 account for, describe
I had to explain why I was late.

4단콤보) explain – explained – explained – explaining

---

edible 먹을 수 있는 버섯과 독버섯을 잘 구별해야 한다.
embryo 인간 배아 복제는 현재 사회적 난제이다.
evidence 판사님은 변호인단이 제출한 물건을 증거로 채택했다.
explain 내가 왜 늦었는지 설명해야만 했다.

□ □ □

genetic
[저네틱]

[파] genetically ⓟ 유전적으로

ⓗ 1. 유전의, 유전학의 ⓡ genetics
Genetic variation allows animals to adapt to changes in the environment.
2. 발생의

□ □ □

implant
[임플랜트]

ⓥ 1. 이식하다
The doctor examined the heart condition implanted to the patient.
2. 심다, 뿌리박게 하다
3. 불어넣다 ⓡ impress, inculcate, instill

ⓝ 이식, 몸에 이식되는 조직

(**4단콤보**) implant – implanted – implanted – implanting

□ □ □

infection
[인펙션]

[파] infectious ⓗ 전염되는, 전염성의
infective ⓗ 전염성이 있는

ⓝ 1. 전염(병), 감염
Let's be careful about personal hygiene to prevent infection.
2. 악영향

□ □ □

oxygen
[약시젠]

[파] oxygenate ⓥ 산소를 공급하다
oxygenic ⓗ 산소의, 산소를 함유하는

ⓝ 산소
All living creatures cannot live without oxygen.

---

genetic   유전적 변형은 동물들이 환경의 변화에 적응할 수 있게 해준다.
implant   의사는 환자에게 이식한 심장 상태를 진찰했다.
infection   감염을 막기 위해 개인 청결에 주의합시다.
oxygen   살아있는 모든 생명체는 산소 없이 살 수 없다.

□ □ □
react
[리액트]

파 reaction 명 반응
reactionary 형 반응하는
reactive 형 반응을 보이는

숙 **react to**
~에 반응하다

동 1. 반응하다
Infants usually react to sound and moving objects.
2. 대응하다 유 act, behave

(4단콤보) react – reacted – reacted – reacting

□ □ □
sighting
[사이팅]

명 목격, 발견, 관측
We could literally walk out our front door to check for Aurora sightings.

□ □ □
storage
[스토리지]

파 store 동 저장하다, 보관하다

명 1. 저장, 보관
My computer is out of storage space.
2. 수용력
3. 창고 유 storehouse

□ □ □
tend
[텐드]

파 tendency 명 성향, 경향
tendance 명 시중, 돌보기

숙 **tend to do**
(~하는) 경향이 있다

동 1. 경향이 있다 유 have a tendency
Teenagers tend to be influenced by their peer group.
2. 돌보다 유 take care of, nurture

(4단콤보) tend – tended – tended – tending

---

react 유아들은 주로 소리와 움직이는 물체에 반응한다.
sighting 우리는 말 그대로 현관문 밖으로 걸어 나가 오로라 관측을 확인할 수 있었다.
storage 내 컴퓨터에는 저장 공간이 부족하다.
tend 십대들은 또래 집단에 의해 영향을 받는 경향이 있다.

□ □ □
viral
[바이어럴]

파 virus 명 바이러스

형 바이러스성의, 바이러스에 의한
There are a lot of patients coming to the hospital due to viral diseases.

□ □ □
within
[위드인]

분 안쪽에서, 내부에서 밴 without
전 1. 안[속]에, 내부[안쪽]에 유 inside 밴 outside
   2. 이내에
     Within a few months, we will move to a new house.
명 내부, 안쪽

□ □ □
abstract
[앱스트랙트]

파 abstraction 명 관념, 추상적 개념
  abstractive 형 추상적인
  abstractly 분 추상적으로

형 1. 추상적인 밴 concrete
   Abstract thinking is the ability to think about ideas that are not physically present.
   2. 이론적인 유 theoretical
명 추상, 개괄
동 1. 분리하다 유 take away
   2. 떼다 유 remove
(4단콤보) abstract – abstracted – abstracted – abstracting

---

viral 바이러스성 질병으로 병원에 오는 환자들이 많다.
within 몇 달 이내에, 우리는 새집으로 이사를 갈 것이다.
abstract 추상적인 사고는 실질적으로 존재하지 않는 아이디어에 대해 생각하는 능력이다.

□ □ □
adjacent
[어제이슨트]

파 adjacency 명 인접, 이웃

관 adjacent to
~에 인접한

형 1. 이웃의, 부근의, 근방의
2. 인접한 유 neighboring
Their houses were located adjacent to the river.

□ □ □
alternative
[올터너티브]

관 an alternative to
~에 대한 대안

명 대안, 둘 가운데서의 선택
The only alternative to coexistence is codestruction.
(Jawaharlal Nehru)
형 둘 중 하나의, 선택적인

□ □ □
appetite
[애퍼타이트]

파 appetitive 형 식욕이 있는

관 lose[spoil] one's appetite
식욕을 잃다[잃게 하다]

명 1. 식욕 유 hunger, stomach
I lost my appetite after I was discharged from the hospital.
2. 욕구 유 desire

□ □ □
attain
[어테인]

파 attainment 명 성과
attainability 명 달성 가능성

동 1. 달성하다, 이루다, 성취하다 유 accomplish, achieve
My country attained a high level of economic growth.
2. 얻다, 획득하다
4단콤보 attain – attained – attained – attaining

adjacent 그들의 집은 강가에 인접해 있었다.
alternative 공존을 대체할 유일한 대안은 공멸이다. (자와할랄 네루)
appetite 병원에서 퇴원하고 난 후 나는 식욕을 잃었다.
attain 우리나라는 높은 수준의 경제성장을 달성했다.

☐ ☐ ☐
behave
[비헤이브]

파 behavior 몡 행동

통 행동하다, 처신하다 윤 conduct oneself
An intern doesn't know how to behave.

(4단콤보) behave – behaved – behaved – behaving

☐ ☐ ☐
breathe
[브리드]

파 breath 몡 숨, 입김

통 1. 숨 쉬다, 호흡하다 윤 respire
2. 살아있다 윤 be alive, live
3. (냄새 등을) 맡다
One should never listen to the flowers. One should
simply look at them and breathe their fragrance.
(Saint-Exupery)

(4단콤보) breathe – breathed – breathed – breathing

☐ ☐ ☐
bubble
[버블]

파 bubbly 몡 거품이 많은

몡 거품, (유리 안에 들어 있는) 기포
The beer was full of bubbles.

통 거품이 일다, 부글부글 끓다 윤 effervesce

(4단콤보) bubble – bubbled – bubbled – bubbling

☐ ☐ ☐
campaign
[캠페인]

파 campaigner 몡 활동가

숙어 launch a campaign against
~에 반대하는 캠페인을 시작하다

몡 (사회적·정치적) 운동, 캠페인
Activities are launching a campaign against racial
discrimination this friday.

통 (~을 위해, ~에 반대하여) 운동을 하다[일으키다]

(4단콤보) campaign – campaigned – campaigned –
campaigning

behave 인턴사원은 어떻게 행동을 해야 하는 지를 잘 모른다.
breathe 꽃들의 말에 절대로 귀를 기울이면 안돼. 그저 바라보고 향기만 맡아야 해. (생텍쥐페리)
bubble 맥주는 거품으로 가득했다.
campaign 이번 주 금요일에 운동가들은 인종차별에 반대하는 캠페인을 시작할 것이다.

□ □ □
capital
[캐퍼틀]

뗑 1. 수도
The capital city of Korea is Seoul.
2. 자본금, 자금
3. 대문자
뗑 대문자의

□ □ □
commoner
[카머너]

뗑 1. 평민, 서민
She was the first commoner to enter the literary world.
2. 하원 의원

□ □ □
conclude
[컨클룻]

뙈 conclusion 뗑 결론
conclusive 뗑 결정적인

똥 1. 결론내리다, 끝내다, 결말을 짓다 ⊞ finish
Scientists conclude that human-induced climate change had a strong impact of forest fires.
2. 맺다, 체결하다 ⊞ settle
(4단콤보) conclude – concluded – concluded – concluding

□ □ □
cope
[콥]

cope[deal] with
~에 대처[대응]하다, ~에 대항하다

똥 1. 대처하다, 대응하다
People exercise to cope with stress.
2. 잘 처리하다
(4단콤보) cope – coped – coped – coping

---

capital 한국의 수도는 서울이다.
commoner 그녀는 문학계에 등단한 최초의 평민이었다.
conclude 과학자들은 인간이 초래한 기후변화가 산불에 강한 영향을 미쳤다고 결론내린다.
cope 사람들은 스트레스에 대처하기 위해 운동한다.

□□□
corruption
[커럽션]

[파] corrupt [동] 부패하게 만들다
corruptive [형] 타락시키는, 부패성의

[명] 부패, 타락 [유] moral deterioration, depravity
The **corruption** of politicians causes many problems.

□□□
crave
[크레이브]

[동] 간청하다, 열망하다
I must **crave** your pardon.
[4단콤보] crave – craved – craved – craving

□□□
desist
[디지스트]

[파] desistance [명] 중지, 단념

[숙어] **desist from**
~을 그만두다

[동] 그만두다, 단념하다 [유] stop, leave off, cease
My friend decided to **desist** from smoking.
[4단콤보] desist – desisted – desisted – desisting

□□□
disorder
[디소더]

[파] disorderly [형] 무질서한, 난동을 부리는

[명] 혼란, 엉망, 난동, 무질서
My office was in a state of **disorder**.
[동] 어지럽히다, 난잡하게 하다 [유] disarrange, derange

corruption 정치인들의 부패는 많은 문제들을 야기한다.
crave 간절히 용서를 청합니다.
desist 내 친구는 담배를 끊기로 결심했다.
disorder 내 사무실은 엉망이었다.

□ □ □

disprove
[디스프루브]

파 disproof 명 반증
disprovable 형 오류를 증명할 수 있는

동 1. 틀림을 증명하다 유 prove false
2. 반증하다, 논박하다 유 refute
They found evidence to disprove his theory.

4단콤보 disprove – disproved – disproved(disproven)
– disproving

□ □ □

dwarf
[드워프]

파 dwarfishness 명 왜소함
dwarfishly 부 왜소하게

dwarfs/dwarves (복수형)

명 난쟁이, 작은 사람 유 pygmy
A dwarf is an extremely short adult.
형 소형의, 왜소한 유 puny
동 작게 하다, 왜소해 보이게 만들다

4단콤보 dwarf – dwarfed – dwarfed – dwarfing

□ □ □

exercise
[엑서사이즈]

파 exercisable 형 운용할 수 있는

명 1. 운동, 연습, 실습 유 practice, training
All doctors recommend regular exercise.
2. 과제
동 1. 운동시키다, 연습시키다
2. 작용시키다
3. 쓰다

4단콤보 exercise – exercised – exercised – exercising

---

disprove 그들은 그의 이론을 반증할 증거를 찾았다.
dwarf 난쟁이는 극도로 키가 작은 성인이다.
exercise 모든 의사들은 규칙적인 운동을 권장한다.

□□□

expel

[익스펠]

[파] expulsion [명] 축출, 추방
expellee [명] 추방된 사람
expulsive [형] 추방하는

[숙어] expel A from B
A를 B에서 내쫓다

[동] 1. 내쫓다, 쫓아내다, 추방하다 [유] drive out
The country **expelled** criminals from its own country.
2. 발사하다 [유] discharge

[4단콤보] expel – expelled – expelled – expelling

□□□

external

[익스터널]

[형] 1. 밖의, 외부의, 외적인 [유] on the outside, outer
He that would be superior to **external** influences must first become superior to his own passions. (Samuel Johnson)
2. 우연한 [유] accidental

[명] 1. 외부, 외면 [유] external part, outside
2. 외형, 외관, 외모 [유] outward show, appearance, features

□□□

fiction

[픽션]

[파] fictionist [명] 창작자, 소설가
fictional [형] 허구적인, 소설의

[명] 소설, 허구 [유] novel, tale, story
Science **fiction** books as well as films are generally popular among young people.

expel 그 나라는 범죄자를 자기 나라에서 추방했다.
external 외적인 영향에 좌우되고 싶지 않다면 먼저 자기 자신의 격렬한 감정부터 초월해야 한다. (사무엘 존슨)
fiction 영화뿐만 아니라 공상 과학 소설은 젊은 사람 사이에서 일반적으로 인기있다.

☐ ☐ ☐
folklore
[포클로]

파 folklorist 명 민속학자
　folkloric 형 민속학의
　folkloristic 형 민속학적인

명 민속, 전통문화, 민속학
Folklore varies from country to country.

☐ ☐ ☐
formality
[포맬러티]

파 formalization 명 형식화
　formal 형 격식을 차린, 공식적인

formalities (복수형)

명 1. 형식상의 절차, 형식적인 일 유 conventionality
　　It takes a few minutes to complete the legal
　　formalities.
　2. 정식, 본식 유 propriety, orderliness
　3. 의례 유 ceremony

☐ ☐ ☐
fragile
[프래절]

파 fragility 명 부서지기 쉬움, 여림

형 1. 부서지기 쉬운 유 easily broken, brittle
　　Fragile items are mainly glass and ceramic.
　2. 약한, 허약한 유 frail, delicate

☐ ☐ ☐
fruition
[프루이션]

숙어 come to fruition
　결실을 내다

명 결실, 달성, 성취 유 realization, fulfilment
His efforts have come to fruition.

folklore　전통문화는 나라마다 다르다.
formality　법적 절차를 완료하는 데 몇 분이 걸린다.
fragile　부서지기 쉬운 품목은 주로 유리와 세라믹이다.
fruition　그의 노력이 결실을 맺었다.

□□□
headache
[헤드에이크]

have a headache
두통이 있다

🅝 1. 두통
I couldn't sleep last night because I had a headache.
2. 난처한[성가신] 문제
3. 괴로움

□□□
holistically
[할리스티클리]

🅐 전체론적으로
We should look at things holistically rather than at narrow views.

□□□
ignore
[이그노]

🅟 ignorance 🅝 무지, 무식
ignorant 🅐 무지한, 무식한

🅥 무시하다, 모른 체하다
Humans should not ignore the warning of the ecosystem.
4단콤보 ignore – ignored – ignored – ignoring

□□□
intelligence
[인텔러전스]

🅟 intelligent 🅐 총명한, 똑똑한
intelligential 🅐 지성의, 지적인

🅝 1. 지성, 지력 🅢 intellect
Love is the triumph of imagination over intelligence. (H. L. Mencken)
2. 지혜, 총명 🅢 sagacity

---

headache 나는 두통으로 어젯밤에 잠을 잘 수가 없었다.
holistically 우리는 좁은 시야보다 전체론적으로 사물을 바라봐야 한다.
ignore 인간은 생태계의 경고를 무시하면 안 된다.
intelligence 사랑은 지성에 대한 상상력의 승리다. (헨리 루이스 멩켄)

□□□

interface

[인터페이스]

[파] interfacial [형] 접촉면의, 공유 영역의
interfacially [부] 대각선으로

[동] 1. ~을 (…에) 잇다, 연결시키다
2. 접속하다

[명] 경계면, 접점, 공유[접촉] 영역
Interface is the place at which independent and unrelated systems meet or communicate with each other.

[4단콤보] interface – interfaced – interfaced – interfacing

□□□

invalidate

[인밸러데이트]

[파] invalidation [명] 실효, 무효, 무가치

[동] 무효로 만들다, 무력하게 하다, ~의 법적 효력을 없게 하다
None of the recent views invalidates his original discoveries.

[4단콤보] invalidate – invalidated – invalidated – invalidating

□□□

mellow

[멜로]

[파] mellowness [명] 익음, 원만함

mellower (비교급)/mellowest (최상급)

[형] 1. 그윽한 [유] dim
She likes the mellow light.
2. (과일이) 익은, 연하고 단 [유] ripe

[동] 1. 익히다 [유] ripen
2. 부드럽게 하다 [유] soften

[4단콤보] mellow – mellowed – mellowed – mellowing

□□□

monk

[멍크]

[파] monkish [형] 수도자 같은, 수도자의

[명] 승려, 수도사
He became a monk.

interface 경계면이란 독립적이고 관련이 없는 시스템이 서로 만나서 소통하는 영역이다.
invalidate 최근의 어떤 견해도 그의 원래의 발견을 무효로 만들지 않는다.
mellow 그녀는 그윽한 불빛을 좋아한다.
monk 그는 승려가 되었다.

noticeable
[노티서블]

파 noticeability 명 눈에 띔, 두드러짐
notice 동 알아채다, 인지하다

형 눈에 띄는, 두드러진, 현저한 유 conspicuous, remarkable
His shoes and bag were noticeable among the crowd.

nutrition
[뉴트리션]

파 nutritionist 명 영양학자, 영양사
nutritious 형 영양분이 많은
nutritionary 형 영양상의
nutritionally 부 영양적으로

명 1. 영양, 영양 섭취, 영양물 유 nutriment
Nutrition is important because it decreases the chance of developing various diseases.
2. 음식물 유 food

obesity
[오비서티]

명 비만, 뚱뚱함 유 corpulence
Obesity is a major cause of adult diseases.

observe
[업저브]

파 observation 명 관찰, 관측
observance 명 준수
observant 형 관찰력 있는

동 1. 관찰하다, 주시하다
Observe the mother and take the daughter.
2. 깨닫다 유 notice, perceive
4단콤보 observe – observed – observed – observing

noticeable 군중들 사이에서 그의 신발과 가방이 눈에 띄었다.
nutrition 영양 섭취는 다양한 질병이 발생할 가능성을 감소시키기 때문에 중요하다.
obesity 비만은 성인병의 주된 원인이다.
observe 그 어머니를 관찰하고 나서 그 딸을 택하라.

□ □ □
overgrown
[오버그론]

🔊 **be overgrown with**
~로 우거지다
⊞ be thick (with),
grow thick[dense]

📋 (초목 등이) 사면에 우거진, (식물이) 지나치게 자란
The walls of the empty house were overgrown with ivy.

□ □ □
pain
[페인]

📖 painful 📋 아픈
painless 📋 고통 없는

📋 1. 고통, 통증 ⊞ suffering
When my lovely dog died, I could not take the pain.
2. 고민, 괴로움 ⊞ distress, anguish
📋 아프게 하다, 고통을 주다
4단콤보 pain – pained – pained – paining

□ □ □
paleness
[페일니스]

📋 창백함, 파랗게 질림
Paleness may be caused by reduced blood flow and oxygen.

□ □ □
pipeline
[파입라인]

📋 (물·석유·가스 따위의) 수송관, 송유관
The construction company installed a pipeline to facilitate the movement of oil.
📋 ~을 파이프 라인으로 수송하다

---

overgrown 빈 집 담벼락에는 담쟁이 넝쿨로 우거져 있었다.
pain 나의 사랑스러운 개가 죽었을 때, 나는 고통을 참을 수가 없었다.
paleness 창백함은 혈류와 산소의 감소로 야기될 수 있다.
pipeline 건설사는 석유를 쉽게 이동시키기 위해 송유관을 설치했다.

□ □ □

represent
[레프리젠트]

파 representation 명 대표, 묘사
representability 명 대표성
representative 명 대표자

동 대표하다, 상징하다 유 express, symbolize
Steve will now represent the core companies in the Asian market.

(4단콤보) represent – represented – represented – representing

□ □ □

resemble
[리젬블]

파 resemblance 명 닮음
resemblingly 부 흡사하게

동 ~을 닮다, ~과 비슷하다
Which one do you resemble more, your mom or dad?

(4단콤보) resemble – resembled – resembled – resembling

□ □ □

retail
[리테일]

동 소매하다, 팔리다
명 소매, 유통
형 소매의, 소매상의 반 wholesale
The recommended retail price on a product is not fixed.
부 소매로 유 by retail

---

represent Steve는 아시아 시장에서 중요한 회사를 대표할 것이다.
resemble 너는 엄마와 아빠 중 누구를 더 많이 닮았니?
retail 제품의 권장 소매가격이 고정되지 않았다.

□□□
reveal
[리빌]

파 revelation 명 드러냄, 폭로
revealment 명 폭로, 탄로

동 1. 드러내다, 적발하다, 폭로하다 유 disclose
Sports do not build character. They reveal it.
(Heywood Broun)
2. 보이다 유 show
3. 설명하다 유 explain
형 누설, 폭로 유 revealing
4단콤보 reveal – revealed – revealed – revealing

□□□
scheme
[스킴]

파 schemer 명 책략가, 모사꾼
schemeless 형 계획이 없는

명 1. 계획 유 plan
People take their benefits from their pension
schemes.
2. 개요
동 1. 계획하다, 고안해내다 유 plan, design
2. 음모를 꾸미다
4단콤보 scheme – schemed – schemed – scheming

□□□
sequence
[시퀀스]

파 sequent 형 다음에 오는
sequential 형 순차적인

명 1. 연속, 연달아 일어남 유 succession
A sequence is an arrangement of any objects in a
particular order.
2. 결과 유 result
3. 순서
동 1. 차례로 나열하다
2. 정리하다, 배열하다
4단콤보 sequence – sequenced – sequenced –
sequencing

---

reveal 스포츠는 인격을 함양시켜주지 않는다. 단지 그것을 드러낼 뿐이다. (헤이우드 브룬)
scheme 사람들은 그들의 연금 계획으로부터 이익을 얻는다.
sequence 연속이란 특정 순서로 개체를 배열하는 것이다.

□ □ □

severe
[시비어]

파 severeness 엉 엄함, 가혹함
severity 엉 격렬, 혹독
severely 부 심하게

severer (비교급)/severest (최상급)

형 1. 심각한, 가혹한 유 harsh, relentless
I had to go to the hospital due to severe pain.
2. 엄중한 유 strict

□ □ □

shed
[쉐드]

파 shedlike 형 오두막 같은
shedable 형 흘릴 수 있는

숙어 1. shed[throw, cast] light on [upon]
~에 해결의 빛을 던지다, 새로운 정보를 주다
2. shed tears of joy
기쁨의 눈물을 흘리다

명 헛간, 작업장, 창고
동 1. 없애다, 버리다
2. (싣고 가던 것을) 떨어뜨리다
3. (눈물을) 흘리다
We all shed tears of joy when we heard that our country won the gold medal.
4. (빛을) 비추다

4단콤보 shed – shedded(shed) – shedded(shed) – shedding

□ □ □

shell
[쉘]

파 shelly 형 껍질로 된
shellless 형 껍질이 없는

명 1. 껍질, 껍데기 유 seashell
He who would have the kernel must crack the shell.
2. 포탄
동 껍데기를 벗기다, 포격하다

4단콤보 shell – shelled – shelled – shelling

---

severe 나는 심각한 통증 때문에 병원에 가야했다.
shed 우리나라가 금메달을 획득했다는 말에 우리는 기쁨의 눈물을 흘렸다.
shell 속을 먹으려는 사람은 껍질을 깨야 한다.

□ □ □
smuggler
[스머글러]

몡 밀수범, 밀수업자
The customs arrested the gold bullion smuggler.

□ □ □
sphere
[스피어]

파 spherical 형 구 모양의
sphery 형 구 모양의, 천체의

몡 1. 구, 구면 유 globe, ball
  2. 천체 유 heavenly body
  3. 영역(권) 유 territory
  Bears do not tend to leave their sphere.
통 1. 구 모양으로 만들다
  2. 둥글게 둘러싸다 유 ensphere, encircle

□ □ □
strongly
[스트롱리]

파 strong 형 튼튼한, 강한

툰 1. 강하게, 완강하게
  I strongly believe that mobile phones are
  necessary.
  2. 단단히, 유력하게, 튼튼하게

□ □ □
succeed
[석시드]

파 successful 형 성공한, 성공적인
succession 몡 연속, 잇따름
successive 형 연속적인
succeeding 형 계속되는

통 1. 성공하다, 출세하다
  People put so much effort to succeed.
  2. (~의 자리·지위 등의) 뒤를 잇다 유 follow, ensue
  3. (작위·재산 등을) 물려받다, 승계하다
  (4단콤보) succeed – succeeded – succeeded –
  succeeding

smuggler 세관은 금괴 밀수범을 검거했다.
sphere 곰은 자신의 영역을 떠나려 하지 않는다.
strongly 나는 휴대폰이 필요하다고 강하게 믿는다.
succeed 사람들은 성공하기 위해 많은 노력을 기울인다.

□ □ □

superstitious
[수퍼스티셔스]

📖 미신을 믿는, 미신적인
People who are superstitious believe in things that
are not real or possible.

□ □ □

swallow
[스왈로]

📖 swallowable 📖 받아들일 수 있는

📖 1. (음식 등을) 삼키다
2. 받아들이다
📖 1. 삼키기
2. 제비
One swallow does not make a summer. (Aristotle)
4단콤보 swallow – swallowed – swallowed – swallowing

□ □ □

tide
[타이드]

📖 betide 📖 ~에게 일어나다, 생기다
tideless 📖 조수의 간만이 없는

📖 1. 밀물과 썰물, 조수
The tide swept away the sand castle.
2. 흐름, 파도
📖 극복하다
4단콤보 tide – tided – tided – tiding

---

superstitious 미신을 믿는 사람들은 현실적이지 않거나 가능하지 않은 것들을 믿는다.
swallow 제비 한 마리가 왔다고 여름이 온 것은 아니다. (아리스토텔레스)
tide 조수가 모래성을 쓸어버렸다.

□□□

trace
[트레이스]

파 traceless 형 흔적이 없는

숙어 without (a) trace
흔적도 없이

동 추적하다, (추적하여) 찾아내다
명 1. 자취, 흔적
The bank robber disappeared from the scene of the crime without a trace.
2. 극미량, 조금

4단콤보 trace – traced – traced – tracing

□□□

treat
[트릿]

파 treatment 명 치료, 처치
treatable 형 처리할 수 있는

동 1. 대우하다, 다루다
My boss treated all the employees with a warm heart.
2. 간주하다, 여기다 유 consider, regard
3. 치료하다
명 접대, 위로연 유 entertainment

4단콤보 treat – treated – treated – treating

□□□

violation
[바이얼레이션]

파 violater 명 위반자
violative 형 범하는, 어기는

명 위반, 어김 유 breach, infringement, contravention
Violation of laws should be strictly sentenced.

4단콤보 violation – violated – violated – violating

---

trace 은행 강도는 흔적도 없이 범죄 현장에서 사라졌다.
treat 우리 사장님은 모든 직원들을 따뜻한 마음으로 대우했다.
violation 법의 위반은 엄격하게 처벌되어야만 한다.

□ □ □

wane
[웨인]

파 waney 형 쇠퇴해진

동 약해지다, 줄어들다, 시들해지다
His popularity began to wane immediately after the election.
명 감쇠, 쇠퇴

4단콤보 wane – waned – waned – waning

□ □ □

worse
[워스]

파 worsen 동 악화되다
worst 형 최악의

형 1. 더 나쁜
The worse luck now, the better another time.
2. (품질이) 떨어진
부 더 나쁘게
명 더욱 나쁨

□ □ □

worthy
[워디]

파 worthiness 명 가치있음, 훌륭함
worthily 부 가치있게, 훌륭하게

worthies (복수형)
worthier (비교급)/worthiest (최상급)

숙어 **be worthy of**
~의 가치가 있다

형 1. 가치 있는
Her behavior was worthy of praise.
2. 훌륭한, 유덕한 영 deserving respect, virtuous
3. (~하기에) 족한
명 훌륭한 인물

---

wane 선거 직 후 그의 인기는 시들해지기 시작했다.
worse 지금 운이 나쁘면, 다음엔 좋다.
worthy 그녀의 행동은 칭찬받을 가치가 있다.

☐☐☐

apparent
[어패런트]

파 appearance 명 모습, 외모
appear 통 ~인 것 같다, 나타나다

구문 it be apparent that
~한다는 것은 명백하다

형 1. 명백한, 분명한 유 obvious
It is apparent that I love her.
2. 빤히 눈에 보이는 유 visible
3. 겉보기의 유 seeming 반 actual, real

☐☐☐

apron
[에이프런]

명 앞치마
My mother wears an apron when she cooks.
통 ~에 앞치마를 두르다

☐☐☐

await
[어웨이트]

통 1. 기다리다, 대기하다 유 wait for
We awaited test results.
2. 기대하다 유 expect

4단콤보 await – awaited – awaited – awaiting

☐☐☐

beast
[비스트]

파 beastly 형 불쾌한, 끔찍한

명 1. 짐승, 야수
We went to see the musical 'Beauty and the Beast'.
2. 동물 유 animal
3. 가축

apparent 내가 그녀를 사랑하는 것은 명백하다.
apron 엄마는 요리할 때 앞치마를 입는다.
await 우리는 시험 결과를 기다렸다.
beast 우리는 뮤지컬 '미녀와 야수'를 보러 갔다.

□ □ □
beside
[비사이드]

파 side 명 한쪽

숙어 sit beside
　~옆에 앉다

전 1. ~의 옆에(서) 유 near
　　She and I sat beside the river.
　2. ~와 떨어져서 유 apart from
부 1. 옆에, 곁에
　2. 그 위에, 게다가

□ □ □
certify
[서터파이]

파 certification 명 증명

동 증명하다, 인증하다 유 verify, attest
　An antique expert certified that the pottery is
　authentic.
(4단콤보) certify – certified – certified – certifying

□ □ □
chief
[치프]

명 우두머리, 수령 유 headman, leader
형 1. 으뜸가는, 최고의, 우두머리인 유 principal
　2. 주요한, 최대의
　　The chief business of the American people is
　　business. (Calvin Coolidge)
부 주로 유 chiefly

□ □ □
constant
[칸스턴트]

파 constancy 명 불변성
　constantly 부 끊임없이

형 1. 끊임없는, 부단한 유 continual
　2. 일정한 유 unchanging
　　Prices have remained constant over the week.
명 상수, 정수

---

beside　그녀와 나는 강가 옆에 앉았다.
certify　골동품 전문가는 그 도자기가 진품임을 증명했다.
chief　미국인의 최대 비즈니스는 비즈니스이다. (캘빈 쿨리지)
constant　일주일 동안 물가는 일정했다.

□ □ □
critic
[크리틱]

파 critical 형 비판적인, 비난하는

명 비평가, 비판자
The critic harshly criticized new movies this week.

□ □ □
decompose
[디컴포즈]

파 decomposition 명 분해, 해체
decomposite 형 혼합된

동 1. 분해시키다, 환원시키다 유 disintegrate
The environmental scientist claimed that plastic takes too long to decompose.
2. 부패시키다, 썩히다

4단콤보 decompose – decomposed – decomposed – decomposing

□ □ □
democratic
[데머크래틱]

파 democracy 명 민주주의
democratically 부 민주적으로

형 민주제의, 민주(주의)적인
The basis of a democratic state is liberty. (Aristotle)

□ □ □
diabetes
[다이어비티스]

명 당뇨병
The number of people with diabetes has been gradually increased.

---

critic 비평가는 이번 주에 신작 영화를 혹독하게 비평했다.
decompose 환경 과학자는 플라스틱은 분해되는 데 너무 오랜 시간이 걸린다고 주장했다.
democratic 민주 국가의 기본은 자유다. (아리스토텔레스)
diabetes 당뇨병에 걸린 사람들의 수가 점차적으로 증가하고 있다.

□ □ □

effective

[이펙티브]

[파] effectivity [명] 유효성, 효과적임
effect [명] 영향, 결과, 효과
effectively [부] 효과적으로

[형] 1. 유효한
2. 효과적인 [유] efficient, useful, valuable

[명] 동원 가능한 병력
The number of **effectives** in the navy has been decreased over a decade.

□ □ □

exclusive

[익스클루시브]

[파] exclusivity [명] 독점, 독점권
exclusion [명] 제외, 배제
exclude [동] 제외하다, 배제하다

[형] 1. 고급의
He inherited an **exclusive** apartment from his grandmother.
2. 독점적인 [유] limited, unique, restricted

[명] 독점 기사, 특종 [유] scoop

□ □ □

extreme

[익스트림]

[파] extremity [명] 맨 끝, 극한
extremely [부] 극도로, 극히

extremer (비교급)/extremest (최상급)

[형] 1. (중심에서) 가장 먼
2. 극도의, 극심한 [유] utmost
People in Africa are living in **extreme** poverty.
3. 맨 끝의 [유] endmost

[명] 1. 양극단
2. 극단적인 것

□ □ □

festival

[페스터벌]

[파] festive [형] 축제의

[명] 축제, 잔치
There will be fireworks at this year's Christmas **festival**.

[형] 축제의

effective 해군의 동원 가능한 병력 수는 10년 동안 감소해오고 있다.
exclusive 그는 할머니에게 고급 아파트를 물려받았다.
extreme 아프리카 사람들은 극심한 가난 속에서 살고 있다.
festival 올해 크리스마스 축제에는 불꽃놀이가 있을 예정이다.

☐ ☐ ☐
institute
[인스터튜트]

파 institution 명 기관
　institutor 명 제정자, 설립자

동 1. 설치하다
　2. 제정하다 통 establish, found, organize
명 연구소, 학회 통 society, association
A language institute is recently established by english experts.

(4단콤보) institute – instituted – instituted – instituting

☐ ☐ ☐
lie
[라이]

숙어 tell a lie
　거짓말하다

동 1. 누워 있다, 놓여 있다
　2. 거짓말하다
명 1. 방향, 위치
　2. 거짓말
Telling a lie is one major reason to lose your credit.

(4단콤보) lie – lied – lied – lying

☐ ☐ ☐
mental
[멘틀]

파 mentality 명 사고방식

형 마음의, 정신의 통 intellectual, rational, theoretical
Yoga is highly recommended for mental stability.

☐ ☐ ☐
offspring
[오프스프링]

명 1. 자손 통 progency, descendants
Inheritance of traits by offspring follows predictable rules.
　2. 자식, 자녀 통 child, children

---

institute 언어 학회는 영어 전문가들에 의해 최근에 설립되었다.
lie 거짓말하는 것은 당신의 신용을 잃는 한 가지 주요한 원인이다.
mental 요가는 마음의 안정을 위해 매우 권장된다.
offspring 자손에 의한 유전 특성은 예측 가능한 규칙을 따른다.

□ □ □

opportunity
[아퍼튜너티]

[파] opportune [형] 적절한

opportunities (복수형)

[명] 기회, 행운

It was an opportunity not to be missed.

□ □ □

overcome
[오버컴]

[동] 1. (적을) 정복하다 [유] conquer, prevail over

2. 지우다 [유] defeat

3. (장애·반대·유혹 등에) 이겨내다, 극복하다
[유] surmount

Every lot is to be overcome by endurance.

[4단콤보] overcome – overcame – overcome – overcoming

□ □ □

participate
[파티서페이트]

[파] participant [명] 참가자

participation [명] 참여, 참가, 참전,
가입, 포함

participatory [형] 참가하는

[숙어] participate in
~에 참가(참여)하다

[동] 1. 참여하다, 관여하다

He will participate in a study conducted by WHO.

2. 가입하다 [유] share, partake

[4단콤보] participate – participated – participated –
participating

opportunity　그것은 놓쳐서는 안될 기회였다.

overcome　모든 운명은 인내로 극복된다.

participate　그는 세계보건기구가 실시하는 연구에 참여할 것이다.

□□□

perception

[퍼셉션]

[파] perceive [동] 감지하다, 인지하다

perceptive [형] 통찰력 있는, 지각의

perceptual [형] 지각의, 지각이 있는

[명] 1. 지각, 자각 [유] awareness

Most people forget their **perception** of reality.

2. 인지 [유] cognition

3. 직관

□□□

personal

[퍼서널]

[파] person [명] 사람, 개인

personality [명] 성격, 인격

[형] 개인의, 개인적인 [유] private, individual

Personal history of medical treatment should be confidential.

[명] (신문의) 개인 소식란, 개인 광고

□□□

personnel

[퍼서넬]

[형] 직원의, 병력의, 인사의

David and Rob represent local educational **personnel** committee.

[명] 1. (관청·군대·사업체 등 각종 공공 단체의) 총인원

2. 직원

□□□

positive

[파저티브]

[파] positivity [명] 확실함, 확신, 명료

[형] 1. 긍정적인

A person with a **positive** attitude is likely to succeed.

2. 명확한 뚜렷한, 명백한 [유] definite, defined, express

3. 확신하고 있는

[명] 1. 실재 [유] reality

2. 명확성

perception 대부분의 사람들은 현실에 대한 자각을 잊는다.

personal 의학적 치료의 개인의 진료기록은 기밀이어야 한다.

personnel David와 Rob은 지방 교육 공무원 인사 위원회를 대표한다.

positive 긍정적인 태도를 갖춘 사람은 성공할 가능성이 높다.

□ □ □

refrain
[리프레인]

(파) refrainment (명) 자제

(숙어) refrain from
~을 삼가다

(통) (특히 하고 싶은 것을) 삼가다
Please refrain from smoking.
(명) 자주 반복되는 말[불평]

(4단콤보) refrain – refrained – refrained – refraining

□ □ □

rise
[라이즈]

(통) 1. 떠오르다, 증가하다
2. (무대의 막 등이) 올라가다, (해·달 따위가) 뜨다, (수면에) 떠오르다
(명) 떠오름
The price of agricultural commodity is on the rise every year.

(4단콤보) rise – rose – risen – rising

□ □ □

ritual
[리추얼]

(파) ritually (부) 의식에 따라, 의식적으로

(명) (종교) 의식, 제사[의 절차], 예식
You should wear black at the ritual of the dead.
(형) 의식의, 전례의, 제사의

---

refrain 흡연을 삼가해 주십시오.
rise 농업 상품의 가격은 매년 증가하고 있다.
ritual 장례식에서는 검정색 옷을 입어야 한다.

□ □ □
scale
[스케일]

图 1. 규모, 범위, 등급
The graduation party was held on a sumptuous scale.
2. 저울
图 (아주 높고 가파른 곳을) 오르다, 저울로 달다
4단콤보 scale – scaled – scaled – scaling

□ □ □
skip
[스킵]

파 skippable 图 중요하지 않은

图 1. 생략하다
I'll skip the greeting and get straight to the point.
2. 깡충깡충[팔짝팔짝] 뛰다
图 깡충깡충[팔짝팔짝] 뛰기[뛰며 가기]
4단콤보 skip – skipped – skipped – skipping

□ □ □
southwestern
[사우쓰웨스턴]

图 남서쪽[부]에 있는, 남서쪽에서의
It is located in the southwestern area of Seoul.

□ □ □
starve
[스타브]

파 starvation 图 기아, 굶주림

엔 **starve to death**
굶어죽다

图 1. 굶주리다, 굶어 죽다
Without international aid, the people could almost starve to death.
2. 갈망하다
4단콤보 starve – starved – starved – starving

---

scale 졸업 파티는 호화로운 규모로 열렸다.
skip 인사는 생략하고 바로 본론으로 들어가겠습니다.
southwestern 이곳은 서울의 남서부 지역에 위치해 있다.
starve 국제적인 원조가 없다면, 그 사람들은 거의 굶어죽을 수 있다.

□ □ □

status
[스테이터스]

statuses (복수형)

명 1. 지위, 신분 유 standing, position, rank
A high status guarantees a high income.
2. 정세
3. 현상
형 높은 지위를 주는[상징하는]

□ □ □

stimulate
[스티뮬레이트]

파 stimulation 명 자극, 흥분
stimulus 명 자극제, 자극
stimulative 명 자극물

동 1. 자극하다, 자극을 주다 유 incite
Praise stimulates whales to dance.
2. 흥분시키다 유 excite

4단콤보 stimulate – stimulated – stimulated –
stimulating

□ □ □

vegetable
[베저터블]

명 1. 야채
Healthy people tend to eat more vegetables.
2. 식물 유 plant
형 식물의, 야채[채소]의

---

status 높은 지위는 고소득을 보장한다.
stimulate 칭찬은 고래가 춤추도록 자극한다.
vegetable 건강한 사람들은 더 많은 야채를 먹는 경향이 있다.

01　I can jump **further**.

　　나는 _____ 점프할 수 있다.

02　This insect **specimen** has been over 50 years.

　　이러한 곤충 _____ 은 50년에 걸쳐 있었다.

03　They treat me like a strange **creature** from another planet.

　　그들은 나를 다른 행성에서 온 이상한 _____ 처럼 대한다.

04　I decorated the box with **artificial** flowers.

　　나는 상자를 _____ 꽃으로 장식했다.

05　This experiment is **conducted** by a group of scientists.

　　이러한 실험은 과학자 집단에 의해 _____.

06　I tried really hard to **attain** a master's degree.

　　석사학위를 _____ 하려고 정말 열심히 노력했다.

07　Public **disorder** can be defined a violent activity in public place.

　　대중 _____ 은 공공장소에서의 폭력적인 활동이라고 정의될 수 있다.

08　His sudden **formality** towards me hurts my feelings.

　　나를 대하는 그의 갑작스러운 _____ 은 내 마음을 상하게 한다.

01 더 멀리　02 표본　03 생물　04 인조　05 수행되었다　06 획득　07 난동　08 딱딱함

09 The company makes and **retails** moderately priced sports shoes.

그 회사는 적당한 가격의 운동화를 만들고 _____.

10 **Severe** punishment should be imposed to reduce the number of criminals

범죄자 수를 줄이기 위해 _____ 처벌이 내려져야 한다.

11 The lion left his **sphere** and found a new jungle.

사자는 자신의 _____을 떠나 새로운 정글을 찾았다.

12 I was heavily fined for **violation** of drink driving.

나는 음주 운전 _____으로 고액의 벌금을 물었다.

13 I stayed in an **exclusive** hotel.

나는 _____ 호텔에서 지냈다.

14 Our company **institutes** a couple of new working policies on paid sick leaves.

우리 회사는 유급 병가에 대한 몇 가지 새로운 업무 정책을 _____.

15 A fairy tale book can **stimulate** children's creativity.

동화책은 아이들의 창의력을 _____ 수 있다.

PART

03

Reading ——————————————

> 이번 CHAPTER에서 학습하게 될 단어들입니다. 이미 알고 있는 단어가 얼마나 되는지 체크해 보세요.

O 알고 있는 단어 △ 애매한 단어 × 모르는 단어

☐ article	☐ fortune	☐ digest
☐ giant	☐ fossil	☐ disallow
☐ species	☐ hatch	☐ element
☐ civil	☐ independence	☐ endemic
☐ population	☐ monument	☐ engrave
☐ rush	☐ predator	☐ excrete
☐ electricity	☐ rally	☐ extinct
☐ marine	☐ record	☐ feed
☐ ocean	☐ rotten	☐ forked
☐ prey	☐ secret	☐ gain
☐ prison	☐ square	☐ generally
☐ glide	☐ thick	☐ governor
☐ settler	☐ trunk	☐ humidity
☐ cleave	☐ weigh	☐ imprison
☐ fin	☐ abundant	☐ instrument
☐ memorial	☐ airborne	☐ leading
☐ opponent	☐ amount	☐ lyric
☐ spread	☐ arms	☐ medieval
☐ sword	☐ award	☐ native
☐ system	☐ ban	☐ outer
☐ volcanic	☐ belong	☐ outlaw
☐ ability	☐ blend	☐ ownership
☐ attach	☐ bury	☐ passionate
☐ builder	☐ burial	☐ pepper
☐ compose	☐ capture	☐ phrase
☐ currency	☐ circular	☐ pollute
☐ distance	☐ consist	☐ prehistoric
☐ ditch	☐ cure	☐ prohibit
☐ fence	☐ denote	☐ propel
☐ foil	☐ descendant	☐ rebel
☐ fortress	☐ diameter	☐ regulate

- religion
- riddle
- sawmill
- scandal
- scarce
- seed
- sensation
- significant
- skeptical
- sting
- subject
- survive
- timber
- trait
- trigger
- tropical
- underwater
- union
- upright
- voluntary
- vulnerable

- warrant
- accuse
- ancestor
- challenge
- climate
- commitment
- conflict
- consecutive
- consume
- decline
- disappear
- discrimination
- dismiss
- flock
- gymnastics
- hence
- iconic
- influence
- luck
- majority
- nor

- occur
- ongoing
- profit
- relate
- republic
- seaweed
- shelter
- specific
- speculate
- strange
- strike
- substance
- target
- technology
- thorough
- threat
- times
- translate
- waste
- wear

□ □ □
article
[아티클]

ⓝ 기사, 논설
I always read articles on economy and politics.
ⓥ 1. 열거하다
2. 고발하다

□ □ □
giant
[자이언트]

ㅍ giantlike ⓗ 거인 같은, 거대한

ⓝ 거인
ⓗ 엄청나게 큰, 거대한 ⓤ gigantic, huge
I have read an article on a giant turtle.

□ □ □
species
[스피쉬즈]

ㅍ specific ⓗ 구체적인, 명확한

species (복수형)

ⓝ 종, 종류 ⓤ kind, sort
Various species of animals live in the Savanna.

□ □ □
civil
[시벌]

ㅍ civility ⓝ 정중함, 공손함
civilness ⓝ 공손함, 예의바름

ⓗ 시민의
Suffrage is known as the most important civil right.

---

articles 나는 항상 경제와 정치에 관한 기사를 읽는다.
giant 나는 엄청나게 큰 거북이에 관한 기사를 읽은 적이 있다.
species 다양한 종의 동물들이 사바나에 살고 있다.
civil 투표권은 가장 중요한 시민권으로 알려져 있다.

□□□

population

[파퓰레이션]

[파] populational [형] 인구의

populationless [형] 인구가 없는

[명] 1. 인구, 주민수

The population of Asia accounts for 60 percent of the world's total population.

2. 모집단

□□□

rush

[러쉬]

[파] rushlike [형] 연약한

[숙어] **rush into**

급하게[무모하게] ~하다

[동] 급히 움직이다, 서두르다, 재촉하다

They do not want to rush into having a baby.

[명] 1. 분주, 바쁨

2. 쇄도, 급박

3. 돌발, 급습

[4단콤보] rush – rushed – rushed – rushing

□□□

electricity

[일렉트리서티]

[명] 전기

I have not paid the electricity bill this month.

□□□

marine

[머린]

[파] maritime [형] 바다의, 배의

[형] 1. 바다의, 해양의 [유] oceanic

Marine animals are at risk because temperatures of the sea rises.

2. 선박의

[명] 1. 함선 [유] vessels

2. 해병대원

population 아시아의 인구는 세계 총 인구의 60%를 차지한다.
rush 그들은 서둘러 아이를 갖는 것을 원하지 않는다.
electricity 나는 이번 달에 전기 요금을 지불하지 못했다.
marine 상승하는 바다의 온도 때문에 바다의 동물들이 위기에 처해 있다.

□□□

ocean

[오션]

[파] oceanic [형] 대양의, 바다의

[명] 대양, 해양, 바다

The **ocean** rose about four times as much during the same period.

□□□

prey

[프레이]

[파] preyer [명] 포식자, 약탈자

[명] 1. 먹이, 밥

Take hope from the heart of man, and you make him a beast of **prey**. (Quida)

2. 포획

[동] 1. 잡아먹다, 먹이로 하다

2. 강탈하다 [유] plunder, despoil

[4단콤보] prey – preyed – preyed – preying

□□□

prison

[프리즌]

[명] 교도소, 형무소

A **prison** is a building where criminals are kept.

[동] 감금하다 [유] confine

□□□

glide

[글라이드]

[파] glidingly [부] 미끄러지듯, 술술

[동] 미끄러지듯이 움직이다, 활공하다

In 2000, she built an wingsuit and learned how to **glide**.

[명] 미끄러지기, 활주

[4단콤보] glide – glided – glided – gliding

ocean 바다는 같은 기간 동안 약 네 배 상승했다.

prey 인간의 심장에서 희망을 빼앗아라. 그럼 그는 먹이를 찾는 야수가 될 것이다. (퀴다)

prison 교도소는 범죄자들이 수감된 건물이다.

glide 2000년 그녀는 날개옷을 제작하고 활공하는 법을 익혔다.

□ □ □

settler
[세틀러]

형 1. 정착민, 이민, 이주민
The first American settlers came from England.
2. 식민자 ❸ colonist

□ □ □

cleave
[클리브]

파 cleft 명 갈라진 틈

동 쪼개다, 고수하다
He cleaved firewood with an axe.

4단콤보 cleave – cleaved(cleft/clove) – cleaved(cleft/cloven) – cleaving

□ □ □

fin
[핀]

파 finless 형 지느러미가 없는
finlike 형 지느러미 같은

명 1. 지느러미
Shark fin soup is popular in Japan.
2. (물고기의) 종류
동 지느러미를 움직이다

4단콤보 fin – finned – finned – finning

□ □ □

memorial
[머모리얼]

파 memory 명 기억
memorialize 동 기념하다, 추모하다

형 기념의, 유물의 ❸ commemorative
명 1. 기념물, 기념관, 기념비 ❸ monument
There are a small number of memorials in big cities.
2. 기념식

---

settlers 첫 미국 정착민들은 영국에서 왔다.
cleave 그는 도끼로 장작을 쪼갰다.
fin 상어 지느러미 수프는 일본에서 인기가 있다.
memorial 대도시에는 적은 수의 기념관이 있다.

opponent
[어포넌트]

파 opponency 명 저항, 적대
oppose 동 반대하다, 겨루다

명 대항자, 적대자 유 adversary, antagonist
People who compete or fight against me are my opponents.
형 1. 대립하는 유 opposing
2. 반대의, 적대의 유 antagonistic

spread
[스프레드]

파 spreadability 명 확산성
spreadable 형 퍼지는, 잘 퍼지는

동 퍼지다, 퍼뜨리다
A rumor or gossip spreads rapidly.
명 퍼짐, 확장
형 퍼져 있는
(4단콤보) spread – spread – spread – spreading

sword
[소드]

명 칼, 검
Boys love to play with toy swords.

system
[시스템]

파 systematize 동 체계화하다
systemic 형 체계의, 조직의

명 제도, 체계
The education system in Australia is different to Korea.

---

opponent 나와 경쟁하거나 싸우는 사람들은 나의 적대자들이다.
spreads 소문 또는 험담은 빠르게 퍼진다.
sword 소년들은 장난감 칼을 가지고 노는 것을 좋아한다.
system 호주의 교육 제도는 한국과 다르다.

□ □ □
volcanic
[발캐닉]

㈜ volcano ㉐ 화산

volcanically ㉑ 화산같이, 격렬하게

㉐ 1. 화산의
Residents in the building were safely evacuated before the volcanic eruption.
2. 맹렬한, 격심한 ㉙ violent, intense

□ □ □
ability
[어빌러티]

㈜ able ㉐ ~할 수 있는, 능력 있는

abilities (복수형)

(숙어) ability to
~하는 능력

㉐ 1. 능력 ㉙ competence
I am building my strength and ability to overcome adversity.
2. 역량 ㉙ skill

□ □ □
attach
[어태치]

㈜ attachment ㉐ 부착, 애착, 믿음

㉐ 붙이다, 첨부하다
My job is to attach a label to a parcel.

(4단콤보) attach – attached – attached – attaching

□ □ □
builder
[빌더]

㉐ 건축업자, 건축자
We hired a local builder.

volcanic 화산 폭발 전에 건물 안에 주민들은 안전하게 대피했다.
ability 나는 역경을 극복하는 힘과 능력을 기르고 있다.
attach 내 일은 소포에 라벨을 붙이는 것이다.
builder 우리는 건축업자를 고용했다.

□□□
compose
[컴포즈]

[파] composition [명] 구성 요소, 구성
composure [명] 침착, 평정
composite [형] 합성의

[숙어] **be composed of**
~로 구성되어 있다

[동] 1. 구성하다
Each group is composed of university students and lecturers.
2. 작곡하다
3. (마음을) 가라앉히다, 가다듬다

[4단콤보] compose – composed – composed – composing

□□□
currency
[커런시]

[파] current [형] 통용되는, 현재의, 지금의

currencies (복수형)

[숙어] **currency depreciation**
통화의 하락

[명] 1. 유통, 통용, 통화
Due to currency depreciation, more and more people seem to visit Japan.
2. 유행 [유] prevalence, vogue

□□□
distance
[디스턴스]

[파] distant [형] 먼

[명] 거리, 간격
The distance between my school and a bus stop is not far.
[동] 떼어놓다, 멀리하다

[4단콤보] distance – distanced – distanced – distancing

compose 각각의 단체는 대학생과 강사로 구성되어 있다.
currency 통화의 하락 때문에, 점점 더 많은 사람들이 일본을 방문할 것 같다.
distance 나의 학교와 버스 정류장 사이의 거리는 멀지 않다.

□ □ □
ditch
[디치]

⦿ 도랑, 물길 🔁 water-course, channel
I cleaned debris from ditches.
⦿ ~에 도랑을 파다
(4단콤보) ditch – ditched – ditched – ditching

□ □ □
fence
[펜스]

㉺ fencing ⦿ 울타리, 펜싱
　　fend ⦿ 받아넘기다, 피하다, 막다

⦿ 울타리 🔁 hedge
Do not protect yourself by fence, but rather by your friends.
⦿ ~에 울타리를 치다, 방어하다 🔁 defend, protest
(4단콤보) fence – fenced – fenced – fencing

□ □ □
foil
[포일]

⦿ 포장지, 보완물 🔁 complement
The pizza is covered with foil to keep it warm.
⦿ 좌절시키다, 저지하다 🔁 thwart, stop, defeat, frustrate
(4단콤보) foil – foiled – foiled – foiling

□ □ □
fortress
[포트리스]

⦿ 요새, 성곽
This castle is famous for its beautiful shape of fortress.
⦿ ~에 요새를 만들다

---

ditch 나는 도랑의 잔해물을 치웠다.
fence 울타리가 아니라, 친구들로 너 자신을 보호하라.
foil 피자는 따뜻하게 유지하기 위해 포장지로 쌓여 있다.
fortress 이 성은 아름다운 모양의 요새로 유명하다.

□ □ □

fortune
[포천]

🖭 fortunate 웹 운 좋은
　　fortuneless 웹 불운한

🔵 1. 운, 행운 🔁 chance, luck
　　The brave man carves out his fortune.
　　2. 운명
🔵 1. ~에 큰 재산을 주다
　　2. 우연히 일어나다

□ □ □

fossil
[파설]

🖭 fossilize 웹 화석으로 만들다[되다]

🔵 화석
　　I have found dinosaur fossils from millions of years ago.
🔵 화석의, 발굴한

□ □ □

hatch
[해치]

🖭 hatcher 웹 알을 까는 새[동물]
　　hatching 웹 음영, 명암

🔵 부화하다
　　Birds tend to look a place where they can safely hatch eggs.
🔵 출입문

4단콤보 hatch – hatched – hatched – hatching

□ □ □

independence
[인디펜던스]

🖭 independent 웹 독립된

숙어 gain independence from
　　~으로부터 독립을 쟁취하다

🔵 독립, 자립
　　Korea gained its independence from Japan in 1945.

---

fortune 용감한 자는 그의 행운을 캐낸다.
fossil 나는 수백만 년 전의 공룡 화석을 발견했다.
hatch 새들을 알을 안전하게 부화할 수 있는 곳을 찾는 경향이 있다.
independence 한국은 1945년에 일본으로부터 독립을 쟁취했다.

□ □ □

monument
[마뉴먼트]

㈜ monumental 웹 기념이 되는

명 기념비, 기념상
He looked in surprise at the beautiful monument.

□ □ □

predator
[프레더터]

명 포식자, 포식 동물, 약탈자
A predator is an animal that kills and eats other animals.

□ □ □

rally
[랠리]

㈜ rallier 명 집회 참가자

rallies (복수형)

명 1. 집회
   She shed tears at a victory rally in America.
2. 회복
동 1. 결집하다
2. 회복되다
(4단콤보) rally – rallied – rallied – rallying

□ □ □

record
[리코드]

동 1. 기록하다, 적어 두다
   It is recorded that not all but only some emperors ruled their nations wisely.
2. 등록하다
명 기록, 등록, 증거
형 기록의, 기록적
(4단콤보) record – recorded – recorded – recording

---

monument 그는 아름다운 기념비를 놀라면서 바라보았다.
predator 포식자는 다른 동물들을 죽이고 잡아먹는 동물이다.
rally 그녀는 미국에서 열린 당선 축하 집회에서 눈물을 흘렸다.
record 전부가 아니라 일부 몇몇 황제들만이 나라를 현명하게 지배했다고 기록되어 있다.

□ □ □
rotten
[라튼]

㉠ rottenly ⬤ 썩어, 부패하여

rottener (비교급)/rottenest (최상급)

⬤ 썩은, 부패한, 더러운 ⬤ foul, tainted
People do not eat rotten apples.

□ □ □
secret
[시크릿]

㉠ secrecy ⬤ 비밀 유지, 비밀

⬤ 비밀의, 기밀의
⬤ 비밀, 기밀
I do not want anyone to know about my secret.

□ □ □
square
[스퀘어]

㉠ squarish ⬤ 네모진, 모난

squarer (비교급)/squarest (최상급)

⬤ 정방형, 네모
⬤ 정방형의, 네모의
It has an muscular body and a square-shaped head.
⬤ 네모지게, 직각으로
⬤ 네모지게 하다
(4단콤보) square – squared – squared – squaring

□ □ □
thick
[씩]

㉠ thicken ⬤ 두껍게 하다, 굵게 하다
　thickish ⬤ 두꺼운 듯한, 굵직한

thicker (비교급)/thickest (최상급)

⬤ 두꺼운, 두툼한
She was wearing a thick coat.
⬤ 두껍게, 두툼하게
⬤ 가장 굵은 부분, 무성한 숲

---

rotten 사람들은 썩은 사과를 먹지 않는다.
secret 나는 아무도 내 비밀을 알기를 원하지 않는다.
square 그것은 근육질의 몸과 네모난 모양의 머리가 달려 있다.
thick 그녀는 두꺼운 코트를 입고 있었다.

□ □ □

trunk
[트렁크]

- 명 줄기, 나무줄기 동 stem, stock
  They purchase white trees with white trunks.
- 형 주요한, 간선의
- 통 홈통에서 씻어 골라내다

□ □ □

weigh
[웨이]

파 weight 명 무게, 체중
   weigher 명 계량기
   weighty 형 무거운, 중대한

- 통 1. 저울에 달다, 무게를 달다
  Could you please weigh these onions?
  2. 중요하다
- 명 무게 달기, 저울질

(4단콤보) weigh – weighed – weighed – weighing

□ □ □

abundant
[어번던트]

파 abundance 명 풍부
   abound 통 아주 많다, 풍부하다

- 형 1. 충분한
  We have abundant evidence to prove her
  innocence.
  2. 풍부한

□ □ □

airborne
[에어본]

- 형 비행 중인, 하늘에 떠 있는
  Do not stand your seat while the plane is airborne.

---

trunk 그들은 하얀색 줄기의 하얀색 나무를 구입한다.
weigh 이 양파들의 무게를 달아주시겠습니까?
abundant 우리는 그녀의 결백을 입증할 충분한 증거를 가지고 있다.
airborne 비행기가 비행 중일 때 자리에서 일어나지 마라.

□ □ □
amount
[어마운트]

숙어 an amount of
상당한 ~, 상당한 양의 ~

📖 양, 금액
There is a healthy fruit that provides a significant amount of water.

📖 1. ~의 액수에 달하다 **동** add up
　　2. 결국 ~이 되다 **동** come

□ □ □
arms
[암즈]

📖 1. 병기, 무기 **동** weapons
The government supplied arms to the army.
　　2. 전투

□ □ □
award
[어워드]

파 awardee 📖 수상자

📖 1. 수여하다 **동** adjudge
　　2. 재정하다

📖 1. 상, 상품 **동** prize
He received numerous awards including a Golden Globe Award for Best Actor.
　　2. 심판, 판정

(**4단콤보**) award – awarded – awarded – awarding

□ □ □
ban
[밴]

bani (복수형)

구분 ban + 동명사
~을 금지하다

📖 금지하다
The mayer should ban smoking in public places.

📖 금지

(**4단콤보**) ban – banned – banned – banning

---

amount　상당한 양의 물을 공급하는 건강한 과일이 있다.
arms　정부는 군대에게 무기를 제공했다.
award　그는 골든 글러브 최우수 남우주연상을 포함한 수많은 상을 받았다.
ban　시장님은 공공장소에서의 흡연을 금지해야 한다.

□ □ □

belong
[빌롱]

belong to
~에 속하다

동 속하다, 소속하다
These small islands belong to Indonesia.

(4단콤보) belong – belonged – belonged – belonging

□ □ □

blend
[블렌드]

blend A with B
A와 B를 섞다

동 섞다, 혼합하다
I blend coffee with milk.

명 혼합, 혼합종

(4단콤보) blend – blended – blended – blending

□ □ □

bury
[베리]

파 burial 명 매장, 장례식

동 1. 묻다, 매장하다
I buried my dog's ashes in the backyard.

2. 감추다 유 conceal

(4단콤보) bury – buried – buried – burying

□ □ □

burial
[베리얼]

명 장례, 매장, 묘소
Soldiers' bodies were sent home for burial.

---

belong 이 작은 섬들은 인도네시아에 속한다.
blend 나는 커피와 우유를 섞는다.
bury 나는 개 유골을 뒷마당에 묻었다.
burial 군인들의 시신은 장례를 치르기 위해 집으로 보내졌다.

☐ ☐ ☐
capture
[캡처]

᭐ 1. 잡다 ᭐ catch
I captured various fish on a fishing boat.
2. 체포하다 ᭐ arrest
3. 획득하다, 사진 등에 담다
᭐ 포획, 탈취, 포획물
4단콤보 capture – captured – captured – capturing

☐ ☐ ☐
circular
[서큘러]

᭐ circularity ᭐ 원형, 순환성
circulate ᭐ 순환하다, 순환시키다

᭐ 원형의, 원의, 둥근 ᭐ round
There is a circular building near the park.
᭐ 회장, 안내장

☐ ☐ ☐
consist
[컨시스트]

᭐ consist of
~로 구성되다

᭐ 되어 있다, 이루어지다
A compound substance basically means a thing that
consists of two or more parts.
4단콤보 consist – consisted – consisted – consisting

☐ ☐ ☐
cure
[큐어]

᭐ curer ᭐ 치료자, 치료기
cureless ᭐ 치료법이 없는, 불치의

᭐ 치유법, 치유
Prevention is better than a cure.
᭐ 낫게 하다, 치유하다
4단콤보 cure – cured – cured – curing

---

capture 나는 낚싯배에서 여러 가지 물고기를 잡았다.
circular 공원 근처에 원형 건물이 있다.
consist 합성의 물질은 기본적으로 두 개 혹은 그 이상의 부분으로 이루어진 것을 의미한다.
cure 예방은 치유보다 낫다.

□ □ □

denote
[디노트]

파 denotement 명 표시

통 1. 나타내다, 표시하다 유 indicate
These omens denote the approach of a opportunity.
2. 지시하다

(4단콤보) denote – denoted – denoted – denoting

□ □ □

descendant
[디센던트]

파 descend 통 내려오다, 내려가다

명 자손, 후예, 후손
Descendants remain proud of their ancestors.
형 파생한, 세습의

□ □ □

diameter
[다이애머터]

파 diametric 형 직경의, 정반대의

명 지름, 직경
The suitcase is 20 inches in diameter.

□ □ □

digest
[디제스트]

파 digestion 명 소화, 소화력

통 1. 소화하다
The body's ability to digest food is depending on stomach.
2. 참다, 견디다 유 endure, swallow
명 개요, 요약

(4단콤보) digest – digested – digested – digesting

denote 이러한 조짐은 기회가 다가오고 있다는 것을 나타낸다.
descendant 후손들은 여전히 그들의 조상을 자랑스러워한다.
diameter 그 여행가방은 지름이 20인치이다.
digest 인체의 음식을 소화시키는 능력은 위에 달려있다.

disallow
[디설라우]

파 disallowance 명 불허, 부인

동 1. 불허하다 윤 refuse to allow
Parents disallowed me from going out at night.
2. 인정하지 않다

4단콤보 disallow – disallowed – disallowed – disallowing

element
[엘러먼트]

파 elementary 형 초보의, 초급의

명 1. 요소, 성분, 원소
There are elements of danger in my job.
2. 원칙 윤 principles

endemic
[엔데믹]

파 endemically 부 지방적으로,
풍토적으로

형 풍토성의, 지방적인
명 풍토병, 지방병
Malaria is endemic in Africa.

engrave
[인그레이브]

파 engraver 명 조각가

숙어 engrave A on B
A를 B에 새기다

동 1. 새기다, 조각하다, 파다 윤 carve
I engraved a name on a stone.
2. 인쇄하다 윤 print

4단콤보 engrave – engraved – engraved – engraving

---

disallow 부모님은 내가 밤에 외출하는 것을 불허했다.
element 내 직업에는 위험 요소들이 있다.
endemic 말라리아는 많은 아프리카의 풍토병이다.
engrave 나는 돌에 이름을 새겼다.

□□□

excrete

[익스크릿]

[파] excreter [명] 배설 기관
excretory [형] 배설의

[동] 배설하다 [유] discharge
Snails **excrete** the slime while moving.

[4단콤보] excrete – excreted – excreted – excreting

□□□

extinct

[익스팅크트]

[파] extinction [명] 멸종, 소멸
extinctive [형] 소멸적인, 소멸성의

[형] 멸종된, 꺼진, 소멸된 [유] extinguished
There are a lot of **extinct** animals and birds.

□□□

feed

[피드]

[파] feedable [형] 먹을 수 있는

[동] 먹이를 주다, 먹을 것을 주다
Don't forget to **feed** dogs before you leave home.

[명] 먹이, 사료 [유] fodder

[4단콤보] feed – fed – fed – feeding

□□□

forked

[포크트]

[형] 갈라진, (두 갈래로) 분열한 [유] cleft
The maze was **forked** off in two directions.

excrete 달팽이는 움직이면서 그 점액질을 배설한다.
extinct 많은 멸종된 동물들과 새들이 있다.
feed 집에서 나가기 전에 강아지들에게 먹이를 줘야하는 것을 잊지 말라.
forked 그 미로는 두 방향으로 갈라졌다.

gain
[게인]

㉙ gainable ㉕ 얻을 수 있는

㉕ 얻다, 쌓다
Some gold medalists have gained public acclaim and support.

㉙ 증가, 이득

(4단품보) gain – gained – gained – gaining

generally
[제너럴리]

㉙ generalizable ㉕ 일반화할 수 있는
general ㉕ 일반적인

㉙ 일반적으로
Most of electronic devices are generally guaranteed for two years.

governor
[거버너]

㉙ 지배자, 통치자 ㉕ ruler
He thinks she will be an excellent governor.

humidity
[휴미더티]

㉙ humidify ㉕ 축이다, 적시다
humid ㉕ 습한

㉙ 습도, 습기, 축축함 ㉕ dampness
The humidity in this city will be around 70%.

---

gain 일부 금메달 수상자들은 대중적인 환호와 지지를 얻었다.
generally 대부분의 전기기구는 일반적으로 2년 동안 보증된다.
governor 그는 그녀가 뛰어난 통치자가 될 것이라고 생각한다.
humidity 이 도시의 습도는 70% 정도 될 것이다.

□ □ □

imprison

[임프리즌]

[파] imprisonment [명] 투옥, 구금, 수감

[동] 구속하다, 수감하다

People who commit a crime should be imprisoned.

[4단콤보] imprison – imprisoned – imprisoned – imprisoning

□ □ □

instrument

[인스트러먼트]

[파] instrumental [형] 수단이 되는

[명] 1. 기계, 기구, 도구

This instrument can detect small amounts of radiation.

2. 악기

□ □ □

leading

[리딩]

[파] leadingly [부] 주요하게

[형] 가장 중요한, 주된

The leading causes of death in America are heart disease and cancer.

□ □ □

lyric

[리릭]

[파] lyre [명] 서정시

lyrical [형] 서정적인

[형] 가사의, 서정시의

[명] 서정시, 가사

The writer of lyrics is a lyricist.

imprison 범죄를 저지른 사람들은 구속되어야만 한다.

instrument 이 기구는 소량의 방사선을 감지할 수 있다.

leading 미국의 주된 사망 원인은 심장병과 암이다.

lyric 가사의 작가는 작사가이다.

□□□

medieval
[미디이벌]

画 medievalize 동 중세식으로 하다
medievally 思 중세풍으로

형 중세의, 중세적인, 중세식의
The building dates back to medieval times.

□□□

native
[네이티브]

画 nativity 명 출생, 탄생
natively 思 선천적으로, 천연적으로

형 토박이의, 출생지의
명 원주민, 원어민
I can speak Spanish like a native.

□□□

outer
[아우터]

형 밖의, 바깥의, 외부의 町 external
The outer walls are painted in white colors.
명 권외

□□□

outlaw
[아웃로]

동 1. 금지하다 町 prohibit
In America, Christmas was outlawed in Boston in
1660.
2. 불법화하다
명 무법자, 불량배
(4단콤보) outlaw – outlawed – outlawed – outlawing

---

medieval 그 건물의 역사는 중세시대까지 거슬러 올라간다.
native 나는 스페인어를 원어민처럼 말할 수 있다.
outer 바깥의 벽들은 하얀색으로 칠했다.
outlaw 1660년에 미국 보스턴에서는 크리스마스가 금지되기도 했다.

□ □ □

ownership
[오너쉽]

형 1. 소유권 유 proprietorship
Ownership is the legal right to possess something.

2. 임자, 소유 유 possession

□ □ □

passionate
[패셔넛]

파 passion 명 격정

형 1. 열렬한, 열정적인 유 vehement
Calendars are for careful people, not passionate ones. (Chuck Sigars)

2. 격렬한, 강렬한

□ □ □

pepper
[페퍼]

명 1. 후추, 고추
She doesn't like dishes with peppers.

2. 자극성

동 ~에 후추를 뿌리다, 난발하다

(4단콤보) pepper – peppered – peppered – peppering

□ □ □

phrase
[프레이즈]

파 phrasal 형 구로 된

명 1. 구절, 구
I bought an English phrase book.

2. 말투

3. 명언

동 말로 나타내다, 칭찬하다

(4단콤보) phrase – phrased – phrased – phrasing

---

ownership 소유권은 무언가를 소유할 수 있는 법적 권리이다.
passionate 달력은 열정적인 이들이 아니라, 신중한 이들을 위한 것이다. (척 사이거스)
pepper 그녀는 후추가 들어간 음식들을 좋아하지 않는다.
phrase 나는 영어 구절 책을 샀다.

□□□
pollute
[펄룻]

[파] pollution [명] 오염, 공해
polluter [명] 오염자, 오염원

[동] 오염시키다, 더럽히다, 불결하게 하다
The atmosphere on earth has been **polluted** by mainly humans.

[4단콤보] pollute – polluted – polluted – polluting

□□□
prehistoric
[프리히스토릭]

[파] prehistory [명] 선사 시대, 초기 단계

[형] 1. 선사 시대의
The archaeologists are studying the history of **prehistoric** man.
2. 구식의

□□□
prohibit
[프로히빗]

[파] prohibition [명] 금지
prohibitive [형] 금지하는

[동] 1. 금지하다
Smoking in public areas is **prohibited**.
2. 못하게 하다 [유] interdict
3. 방해하다, 훼방하다 [유] hinder, prevent

[4단콤보] prohibit – prohibited – prohibited – prohibiting

□□□
propel
[프러펠]

[파] propulsion [명] 추진, 추진력
propulsive [형] 추진력 있는, 추진하는

[동] 나아가게 하다, 추진하다 [유] drive forward
My father is a person to **propel** by ambition.

[4단콤보] propel – propelled – propelled – propelling

pollute 지구의 대기는 주로 인간들로 인해 오염되어 왔다.
prehistoric 고고학자들은 선사 시대의 인간의 역사를 연구하고 있다.
prohibit 공공장소에서의 흡연은 금지되어 있다.
propel 나의 아버지는 야망에 의해 나아가는 사람이다.

☐ ☐ ☐

rebel

[레벌]

[파] rebellion [명] 반란, 모반
rebeldom [명] 반역 행위, 반란 구역
rebellious [형] 반항적인, 반역하는

[숙어] **rebel against**
~에 대항, 저항하다

[동] 저항하다, 반란을 일으키다
He rebels against his mother and is always ready for adventure.

[명] 반역자, 반대자

[4단콤보] rebel – rebelled – rebelled – rebelling

☐ ☐ ☐

regulate

[레귤레이트]

[파] regulation [명] 규정, 규제, 통제

[동] 1. 규정하다
2. 규제하다 [유] restrict
The advertisement aimed at children needs to be regulated strictly.

[4단콤보] regulate – regulated – regulated – regulating

☐ ☐ ☐

religion

[릴리전]

[명] 종교
People are given the freedom of religion.

☐ ☐ ☐

riddle

[리들]

[명] 수수께끼
For 10 years, no one has been able to solve this riddle.

[동] 구멍을 숭숭 뚫다

[4단콤보] riddle – riddled – riddled – riddling

rebel 그는 엄마에게 저항하고 모험을 떠날 준비가 항상 되어있다.
regulate 아이들을 목표로 한 광고는 엄격하게 규제될 필요가 있다.
religion 사람들에게 종교의 자유가 주어진다.
riddle 십년간, 어느 누구도 이 수수께끼를 풀 수 없었다.

□ □ □
sawmill
[소밀]

몡 제재용 톱, 제재소
He created knitting machines in collaboration with a
Chinese sawmill.

□ □ □
scandal
[스캔들]

파 scandalize 동 분개시키다
  scandalous 형 수치스러운,
        불명예스러운

몡 추문, 스캔들, 치욕
The scandal would be the greatest failure in her life.
동 ~을 모욕하다

□ □ □
scarce
[스케어스]

파 scarcity 몡 부족, 결핍

scarcer (비교급)/scarcest (최상급)

형 1. 진귀한, 드문 유 uncommon, rare
   2. 흔치 않은
      As scarce as truth is, the supply has always been in
      excess of the demand. (Josh Billings)
부 결코 ~이 아닌

□ □ □
seed
[시드]

파 seedy 형 씨가 많은, 씨를 맺은
  seedless 형 씨가 없는

몡 씨앗, 열매, 종자, 씨
Each fruit contains a single seed.
동 씨를 뿌리다
(4단콤보) seed – seeded – seeded – seeding

sawmill 그는 중국의 한 제재소와 협력하여 뜨개질 기계들을 만들었다.
scandal 그 스캔들이 그녀의 인생에서 가장 큰 실패였다.
scarce 진실이 비록 흔치 않으나, 공급이 언제나 수요를 초과해 왔다. (조쉬 빌링스)
seed 각각의 과일은 하나의 씨앗을 포함하고 있다.

□□□
sensation
[센세이션]

[파] sensational [형] 선풍적 인기의, 세상을 깜짝 놀라게 하는

[명] 1. 감각
I had no sensation in my hands.
2. 느낌, 기분 [유] feeling

□□□
significant
[시그니피컨스]

[파] significance [명] 중요성, 의미

[숙어] significant for
~에 있어서 의미 있는

[형] 중요한, 의미 있는 [유] important, momentous, meaningful
Eating a well-balanced diet is significant for health.

□□□
skeptical
[스켑티컬]

[숙어] be skeptical about(of)
~을 의심하다

[형] 의심 많은, 의혹적인, 회의적인
Experts are skeptical about the effectiveness of automation.

□□□
sting
[스팅]

[파] stinging [형] 찌르는, 쏘는
stingingly [부] 찌르는 듯이, 날카롭게

[동] 찌르다, 쏘다
[명] 1. 찌르기, 쏘기
2. 자극성
3. 침
He who would gather honey must bear the sting of the bees.

[4단콤보] sting – stung – stung – stinging

sensation 나는 손에 감각이 없었다.
significant 균형이 잡힌 식단을 먹는 것은 건강에 중요하다.
skeptical 전문가들은 자동화의 효과에 대해 회의적이다.
sting 꿀을 모으려는 사람은 벌의 침을 참아야 한다.

□ □ □
subject
[섭직트]

㉠ subjection ㉿ 복종, 정복
　subjective ㉿ 주관적인

㉦ be subject to
　지배를 받다, ~의 대상이다

㉿ 1. 영향을 받기 쉬운
　　2. 지배를 받는
　　3. ~할 수밖에 없는
　　　The trip is subject to change.
㉤ ~을 조건으로 ㉦ conditionally upon
㉿ 주제, 내용, 제목 ㉦ theme
㉧ 1. 복종시키다, 당하게 하다
　　2. 제출하다 ㉦ submit, expose
(4단콤보) subject – subjected – subjected – subjecting

□ □ □
survive
[서바이브]

㉠ survival ㉿ 생존, 유물
　survivability ㉿ 생존 가능성

㉧ 생존하다, ~에서 살아남다
Humanity cannot survive without food, fresh water
and clean air.
(4단콤보) survive – survived – survived – surviving

□ □ □
timber
[팀버]

㉿ 수목, 목재
Thailand is rich in natural resources such as timber,
tin, and gold.

□ □ □
trait
[트레이트]

㉿ 특성, 특색, 특징 ㉦ characteristic
Being positive is a wonderful trait to help people.

---

subject 그 여행은 변경 될 수가 있다.
survive 인류는 음식, 담수와 깨끗한 공기 없이 생존할 수 없다.
timber 태국은 목재, 주석 그리고 금과 같은 천연 자원이 풍부하다.
trait 긍정적인 것은 다른 사람들을 돕는 멋진 특징이다.

□ □ □

trigger
[트리거]

- 몡 방아쇠, 제동기
- 동 ~의 발단이 되다, 유발하다 유 initiate, set off

  Rigid muscles trigger a limit in body movement.

  (4단콤보) trigger – triggered – triggered – triggering

□ □ □

tropical
[트라피컬]

파 tropic 몡 열대 지방

　tropicality 몡 열대성

　tropically 뷰 매우 덥게

- 혱 1. 열대의, 열대 지방의

  Tropical rainforests have the many varied assemblage of plants.

  2. 격렬한 유 fervid, passionate
- 몡 열대어

□ □ □

underwater
[언더워터]

- 혱 수중의, 물속의

  Divers are equipped with underwater cameras.

□ □ □

union
[유니언]

파 unionize 동 노동조합을 결성하다

- 몡 1. 결합, 연합

  The United Kingdom refers to a political union between England, Wales, Scotland, and Northern Ireland.

  2. 합동, 합병

---

trigger 굳은 근육은 신체 움직임에 제한을 유발한다.
tropical 열대 우림에는 많은 다양한 식물들이 집합되어 있다.
underwater 잠수부들은 수중 카메라를 갖추고 있다.
union 영국은 잉글랜드, 웨일즈, 스코틀랜드, 북아일랜드 사이의 정치적 연합을 의미한다.

□□□
upright
[업라이트]

파 uprightness 명 강직함, 강직성
uprightly 부 똑바른, 꼿꼿한

숙어 stand upright
반듯이 서다

형 1. 똑바른, 수직의
An empty bag cannot stand upright.
2. 정직한 유 honest
부 똑바로, 직립하여
명 직립, 수직

□□□
voluntary
[발런테리]

형 자발적인 반 compulsor
We depend entirely on voluntary contribution.
명 자발적인 행위

□□□
vulnerable
[벌너러블]

파 vulnerability 명 취약성

숙어 be vulnerable to
~에 영향을 받기 쉽다, 민감하다

형 1. 상처를 받기 쉬운
2. 취약한, 공격받기 쉬운
Patients are vulnerable to infections.

---

upright 빈 가방은 똑바로 설 수가 없다.
voluntary 우리는 전적으로 자발적인 기부에 의지하고 있다.
vulnerable 환자들은 감염에 공격받기 쉽다.

warrant
[워런트]

파 warranty 명 근거, 품질 보증서
warrantable 형 정당한

명 1. 권능, 권한 유 authority
2. 보증서
3. 체포영장
Police can enter premises without a warrant.
동 1. ~에 권한을 주다 유 authorize
2. 정당화하다, ~을 보증하다
(4단콤보) warrant – warranted – warranted – warranting

□ □ □

accuse
[어큐즈]

파 accusation 명 비난, 고발, 혐의
accuser 명 고소인, 비난자
accusatory 형 고발하는

동 1. 고발하다, 고소하다
2. 비난하다 유 blame
We have no reason to accuse her.
(4단콤보) accuse – accused – accused – accusing

□ □ □

ancestor
[앤세스터]

파 ancestral 형 조상의

명 선조, 조상 유 forefather, forebear
People have to pay respect to the ancestors.

□ □ □

challenge
[챌린지]

파 challenger 명 도전자

명 도전
동 ~에 도전하다
The duty of youth is to challenge corruption. (Kurt Cobain)
(4단콤보) challenge – challenged – challenged – challenging

---

warrant 경찰은 영장 없이 구내에 진입할 수 있다.
accuse 우리는 그녀를 비난할 이유가 없다
ancestor 사람들은 선조에게 경의를 표해야 한다.
challenge 젊은 날의 의무는 부패에 도전하는 것이다. (커트 코베인)

□□□
climate
[클라이밋]

[파] climatic [형] 기후의

[명] 기후, 지대 [유] region
Some parts of the world have a tropical wet climate.

□□□
commitment
[커밋먼트]

[파] commission [명] 수수료, 위원회
commit [동] 헌신하다

[명] 1. 헌신 [유] engagement, dedication, devotion
Being a parent requires endless commitment.
2. 공약

□□□
conflict
[컨플릭트]

[파] conflictful [형] 분쟁이 많은
conflictory [형] 대립하는

[숙어] (a) conflict with
~와의 충돌

[명] 충돌, 불화
The international conflict with neighbouring countries is predictable.
[동] 충돌하다, 싸우다
[4단콤보] conflict - conflicted - conflicted - conflicting

□□□
consecutive
[컨세큐티브]

[파] consecution [명] 연속, 일관성

[형] 연속적인, 잇따른
I failed a medical test for two consecutive years.

climate 세계의 어떤 지역은 열대성 습한 기후를 가지고 있다.
commitment 부모가 되는 것은 끝없는 헌신을 요구한다.
conflict 이웃 국가들과의 국제적인 충돌은 예상 가능하다.
consecutive 나는 2년 연속 의료 시험에 낙방했다.

□ □ □

consume

[컨슘]

[파] consumption [명] 소비, 소모(량)
consuming [형] 소비하는

[동] 1. 소비하다
Natural resources such as oil and coal have been excessively consumed.
2. 섭취하다

[4단콤보] consume - consumed - consumed - consuming

□ □ □

decline

[디클라인]

[파] decliner [명] 사퇴자

[동] 1. 감소하다
2. 거절하다
They declined my business proposal.
3. 기울다, 아래를 향하다, 쇠퇴하다 [유] fall off, wane

[명] 1. 쇠퇴, 퇴보, 타락 [유] decay
2. 경사

[4단콤보] decline - declined - declined - declining

□ □ □

disappear

[디서피어]

[파] disappearance [명] 사라짐, 소실

[동] 사라지다, 없어지다, 소멸하다
In ten years, nearly 60 percent of the species has disappeared.

[4단콤보] disappear - disappeared - disappeared - disappearing

consume 석유와 석탄과 같은 천연 자원은 지나치게 소비되어 왔다.
decline 그들은 나의 사업 제안을 거절했다.
disappear 10년 만에, 거의 그 종의 60퍼센트가 사라졌다.

□□□

discrimination

[디스크리미네이션]

[파] discriminate [동] 구별하다, 차별하다
discriminatory [형] 차별적인

[숙어] **racial discrimination**
인종 차별

[명] 1. 구별
2. 차별
We must eliminate racial discrimination.

□□□

dismiss

[디스미스]

[파] dismissal [명] 해고
dismissive [형] 무시하는

[동] 1. 해고하다, 해임하다
I am going to dismiss some employees.
2. 퇴학시키다
3. 추방하다 [유] expel, discharge
[명] 해산, 해고
[4단콤보] dismiss – dismissed – dismissed – dismissing

□□□

flock

[플락]

[파] flockless [형] 무리가 없는, 떼를 짓지 않은
flocky [형] 양털 모양의

[숙어] **flock to**
~로 모여들다

[명] 떼, 무리
[동] 모이다
This spurred a mass of Chinese to flock to the city.
[4단콤보] flock – flocked – flocked – flocking

discrimination 우리는 인종 차별을 없애야 한다.
dismiss 나는 직원 몇 명을 해고할 것이다.
flock 이것은 많은 중국인들이 도시로 모이게 만들었다.

□ □ □
gymnastics
[짐내스틱스]

명 체조
My favorite sports is gymnastics.

□ □ □
hence
[헨스]

부 1. 그러므로
　　Hence he has been called the champion of modern forms and hip-hop music.
2. 여기서부터, 지금부터, 향후

□ □ □
iconic
[아이카닉]

형 우상의, 상징이 되는
Paul McCartney gained iconic status following his death.

□ □ □
influence
[인플루언스]

파 influencer 명 영향력을 행사하는 사람[것]
influential 형 영향력이 큰

명 영향(력), 세력
The influence of parents on children behavior is huge.
동 ~에게 영향을 끼치다
4단콤보 influence – influenced – influenced – influencing

---

gymnastics　내가 가장 좋아하는 운동은 체조이다.
hence　그러므로 그는 현대 형식과 힙합 음악의 챔피언으로 불리었다.
iconic　Paul McCartney는 그가 죽은 후에 우상이 되었다.
influence　아이들 행동에 대한 부모님의 영향은 거대하다.

luck
[럭]

파 lucky 형 운이 좋은, 행운의
luckless 형 운 나쁜

명 운, 행운
A man does not seek his luck, luck seeks its man.

동 운이 좋다

(4단콤보) luck – lucked – lucked – lucking

majority
[머조러티]

파 major 형 주요한, 중대한

majorities (복수형)

숙어 **a majority of**
다수의

명 대다수, 과반
A majority of doctors are high income earners.

nor
[너]

접 ~도 (또한) 아니다
Nor heaven nor earth have been at peace tonight.

occur
[어커]

파 occurrence 명 발생, 존재

동 1. 발생하다 동 happen, take place
Accidents can occur when it snows a lot.
2. 나타나다 동 appear

(4단콤보) occur – occurred – occurred – occurring

luck 사람이 행운을 찾아내지 않고, 행운이 사람을 찾는다.
majority 대다수의 의사들은 고소득자이다.
nor 하늘도 땅도 오늘밤은 평화롭지 않다.
occur 눈이 많이 오면 사고가 발생할 수 있다.

□ □ □

ongoing
[온고잉]

📁 ongoingness 📁 진행 중임

📁 1. 진행하는, 계속 진행 중인
Whether the government should be responsible for all elderly care is an ongoing debate.
2. 전진하는
📁 진행 📁 progress

□ □ □

profit
[프라핏]

📁 profitable 📁 이득이 되는, 유익한
profitless 📁 수익성이 없는, 무익한

📁 이익, 이득, 수익 📁 advantage, benefit
Honor and profit lie not in one sack.
📁 ~에게 이익이 되다, 보탬이 되다, 도움을 주다 📁 benefit
4단콤보 profit – profited – profited – profiting

□ □ □

relate
[릴레이트]

📁 relation 📁 관계, 친척
relative 📁 친척
relatable 📁 공감대를 형성하는

숙어 be related to
~와 관련이 있다

📁 1. 관련시키다, 결부시키다 📁 connect
An academic success is closely related to how much you are interested in what you study.
2. 말하다, 진술하다
4단콤보 relate – related – related – relating

□ □ □

republic
[리퍼블릭]

📁 republican 📁 공화국의, 공화주의의

📁 공화국, 국가 📁 state, commonwealth
A special documentary will be aired on TV to commemorate the establishment of the Republic of Korea.

---

ongoing   정부가 모든 노인요양에 대해 책임을 져야 하는지에 대한 논란은 계속 진행 중이다.
profit   명예와 이득은 한 주머니에 들지 않는다.
relate   학업 성공은 공부하는 것에 얼마나 관심이 있는지와 밀접하게 관련이 있다.
republic   특별한 기록물은 대한민국 설립을 기념하기 위해 TV에 방영될 것이다.

□ □ □

seaweed
[시위드]

  명 해초, 해조
They gather seaweed, catch fish, and pick abalone.

□ □ □

shelter
[쉘터]

파 shelterless 형 피난처가 없는,
                도망갈 데가 없는

숙어 emergency shelters
     비상 대피소

  명 은신처, 대피소, 피난처 유 refuge
Churches are often used as emergency shelters.
  동 1. 보호하다, 막아주다 유 protect, guard
     2. 숨다, 피난하다
(4단콤보) shelter – sheltered – sheltered – sheltering

□ □ □

specific
[스피시픽]

파 species 명 종
   specify 동 명시하다

  형 1. 특별한, 특수한 유 particular
     2. 특종의, 특정의
     3. 명확한, 구체적인 유 precise, definite
        I have trouble with making specific plans for the
        development of career.
  명 1. 특성, 특질
     2. 특효약 유 specific remedy

□ □ □

speculate
[스페큘레이트]

파 speculation 명 추측, 짐작
   speculative 형 추측에 근거한

  동 1. 추측하다, 짐작하다
     2. 사색하다, 깊이 생각하다 유 meditate
        I sometimes speculate why I live.
     3. 투기를 하다
(4단콤보) speculate – speculated – speculated –
        speculating

---

seaweed 그들은 해초를 모으고, 물고기를 잡고, 전복을 캡니다.
shelter 교회는 긴급 대피소로 자주 사용된다.
specific 나는 경력 개발을 위한 구체적인 계획을 세우는 데 어려움을 겪고 있다.
speculate 나는 가끔 내가 왜 사는지 사색한다.

☐ ☐ ☐
strange
[스트레인지]

파 strangely 🔵 이상하게

stranger (비교급)/trangest (최상급)

🔵 1. 이상한, 기묘한 🔳 curious, odd, queer
He was spooked by the strange noises and lights.
2. 들어보지 못한, 미지의
🔵 기묘하게, 이상하게

☐ ☐ ☐
strike
[스트라이크]

파 stroke 🔵 치기, 때리기

🔵 1. 치다, 두드리다 🔳 hit
When lightning strikes trees, they blow up.
2. 공격하다 🔳 attack
🔵 치기, 타격, 구타 🔳 striking
(4단콤보) strike – struck – stricken(struck) – striking

☐ ☐ ☐
substance
[섭스턴스]

파 substantiate 🔵 입증하다
substantial 🔵 상당한

🔵 1. 물질 🔳 matter
All explosive substances should be reported.
2. 본체, 본질 🔳 reality, essence

☐ ☐ ☐
target
[타깃]

파 targetless 🔵 대상이 없는

🔵 1. 표적, 과녁, 목표 🔳 mark
Children are easy targets for criminals.
2. 대상
(4단콤보) target – targeted – targeted – targeting

strange 그는 이상한 소리와 빛 때문에 겁을 먹었다.
strike 번개가 나무를 치면 나무가 폭발한다.
substance 모든 폭발성 물질은 보고되어야 한다.
target 아이들은 범죄자들의 쉬운 표적이다.

Word

□□□
technology
[테크날러지]

㉙ technologist ⑲ 과학 기술자
technological ⑱ 과학 기술의

technologies (복수형)

⑲ (과학) 기술, 테크놀로지
The innovation of technology makes a life easier.

□□□
thorough
[써로]

㉙ thoroughness ⑲ 완전, 철저함
thoroughly ⑤ 대단히, 완전히

⑱ 1. 완전한, 절대적인
2. 철저한 ⑳ complete, thoroughgoing
This case requires thorough investigation.
3. 관통하는
⑤ ~을 통해
㉑ ~사이로

□□□
threat
[쓰렛]

㉞ a threat to
~에 대한 위협

⑲ 위협, 협박 ⑳ menace
Injustice anywhere is a threat to justice everywhere.
(Martin Luther King Jr.)
⑧ 협박하다, 위협하다

□□□
times
[타임즈]

⑱ 배가 되는
My cat is three times heavier than my puppy.
㉑ ~으로 곱한

---

technology   기술의 혁신은 삶을 더 쉽게 만든다.
thorough   이번 사건은 철저한 조사가 필요하다.
threat   어디서 발생하든 불의는 세상 모든 곳의 정의를 위협한다. (마틴 루터 주니어)
times   내 고양이는 내 강아지보다 세 배 더 무겁다.

□ □ □

translate

[트랜슬레이트]

패 translation 영 번역, 통역
translatability 영 번역 가능성

동 1. 번역하다, 해석하다
The website is also conveniently translated in English and Korean.
2. 설명하다 유 interpret

(4단콤보) translate – translated – translated – translating

□ □ □

waste

[웨이스트]

패 wasteness 영 황폐, 황량함
wasteful 형 낭비하는, 낭비적인

콤 a waste of time
시간의 낭비

동 1. 낭비하다, 막 쓰다
2. 소모시키다
형 1. 경작되지 않은 유 uncultivated
2. 쓸모없는, 필요없는 유 useless
명 낭비, 허비, 소모
Doing a thing well is often a waste of time. (Robert Byrne)

(4단콤보) waste – wasted – wasted – wasting

□ □ □

wear

[웨어]

콤 wear gloves
장갑을 끼다

동 입다, 착용하다, 쓰다
All students should wear gloves and goggles in the laboratory.
명 착용, 입기, 사용

(4단콤보) wear – wore – worn – wearing

translate　그 웹사이트는 편리하게 영어와 한국어로 역시 번역된다.
waste　무엇을 잘 하는 것은 종종 시간 낭비이다. (로버트 바이른)
wear　모든 학생들은 실험실에서 장갑을 끼고 고글을 착용해야만 한다.

01 **Spread** branches in the garden need to be cut.

정원에 있는 _____ 가지들을 잘라야 한다.

02 I **distance** myself from Linda who is mean and greedy.

나는 비열하고 탐욕스러운 Linda를 _____.

03 The police **foiled** a number of attempts of criminals committing a crime last year.

경찰은 작년에 범죄를 저지르는 범죄자들의 수많은 시도를 _____.

04 There is no reason to **disallow** people from crossing the bridge.

사람들이 다리를 건너는 것을 _____ 이유가 없다.

05 The cat had a **feed** an hour ago.

그 고양이는 한 시간 전에 _____를 먹었다.

06 This **instrument** is easily broken.

이 _____는 쉽게 부서진다.

07 My company is one of the **leading** companies.

내 회사는 _____ 회사들 중에 하나이다.

08 The wind **propelled** the fishing boat.

바람은 낚싯배를 _____.

answer

01 퍼져 있는   02 멀리한다   03 저지시켰다   04 불허할   05 사료   06 기계   07 선두적인   08 나아가게 했다

09 He doesn't like the bugs that **sting**, bite, spread disease.

그는 _____, 물고, 병을 퍼뜨리는 곤충들은 좋아하지 않는다.

10 All living creatures are **subject** to death.

모든 살아있는 생명체는 죽을 _____.

11 Criminals sometimes **trigger** a rebellion.

범죄자들은 때때로 반란을 _____.

12 Some dogs native to cold countries are **vulnerable** to hot weather.

추운나라 태생의 몇몇 개들은 더운 날씨에 _____.

13 The outcome of the new research on meat diet would seem to **conflict** with existing theories.

고기 다이어트에 대한 새로운 연구의 결과는 기존의 이론과 _____.

14 An organization's values have been shown to **influence** how much employees are satisfied with their work.

조직의 가치는 직원들이 자신의 업무에 얼마나 만족하는지에 _____ 것으로 나타났다.

15 Viewers are **speculating** on whether the accusation is true.

시청자들은 그 비난이 사실인지 아닌지에 대해 _____.

09 쏘고 10 수밖에 없다 11 일으킨다 12 취약하다 13 충돌하는 듯하다 14 영향을 미치는 15 추측하고 있다

PART
03

Reading

> 이번 CHAPTER에서 학습하게 될 단어들입니다. 이미 알고 있는 단어가 얼마나 되는지 체크해 보세요.

○ 알고 있는 단어   △ 애매한 단어   × 모르는 단어

☐ furniture	☐ publish	☐ catalog
☐ offer	☐ standard	☐ committee
☐ underline	☐ sunshine	☐ construction
☐ repair	☐ unity	☐ coverage
☐ client	☐ accommodate	☐ enclose
☐ literary	☐ airfare	☐ estimate
☐ corporate	☐ competitor	☐ extension
☐ immigration	☐ confirm	☐ fellow
☐ manager	☐ educational	☐ furnish
☐ travel	☐ expand	☐ grateful
☐ meet	☐ faculty	☐ incentive
☐ package	☐ forward	☐ increase
☐ concern	☐ hesitate	☐ ineffective
☐ couch	☐ insure	☐ intend
☐ order	☐ interior	☐ intricate
☐ academic	☐ leather	☐ kindly
☐ contact	☐ locate	☐ literature
☐ deliver	☐ march	☐ match
☐ form	☐ refund	☐ negligible
☐ legal	☐ registration	☐ phase
☐ material	☐ sponsor	☐ poetry
☐ sincere	☐ upon	☐ policy
☐ charge	☐ aim	☐ president
☐ claim	☐ allow	☐ principal
☐ discount	☐ along	☐ privilege
☐ expect	☐ ament	☐ realize
☐ fair	☐ annual	☐ regret
☐ height	☐ apprehensive	☐ respond
☐ include	☐ assure	☐ restore
☐ loyal	☐ authority	☐ section
☐ past	☐ aware	☐ shoulder

- ☐ solidarity
- ☐ surplus
- ☐ vice
- ☐ wholesaler
- ☐ abroad
- ☐ accurate
- ☐ admission
- ☐ argument
- ☐ attendee
- ☐ automate
- ☐ bear
- ☐ candidate
- ☐ celebrate
- ☐ code
- ☐ considerable
- ☐ defend
- ☐ deny
- ☐ describe
- ☐ desire
- ☐ detail
- ☐ disappointed
- ☐ division
- ☐ draw
- ☐ effect
- ☐ exempt
- ☐ found
- ☐ freshwater
- ☐ generate
- ☐ global

- ☐ hole
- ☐ homeless
- ☐ illegal
- ☐ industry
- ☐ lament
- ☐ lawsuit
- ☐ league
- ☐ length
- ☐ likewise
- ☐ logging
- ☐ magnificent
- ☐ membership
- ☐ merely
- ☐ milestone
- ☐ mining
- ☐ neither
- ☐ orphanage
- ☐ potential
- ☐ prolong
- ☐ proof
- ☐ proportion
- ☐ quarter
- ☐ recognition
- ☐ refuse
- ☐ regardless
- ☐ reject
- ☐ reserve
- ☐ serve
- ☐ steady

- ☐ stomach
- ☐ strategy
- ☐ theory
- ☐ thin
- ☐ trade
- ☐ vision
- ☐ wipe
- ☐ announce
- ☐ Atlantic
- ☐ biographical
- ☐ cigarette
- ☐ climb
- ☐ contrary
- ☐ executive
- ☐ government
- ☐ loosen
- ☐ narrative
- ☐ physics
- ☐ pretend
- ☐ promise
- ☐ reminisce
- ☐ rub
- ☐ scare
- ☐ shift
- ☐ sophomore
- ☐ supervisor
- ☐ task
- ☐ telegraph

☐☐☐
furniture
[퍼니처]

圐 가구, 비품
This furniture is expensive.

☐☐☐
offer
[오퍼]

图 1. 제공하다, 제출하다 团 present, tender
　2. 권하다, 제의하다 团 proffer
圐 1. 제의
　The offer is subject to certain conditions.
　2. 제공

(4단콤보) offer – offered – offered – offering

☐☐☐
underline
[언더라인]

图 ~에 밑줄을 긋다, ~을 강조하다, ~을 명시하다
I underline key words when reading the passage.
圐 밑줄, 설명

☐☐☐
repair
[리페어]

囲 reparation 圐 배상(금), 보상
　repairer 圐 수리공, 수리 도구

图 1. 수리[보수/수선]하다
　I repaired my watch bought by my father.
　2. (상황을) 바로잡다
圐 수리, 보수, 수선

(4단콤보) repair – repaired – repaired – repairing

---

furniture 이 가구는 비싸다.
offer 그 제의는 특정한 조건들을 전제로 한다.
underline 나는 구절을 읽을 때 핵심단어에 밑줄을 긋는다.
repair 난 아버지가 사주신 시계를 수리했다.

☐ ☐ ☐

client
[클라이언트]

㈜ cliental ⓐ 의뢰인의, 고객의

ⓝ 단골손님, 고객
One of his clients is very demanding.

☐ ☐ ☐

literary
[리터레리]

㈜ literature ⓝ 문학
literarily ⓐ 문학상으로

ⓐ 문학의, 문학적인
Many experts claim that literary theories are not always based on literature.

☐ ☐ ☐

corporate
[코퍼럿]

㈜ corporation ⓝ 기업
corporately ⓐ 법인으로서

ⓐ 1. 법인(조직)의, 기업의
   This building is under the corporate name.
2. 단체의, 조합의

☐ ☐ ☐

immigration
[이머그레이션]

㈜ immigrate ⓥ 이주하다, 이민오다
immigrational ⓐ 이주의, 이민의

ⓝ 이주, 이민
Yesterday, I looked for information on the legal process for immigration.

---

client 그의 고객들 중 한 명은 요구가 매우 많다.
literary 많은 전문가들은 문학 이론은 항상 문학에 기반을 두지 않는다고 주장한다.
corporate 이 건물은 법인명으로 되어 있다.
immigration 어제 나는 이민을 위한 법적 절차에 대한 정보를 찾아보았다.

□ □ □
manager
[매니저]

파 managerial 행 경영의

명 경영자, 운영자, 관리자
I have met great managers.

□ □ □
travel
[트래블]

동 1. 여행하다 유 journey
People want to travel mediterranean countries.
2. (탈 것에) 타고 가다
명 1. 여행, 왕래
2. 교통 유 traffic

4단콤보 travel – travelled(traveled) – travelled(traveled)
– travelling(traveling)

□ □ □
meet
[밋]

파 meetly 반 적당하게, 당연하게

동 1. 만나다
I meet new people every month.
2. 교차하다, 합류하다
3. 충족시키다
명 (운동) 경기, 대회

4단콤보 meet – met – met – meeting

□ □ □
package
[패키지]

명 1. 짐, 포장, 소포 유 parcel
My package is heavy.
2. 묶음
동 짐을 꾸리다, 상자에 넣다

4단콤보 package – packaged – packaged – packaging

manager 나는 훌륭한 경영자들을 만난 적이 있다.
travel 사람들은 지중해의 나라들로 여행하기를 원한다.
meet 나는 매달 새로운 사람들을 만난다.
package 내 짐은 무거워.

□ □ □

concern
[컨선]

- 똉 1. 관심
  2. 걱정 輸 anxiety, worry, apprehension
     The reckless use of plastic bags has been a
     concern.
- 똉 관계하다, 관여하다 輸 relate with
- **4단콤보** concern – concerned – concerned – concerning

□ □ □

couch
[카우치]

- 똉 소파, 침상 輸 sofa, divan, settee, daybed
- 똉 (몸을) 누이다 輸 lay, lay down
     I couched myself on the ground as soon as I arrived
     home.
- **4단콤보** couch – couched – couched – couching

□ □ □

order
[오더]

파 orderly 똉 정돈된, 정연한
    ordinal 똉 차례를 나타내는

- 똉 1. 명령, 지령
  2. 주문, 순서
  3. 질서
     It is in justice that the ordering of society is
     centered. (Aristotle)
- 똉 1. 명령하다, 지시하다 輸 command
  2. 주문하다, 이르다
- **4단콤보** order – ordered – ordered – ordering

---

concern 비닐 봉투의 무분별한 사용은 걱정이 되었다.
couch 나는 집에 도착하자마자 바닥에 몸을 누웠다.
order 정의 속에서만 사회 질서가 중심이 된다. (아리스토텔레스)

□ □ □
academic
[애커데믹]

파 academy 명 학교, 예술원

형 대학의, 학구적인
They were very academic and loved school.
명 대학생

□ □ □
contact
[칸택트]

파 contactual 형 접촉하고 있는
contactually 부 접촉에 의하여

숙어 lose contact with
~와 접촉[연락]이 끊기다

명 1. 연락, 접촉, 맞닿음 유 touching
He lost contact with his daughter.
2. 접근, 교제
동 접촉시키다

4단콤보 contact – contacted – contacted – contacting

□ □ □
deliver
[딜리버]

파 deliverance 명 구조
delivery 명 배달, 전달

동 1. 배달하다, 전하다 유 convey
I deliver parcels.
2. 해방하다 유 set free
3. 구해내다 유 relieve, save
형 1. 민첩한 유 quick, agile
2. 활발한 유 active

4단콤보 deliver – delivered – delivered – delivering

□ □ □
form
[폼]

파 formal 형 격식을 차린
formably 부 형식적으로

명 종류, 모습
The most common form of public transportation in
Korea is subways.
동 형성하다, 구성하다

4단콤보 form – formed – formed – forming

---

academic 그들은 매우 학구적이었고 학교를 좋아했다.
contact 그는 딸과 연락이 끊겼다.
deliver 나는 소포를 배달한다.
form 한국에서 가장 흔한 대중교통 종류는 지하철이다.

□□□

legal

[리걸]

[파] legality [명] 합법성, 적법성
legalize [동] 합법화하다

[숙어] **legal system**
법률 제도, 법체제

[형] 1. 법률의, 법률상의
The problematic legal system must be revised.
2. 강제적인, 의무적인 [유] compulsory

[명] 법률 요건

□□□

material

[머티어리얼]

[파] matter [명] 문제, 상황
materialize [동] 구체화되다, 실현되다
materially [부] 실질적으로, 구체적으로

[형] 물질의, 물질적인
People believe that a large amount of money, land, and property give material comforts.

[명] 재료, 요소
What material is this shirt made of?

□□□

sincere

[신시어]

[파] sincerity [명] 성실, 정직
sincerely [부] 진심으로

sincerer (비교급)/sincerest (최상급)

[형] 1. 진실한, 진정한 [유] true
If you would win a man to your cause, first convince him that you are his sincere friend. (Abraham Lincoln)
2. 순수한 [유] pure
3. 솔직한 [유] honest

legal 문제가 있는 법률 제도는 수정되어야 한다.
material 사람들은 많은 양의 돈, 땅, 재산이 물질적인 편안함을 준다고 믿는다. / 이 셔츠는 어떤 재료로 만들어 졌니?
sincere 만약 누군가를 당신의 편으로 만들고 싶다면, 먼저 당신이 그의 진정한 친구임을 확신시켜라. (A. 링컨)

□ □ □

charge
[차지]

숙어 make a charge for
~의 견적을 내다,
~의 대금을 청구하다

명 1. 요금
We make a small charge for food delivery.
2. 기소, 고발
동 1. (요금값을) 청구하다, (외상으로) 달아 놓다
2. 기소하다, 고소하다
4단콤보 charge – charged – charged – charging

□ □ □

claim
[클레임]

파 claimer 명 청구인
claimable 형 요구할 수 있는

숙어 claim a full refund
전액 환불을 요구하다

동 1. 요구하다, 청구하다
They claimed a full refund on unsatisfactory goods.
2. (권리를) 주장하다
명 1. 요구, 청구 **유** demand
2. 권리 **유** right
4단콤보 claim – claimed – claimed – claiming

□ □ □

discount
[디스카운트]

명 할인
동 1. 할인하다
All goods are discounted 40%.
2. 감소하다, 잃다 **유** deduct from
4단콤보 discount – discounted – discounted –
discounting

charge 우리는 약간의 음식배달 요금을 받는다.
claim 그들은 불량품에 대해 전액 환불을 요구했다.
discount 모든 제품은 40% 할인된다.

□□□

expect

[익스펙트]

[파] expectation [명] 예상, 기대
expectant [형] 기대하는
expectably [부] 역시, 기대했던 대로

[동] 1. 예측하다
The government is **expecting** a growth in national economy in three month.
2. 기대하다

[4단콤보] expect - expected - expected - expecting

□□□

fair

[페어]

[파] fairness [명] 공정성
fairish [형] 어지간한, 상당한
fairly [부] 상당히, 꽤

fairer (비교급)/fairest (최상급)

[숙어] **a fair number of**
상당수의~

[형] 1. 공정한
2. 상당한
I reported a **fair** number of cars illegally parked on the street.
3. 타당한

[부] 1. 공정하게
2. 타당하게

[명] 박람회, 장터

□□□

height

[하이트]

[파] heighten [동] 고조되다
high [형] 높은

[명] 1. 높음, 높이
The **height** of the car seat is adjustable.
2. 키
3. 고도

expect 정부는 3개월 안에 국가 경제의 성장을 **예측하고** 있다.
fair 나는 길거리에 불법적으로 주차된 **상당한** 자동차를 신고했다.
height 차의 의자 **높이는** 조절된다.

include
[인클룻]

파 inclusion 명 포함
inclusive 형 포함하여

동 1. 포함하다, 함유하다 유 contain, comprise
The various goods we buy include tax.
2. 포괄하다
3. 함축하다

4단품보 include – included – included – including

loyal
[로이얼]

파 loyalism 명 충성
loyalty 명 충실, 충성

형 1. 충성스러운, 충직한
Finding a loyal person is hard for the company president.
2. 성실한
3. 의리 있는 유 faithful, true
명 충신, 애국자

past
[패스트]

형 1. 옛날의, 전의, 지나간 유 gone by
2. 방금 지난
동 지나가다, 통과하다
Her argument was passed at the class meeting.
명 지난 일, 옛이야기
전 1. (시간이) ~을 지나서
2. 을 지나쳐
부 지나쳐서, 지나서 유 by

include 우리가 구입하는 다양한 물건에는 세금이 포함된다.
loyal 충성스러운 사람을 찾는 것은 회사 사장에게 힘든 일이다.
past 그녀가 한 주장은 학급 회의에서 통과되었다.

□ □ □

publish

[퍼블리쉬]

[파] publication [명] 출판
publishing [명] 출판, 출판업
publishable [형] 공표할 수 있는

[동] 1. 발표하다, 공표하다 [유] make public
2. 출판하다, 발행하다
He **published** a children book which is educational.

[4단콤보] publish - published - published - publishing

□ □ □

standard

[스탠더드]

[파] standardize [동] 표준화하다

[명] 1. 기준, 표준
2. 모범

[형] 표준의, 보통의
White is the **standard** colour for this model of washing machine.

□ □ □

sunshine

[선샤인]

[파] sunshiny [형] 햇볕이 잘 드는, 밝은

[명] 햇볕
The dogs were enjoying a roll in the **sunshine**.

□ □ □

unity

[유너티]

[파] unite [동] 연합하다
unitize [동] 결합하다
unitive [형] 결합력 있는, 합동의

[명] 1. 단일(성), 통일(성) [유] oneness, unification
Ethical individuality insists on the **unity** of the mind.
2. 일치

publish 그는 교육적인 어린이 책을 출판했다.
standard 흰색은 이 세탁기 모델 표준의 색상이다.
sunshine 강아지들은 햇볕 속에서 즐겁게 뒹굴고 있었다.
unity 윤리적인 개성은 정신의 단일성을 요구한다.

□ □ □
accommodate
[어카머데이트]

㈜ accommodation ⑬ 숙소, 시설
accommodative ⑭ 협조적인

🔑 **accommodate A to B**
A를 B에 순응(적응)하다

ⓥ 1. 숙박시키다
2. 적응하다, 수용하다, 순응하다
I had to accommodate myself to new surroundings without a choice.
3. 화해하다

(4단콤보) accommodate – accommodated – accommodated – accommodating

□ □ □
airfare
[에어페어]

ⓝ 항공 요금
I don't go to Japan because the airfare is expensive.

□ □ □
competitor
[컴페터터]

ⓝ 경쟁자, 경쟁 상대 🔁 rival
She exposed confidential document into our competitor.

□ □ □
confirm
[컨펌]

㈜ confirmation ⑬ 확인
confirmative ⑭ 확인의, 확증적인
confirmatory ⑭ 확실하게 하는

ⓥ 1. 확인하다
Don' forget to confirm our reservation via fax.
2. 확립하다, 확실하게 하다
3. (결심을) 굳게 하다 🔁 fortify

(4단콤보) confirm – confirmed – confirmed – confirming

---

accommodate 나는 선택의 여지없이 새로운 환경에 적응해야 했다.
airfare 나는 항공 요금이 비싸기 때문에 일본을 가지 않는다.
competitor 그는 우리의 경쟁사에 기밀을 노출시켰다.
confirm 우리의 예약 건을 팩스를 통해 확인하는 것을 잊지 마십시오.

□ □ □
educational
[에주케이셔널]

㉠ educationalist ㉟ 교육 전문가

㉟ 교육의, 교육적인
Educational success is influenced by social factors.

□ □ □
expand
[익스팬드]

㉠ expansion ㉟ 확대, 확장, 팽창
　expanse ㉟ 넓은 구역
　expansive ㉟ 광활한

㉓ 1. 넓히다, 확장시키다
　Our perspectives expand through reading a variety
　of books.
　2. 팽창시키다 ㊞ dilate
　3. 펴다, 펼치다

(4단콤보) expand – expanded – expanded – expanding

□ □ □
faculty
[패컬티]

㉠ facultative ㉟ 특권을 주는

faculties (복수형)

㉟ 능력, 재능
My faculty of hearing is far superior to ordinary
people.

□ □ □
forward
[포워드]

㉠ forwardness ㉟ 조숙함, 재빠름
　forwardly ㉡ 주제넘게

㉡ 앞쪽에, 앞으로 ㊞ onwards
　Brown pulled her chair forward.
㉟ 1. 전방(에)의, 촉진적 ㊞ progressive
　2. 진보한 ㊞ advanced
㉟ (축구·농구·하키 따위에서) 전위
㉓ 1. 진행시키다
　2. 촉진하다 ㊞ promote

(4단콤보) forward – forwarded – forwarded – forwarding

educational 교육의 성공은 사회적 요인의 영향을 받는다.
expand 우리의 견해는 다양한 책을 읽는 것을 통해 확장된다.
faculty 나의 청각 능력은 보통 사람들보다 훨씬 더 뛰어나다.
forward Brown은 의자를 앞으로 당겼다.

□□□

hesitate

[헤저테이트]

[파] hesitation [명] 주저, 망설임
hesitative [형] 주저하는, 망설이는

[동] 주저하다, 망설이다 [유] falter, scruple
The god hate those who **hesitate**.

[4단콤보] hesitate - hesitated - hesitated - hesitating

□□□

insure

[인슈어런스]

[파] insurance [명] 보험

[명] 보험(계약), 보장
My health **insurance** does not cover all treatment fees.

[4단콤보] insure - insured - insured - insuring

□□□

interior

[인티어리어]

[파] interiorly [부] 내부에, 내면적으로

[형] 안의, 안쪽의, 내부의 [유] inner, internal
[명] 내부, 안쪽 [유] inside, inner part
The **interior** of the school was grand and beautiful.

□□□

leather

[레더]

[파] leathery [형] 가죽 같은
leathern [형] 가죽의, 가죽으로 만든

[명] 가죽
The wallet is made of real **leather**.
[동] ~에 가죽을 붙이다[대다]

hesitate 신은 주저하는 이를 증오한다.
insure 나의 건강 보험은 모든 의료비용을 보장하지 않는다.
interior 학교의 내부는 웅장하고 아름다웠다.
leather 그 지갑은 진짜 가죽으로 만들어졌다.

□□□
locate
[로케이트]

[파] location [명] 장소
local [형] 지역의, 지방의

[숙어] **is located at**
~에 위치해 있다

[동] 1. 위치하다, 있다
The observatory is **located** at the top of the mountain.
2. 규명하다, 알아내다, 찾아내다 [유] find out
3. 두다, 설치하다 [유] place, establish

[4단콤보] locate - located - located - locating

□□□
march
[마치]

[동] 행진하다, 행군하다
[명] 행군, 행진
The soldiers began a long **march** from Seoul to Busan.

[4단콤보] march - marched - marched - marching

□□□
refund
[리펀드]

[파] refundment [명] 환불
refunder [명] 상환자

[숙어] **full refund**
전액 환불

[명] 환불(금)
If the product is not in good condition, we will give you a full **refund**.
[동] 환불하다

[4단콤보] refund - refunded - refunded - refunding

□□□
registration
[레지스트레이션]

[명] 기록, 등록
Your academic **registration** might be discarded.

locate 천문대는 산 정상에 위치한다.
march 군인들은 서울에서 부산까지의 긴 행군을 시작했다.
refund 만약 물건의 상태가 좋지 않으면, 전액 환불해 드립니다.
registration 당신의 학업 기록은 폐기될지도 모른다.

□□□
sponsor
[스판서]
[파] sponsorship [명] 후원, 협찬
sponsorial [형] 보증인의, 후원자의

[명] 1. 보증인 [유] surety
2. 후원자 [유] supporter
I don't know who my **sponsor** is yet.
[동] 1. ~의 보증인이 되다, 보증하다
2. 제의하다
3. 후원하다 [유] support
[4단콤보] sponsor – sponsored – sponsored – sponsoring

□□□
upon
[어판]

[전] ~의 위의, ~의 위에
Democracy is predicated **upon** the rule of law.

□□□
aim
[에임]

[동] 1. 겨누다 [유] point
They **aimed** the gun straight at the murderer.
2. (무기·총 따위를 표적에) 돌리다 [유] direct
[명] 1. 겨냥, 조준 [유] aiming
2. 가늠 [유] direction
3. 목표, 목적물 [유] object
[4단콤보] aim – aimed – aimed – aiming

□□□
allow
[얼라우]
[파] allowance [명] 용돈

[동] 1. 허락하다, 허용하다 [유] permit
When you take a test, cheating is not **allowed**.
2. (일정액을) 주다, 지급하다 [유] let have, grant
[4단콤보] allow – allowed – allowed – allowing

sponsor 나는 아직 나의 후원자가 누구인지 알지 못한다.
upon 민주주의는 법이라는 규칙 위에 입각하고 있다.
aim 그들은 총을 살인자에게 정면으로 겨누었다.
allow 너가 시험을 볼 때, 부정행위를 하는 것은 허용되지 않는다.

□ □ □

along
[얼롱]

전 ~을 따라서, ~을 끼고
The train moves along the rail.
분 따라서, 상당히 지나서, 전방으로

□ □ □

ament
[애먼트]

명 (선천성) 정신박약아
In her latest movie, she played a person who was ament.

□ □ □

annual
[애뉴얼]

형 일 년의, 일 년간의
My annual mileage is well over 10 kilometers.
명 한철 사는 식물[동물]

파 annually 분 매년

□ □ □

apprehensive
[애프리헨시브]

형 1. 염려하는, 우려하는 유 anxious, worried
I'm apprehensive about my friends who haven't been in touch for a long time.
2. 두려움에 찬

파 apprehend 동 체포하다
apprehensively 분 우려하여

숙어 be apprehensive about
~이 걱정이다[되다]

---

along   기차는 레일을 따라서 움직인다.
ament   그녀는 이번 영화에서 정신박약아 역을 연기했다.
annual   나의 연간 주행 거리는 10km를 훌쩍 넘는다.
apprehensive   나는 오랫동안 연락이 되지 않는 나의 친구들을 염려한다.

□ □ □
assure
[어슈어]

[파] assurance 몧 확언, 장담
assurer 몧 보증인

통 보증하다, 확실하게 하다

I can assure you that you can be a great pianist in the future.

(4단콤보) assure – assured – assured – assuring

□ □ □
authority
[어쏘러티]

[파] authorize 통 권한을 부여하다
authoritarian 몧 독재적인

authorities (복수형)

(숙어) with authority
권위 있게, 엄연히

몧 권위, 권력

The president spoke with authority on his speech.

□ □ □
aware
[어웨어]

[파] awareness 몧 의식, 관심

몧 알고 있는, 깨닫고 있는

As far as I aware, learning a different language is a time-consuming work.

□ □ □
catalog
[캐털로그]

몧 목록, 카탈로그

The catalog contains detailed information on our new equipment.

통 ~의 목록을 만들다, ~을 목록에 수록하다

---

assure 나는 당신이 미래에 위대한 피아노 연주가가 될 수 있을 거라고 보증할 수 있다.
authority 대통령은 연설에서 권위를 가지고 말했다.
aware 내가 알고 있는 한, 다른 언어를 배우는 것은 시간이 걸리는 일이다.
catalog 카탈로그는 우리의 새로운 장비에 대한 상세한 정보를 포함한다.

□ □ □

committee
[커미티]

⊕ 위원회
1. The meeting of audit committee is cancelled.
2. Our committee is taking a vote for a new leader.

□ □ □

construction
[컨스트럭션]

㋠ construct ⊛ 건설하다
　 constructive ⊛ 건설적인

⊕ 건설, 건축
Construction sites are one of the dangerous places for workers.

□ □ □

coverage
[커버리지]

⊕ 1. 보도
The wrong news coverages cause confusion to people.
2. 적용[통용·보증]범위

□ □ □

enclose
[인클로즈]

㋠ enclosure ⊛ 둘러쌈, 동봉

⊛ 1. 에워싸다 ⊞ surround
Many people are enclosing him and asking various questions.
2. (담·벽 따위로) 둘러싸다 ⊞ shut in
(4단콤보) enclose – enclosed – enclosed – enclosing

---

committee　1. 감사위원회 모임은 취소되었다. 2. 우리 위원회는 새로운 지도자 투표를 실시하고 있다.
construction　건축 현장은 근로자들에게 위험한 장소 중 하나이다.
coverage　뉴스의 잘못된 보도는 사람들에게 혼란을 일으킨다.
enclose　수많은 사람들이 그를 에워싸고 다양한 질문을 하고 있다.

□□□
estimate
[에스터메이트]
[파] estimation [명] 판단, 평가
estimative [형] 평가의

[동] 1. 평가하다
I was asked to estimate the value of his official property.
2. 견적하다, 추정하다
3. 계산하다
[명] 1. 견적, 추정
2. 계산
[4단콤보] estimate - estimated - estimated - estimating

□□□
extension
[익스텐션]
[파] extend [동] 연장하다
extensive [형] 아주 넓은, 대규모의

[명] 1. 확장, 연장 [유] enlargement, expansion
My uncle is building an extension to his house.
2. 범위 [유] extent
[형] 이어 대는, 확장하는

□□□
fellow
[펠로]

[명] 1. 동시대 사람 [유] contemporary
2. 동료 [유] companion, accomplice, comrade
He had a pleasant trip with his fellow travelers.
[형] 동료의, 동행하는

□□□
furnish
[퍼니쉬]
[파] furnisher [명] 공급자

[동] 1. 공급하다, 급여하다 [유] provide, supply
2. 제공하다, 주다 [유] give
Could you furnish accommodations for the night?
3. 설치하다
[4단콤보] furnish - furnished - furnished - furnishing

estimate 나는 그의 공식적인 재산의 가치를 평가해 달라는 요청을 받았다.
extension 나의 삼촌은 그의 집을 확장하고 있다.
fellow 그는 동료 여행자들과 즐거운 여행을 같이 했다.
furnish 당신은 이번 밤에 숙박 시설을 제공할 수 있습니까?

□ □ □

grateful
[그레이트펄]

파 gratefully 위 감사하여, 기꺼이

숙어 **be grateful for**
~을 고맙게 여기다

형 감사하는, 고맙게 생각하는 유 thankful
I am really grateful for your help.

□ □ □

incentive
[인센티브]

파 incentively 위 자극적으로

숙어 **an incentive to**
~에 대한 혜택

형 1. 자극적인, 유발적인 유 provocative, stimulating
2. 복돋우는, 장려하는 유 encouraging
명 1. 동기, 우대조치 유 motive
We need more incentive to step in.
2. 유인 유 spur
3. 자극 유 stimulus

□ □ □

increase
[인크리스]

파 increasingly 위 점점 더, 갈수록 더

숙어 **an increase in**
~의 증가

동 증가하다, 인상되다
명 1. 증가, 증가액
An increase in the use of public transportation is
one of the ways to reduce air pollution.
2. 이자, 생산물

4단콤보) increase – increased – increased – increasing

---

grateful 당신의 도움을 진심으로 고맙게 생각한다.
incentive 우리는 개입하기 위해 더 많은 우대조치가 필요하다.
increase 대중교통 이용의 증가는 대기 오염을 줄이는 한 가지 방법이다.

□ □ □

ineffective
[인이펙티브]

파 ineffectively 🔵 헛되게, 무익하게

형 1. 효과[효력] 없는, 헛된 🔵 useless, ineffectual
1. The medication was ineffective.
2. The use of salt in the experiment proved ineffective.
2. 무능한, 무력한

□ □ □

intend
[인텐드]

파 intention 명 의사, 의도
intent 명 의지, 목적, 계획

숙어 intend to
~할 작정이다, ~하려고 생각하다

동 1. ~할 작정이다, ~하려고 생각하다 🔵 purpose, mean
I intend to continue my nursing career.
2. 의도하다, 고의로 하다

4단콤보 intend – intended – intended – intending

□ □ □

intricate
[인트리컷]

파 intricacy 명 복잡함
intricately 🔵 얽혀, 복잡하여

형 1. 뒤얽힌, 복잡한 🔵 entangled, complicated
The content of his novel is quite intricate and difficult.
2. 착잡한

□ □ □

kindly
[카인들리]

파 kindliness 명 친절, 온정
kindlily 🔵 친절히, 다정하게

kindlier (비교급)/kindliest (최상급)

🔵 친절하게, 다정하게
Being highly respected by people, he kindly educates people.
형 친절한, 다정한

---

ineffective 1. 그 약은 효력이 없었다. 2. 실험에 소금을 사용한 것은 효과가 없는 것으로 증명되었다.
intend 나는 간호 일을 계속 할 작정이야.
intricate 그가 쓴 소설의 내용은 상당히 복잡하고 어렵다.
kindly 사람들에게 많은 존경을 받는 그는 사람들에게 친절하게 교육을 한다.

□□□
literature
[리터러처]

📕 literary 📗 문학의

📗 문학, 문예, 학문
Literature gives people a lot of enlightenment.

□□□
match
[매치]

📕 matchable 📗 필적하는, 어울리는
matching 📗 어울리는

📗 1. 경기, 시합
This match was played in the interest of many people.
2. 아주 잘 어울리는 사람[것]
3. 성냥

📘 어울리다, (서로) 맞다, 일치하다

4단콤보 match – matched – matched – matching

□□□
negligible
[네글리저블]

📕 negligibility 📗 무시할 수 있음
negligibleness 📗 보잘 것 없음

📗 무시할 수 있는, 보잘것 없는 📙 trifling
His grades are negligible, but his mind is more beautiful than anyone else.

□□□
phase
[페이즈]

📕 phasic 📗 국면의
phaseless 📗 모습이 없는, 단계가 없는
phaseal 📗 모습이 있는, 단계적인

📗 1. 단계
He is ready to move on to the next phase.
2. 형상, 양상 📙 aspect

📘 1. 단계적으로 하다
2. 상관시키다

4단콤보 phase – phased – phased – phasing

---

literature 문학은 사람들에게 많은 깨달음을 준다.
match 이 경기는 많은 사람들의 관심 속에서 진행되었다.
negligible 그의 성적은 보잘 것 없지만, 그의 마음은 누구보다 아름답다.
phase 그는 다음 단계로 넘어가기 위해 준비한다.

□ □ □

poetry
[포이트리]

ⓝ 시, 운문 ⓢ verse
His poetry is full of love and envy.

□ □ □

policy
[팔러시]

ⓟ politic ⓐ 현명한, 신중한

policies (복수형)

ⓝ 정책, 방침
The new policy caused a lot of confusion to people.

□ □ □

president
[프레저던트]

ⓟ presidentship ⓝ 대통령직
presidential ⓐ 대통령의

ⓝ 대통령, 회장
He is the president of Korea.

□ □ □

principal
[프린서펄]

ⓟ principally ⓐ 주로

ⓐ 주요한, 주된 ⓢ chief
I have to talk to my boss about principal issues.
ⓝ 1. 두목, 우두머리 ⓢ chief, head
2. 윗사람 ⓢ superior

poetry 그의 시는 사랑과 질투로 가득하다.
policy 새로운 정책은 사람들에게 많은 혼란을 주었다.
president 그는 한국 대통령이다.
principal 나는 주요한 사안들에 대해서 사장님에게 얘기해야 한다.

□ □ □
privilege
[프리빌리지]

명 특권, 특전 🔁 prerogative
The president has various privileges for various reasons.

동 1. ~에게 특권[특전]을 부여하다
2. (특전으로써) 허가하다

(4단콤보) privilege – privileged – privileged – privileging

□ □ □
realize
[리얼라이즈]

파 realization 명 깨달음, 자각
real 형 진짜의, 현실적인

동 1. 자각하다, 깨닫다, 실감하다
I realized why she was so sad.
2. 납득하다
3. 실현하다

(4단콤보) realize – realized – realized – realizing

□ □ □
regret
[리그렛]

파 regretful 형 후회하는
regrettable 형 유감스러운

관 it is with great regret that
~하게 되어 대단히 유감스럽게 생각
하다

동 후회하다, 유감스럽게 생각하다
명 유감, 후회
It is with great regret that I accept his resignation.

(4단콤보) regret – regretted – regretted – regretting

---

privilege 대통령은 여러 가지 이유 때문에 다양한 특권을 가진다.
realize 나는 그녀가 왜 그렇게 슬퍼했는지 깨달았다.
regret 그의 사직서를 수리하게 된 것을 대단히 유감스럽게 생각한다.

□□□
respond
[리스판드]

[파] response [명] 대답, 응답
respondence [명] 대응, 일치, 대답

[동] 1. 대답하다, 응답하다 [유] reply, make answer
You have to **respond** why your choice is correct.
2. 응하다, 응수하다
3. 책임지다
[명] 벽기둥
[4단콤보] respond – responded – responded – responding

□□□
restore
[리스토]

[파] restoration [명] 복원, 부활
restorative [형] 회복시키는, 복원하는

[숙어] **be restored to health**
건강을 회복하다

[동] 1. 회복시키다
He is **restored** to health
2. 부활시키다, 부흥하다
3. 복귀시키다
[4단콤보] restore – restored – restored – restoring

□□□
section
[섹션]

[파] sectional [형] 부분적인

[명] 1. 부분 [유] part
The last **section** of this book is torn out.
2. 베기, 자르기 [유] cutting
[동] 1. 구분하다, 구획하다
2. ~의 단면도를 그리다
[4단콤보] section – sectioned – sectioned – sectioning

respond 당신은 당신의 선택이 올바른 것인지 대답해야 한다.
restore 그는 건강을 회복했다.
section 이 책의 마지막 부분은 찢어졌다.

shoulder
[슐더]

- 몡 어깨

  I went to the hospital because I had so much pain on my shoulder.
- 통 짊어지다, 어깨에 매다

  (4단콤보) shoulder – shouldered – shouldered – shouldering

solidarity
[살러대러티]

solidarities (복수형)

- 몡 결속, 연대

  Solidarity gives people the power to live in the world.

□ □ □

surplus
[서플러스]

surpluses (복수형)

- 몡 나머지, 여분
- 혱 남은, 나머지의, 여분의

  We must find a way to solve the surplus capital.

□ □ □

vice
[바이스]

파 viceless 혱 악의 없는
    vicious 혱 잔인한, 포악한

- 몡 악, 범죄

  Virtue triumphs over vice in the end.

---

shoulder   어깨가 너무 아파서 병원에 갔다.
solidarity   결속력은 사람들에게 세상을 살아갈 힘을 준다.
surplus   우리는 남은 자본을 해결할 방법을 찾아야 한다.
vice   선은 결국에는 악을 이긴다.

□ □ □
wholesaler
[홀쎄일러]

몡 도매상인, 도매업자
Purchasing goods from a wholesaler lowers the cost of doing business.

□ □ □
abroad
[어브로드]

(숙) go abroad
　　외국에 가다, 집밖에 나가다

몡 외국, 외국 땅
閉 국외로, 외국으로
I have wanted to go abroad for a long time.

□ □ □
accurate
[애큐럿]

(파) accuracy 몡 정확, 정확도

혱 1. 정확한, 명확한 (유) precise
　　His answer was very accurate and logical.
　 2. 틀림없는 (유) correct

□ □ □
admission
[애드미션]

(파) admit 통 인정하다
　　admissive 혱 허용하는

(숙) admission fee
　　입장료, 입학금

몡 1. 입장, 입학, 입국(따위의 권리·허가)
　　The admission fee is free.
　 2. 채용

---

wholesaler　도매상인으로부터의 상품구입은 사업운영 비용을 낮춰준다.
abroad　나는 오랫동안 외국에 가고 싶었다.
accurate　그의 답변은 아주 정확하고 논리적이었다.
admission　입장료는 무료입니다.

□ □ □

argument
[아규먼트]

파 argumentation 명 논증
argumentative 형 논쟁적인

명 1. 논의
The argument we had at today's meeting should be kept secret.
2. 주장 내용
3. 논법, 논증 유 reasoning

□ □ □

attendee
[어텐디]

명 출석자
Mr. Brown has a list of attendees.

□ □ □

automate
[오터메이티드]

통 자동화하다, 자동 장치를 갖추다
Robots automate numerous repetitive tasks.

(4단콤보) automate – automated – automated – automating

□ □ □

bear
[베어]

파 bearish 형 곰 같은, 난폭한

통 1. 참다, 견디다
The man couldn't bear his tears.
2. (책임 등을) 떠맡다[감당하다]
3. (아이를) 낳다
명 곰

(4단콤보) bear – bore – borne – bearing

argument 오늘 회의에서 한 논의는 비밀로 해야 한다.
attendee 출석자들의 명단은 Brown 씨가 가지고 있습니다.
automate 로봇은 수많은 반복적인 작업들을 자동화한다.
bear 그 남자는 눈물을 참지 못했다.

□□□

candidate
[캔디데이트]

[파] candidacy [명] 입후보, 출마
candidature [명] 입후보, 입후보 자격

[명] 지원자, 지망자, 후보자
All candidates will be required to take a short test.

□□□

celebrate
[셀러브레이트]

[파] celebration [명] 기념, 축하
celebratory [형] 기념하는
celebrative [형] 축하하는

[동] 1. 축하하다
I sincerely celebrate his birthday.
2. (의식·축전·성찬식 따위를) 거행하다, 올리다
[유] solemnize

[4단콤보] celebrate – celebrated – celebrated – celebrating

□□□

code
[코드]

[파] codify [동] 법전으로 편찬하다
encode [동] 암호로 바꾸다

[명] 1. 규약, 부호, 암호
No one knows this code except me and you.
2. 법전

[동] 1. 부호로 처리하다, 암호로 쓰다 [반] decode
2. (법률을) 법전으로 작성하다

[4단콤보] code – coded – coded – coding

□□□

considerable
[컨시더러블]

[파] considerableness [명] 상당함
considerably [부] 많이, 상당히

[형] 상당한
[명] 다량 [유] a good deal, much
[부] 꽤, 상당히 [유] considerably
My english skill has considerably improved after studying with George.

candidate 모든 후보자들은 간단한 테스트를 받아야 한다.
celebrate 나는 그의 생일을 진심으로 축하한다.
code 이 암호는 나랑 너 말고는 아무도 모른다.
considerable 나의 영어 실력은 George와 함께 공부한 후에 상당히 향상되었다.

defend
[디펜드]

파 defense 몡 방어, 방위
defender 몡 방어자, 옹호자
defensive 휑 방어적인, 방어의

동 1. 막다, 방어[방위]하다, 수비하다 윢 protect, guard
Defending the body is much harder than attacking.
2. 지키다

(4단콤보) defend – defended – defended – defending

deny
[디나이]

파 denial 몡 부인, 부정
denyingly 튄 부정적으로, 거절하며

동 1. 부정하다, 부인하다 윢 contradict
The secret of all success is to know how to deny
yourself. (R. D. 히치콕)
2. 거부하다

(4단콤보) deny – denied – denied – denying

describe
[디스크라입]

파 description 몡 서술, 기술
descriptive 휑 기술적인, 묘사적인

동 1. 묘사하다
I am going to describe my favorite animal.
2. 말하다, 기술[서술]하다

(4단콤보) describe – described – described – describing

desire
[디자이어]

몡 1. 욕망, 욕구 윢 wish, craving
2. 소망, 소원 윢 expressed wish or hope
동 바라다, 원하다, 갈망하다 윢 long for, covet, crave
Lord, grant that I may always desire more than I
accomplish. (Michelangelo)

(4단콤보) desire – desired – desired – desiring

---

defend　몸을 방어하는 것은 공격하는 것보다 훨씬 어렵다.
deny　모든 성공의 비결은 자신을 부인하는 법을 아는 것이다. (R. D. 히치콕)
describe　나는 내가 가장 좋아하는 동물을 묘사할 것이다.
desire　주여, 제가 이룬 것보다 항상 더 많이 갈망하게 하소서. (미켈란젤로)

□□□
detail
[디테일]

똉 1. 세부 사항, 부분
He can't remember every little detail.
2. 세목, 항목 뮤 item
똉 자세히 말하다, 상세히 설명하다

□□□
disappointed
[디서포인티드]

㉠ disappointedly 똉 실망해서, 낙담해서

㉠ be disappointed with
~에 실망하다

똉 실망한, 낙담한
He was disappointed with himself.

□□□
division
[디비전]

㉠ divide 똉 나누다, 가르다
divisional 똉 분할상의, 구분적인
divisionally 똉 부분적으로

똉 1. 분배, 배분 뮤 distribution
The efficient division of time is important to us.
2. 나눔, 분할 뮤 dividing, separation

□□□
draw
[드로]

㉠ drawable 똉 당길 수 있는,
빼낼 수 있는

㉠ draw a person aside
~을 한쪽으로 끌고 가다

똉 1. 끌다, 당기다, 끌어당기다, 잡아당기다 뮤 pull, drag,
lead, haul
I tried to draw her aside.
2. (문서를) 쓰다, 작성하다
똉 끌기, 끌어당기기 뮤 drawing, pull
(4단콤보) draw – drew – drawn – drawing

---

detail 그는 사소한 세부 사항까지 일일이 기억하지는 못한다.
disappointed 그는 그 자신에게 실망했었다.
division 시간의 효율적인 분배는 우리에게 중요하다.
draw 나는 그녀를 한쪽으로 끌어당기려고 했다.

□ □ □

effect
[이펙트]

🔤 efficient 🔷 능률적인, 유능한

🔑 an effect(impact/influence) on
~에 영향을 주다

🔷 1. 결과, 영향 🔁 result, consequence
The campaign had made an effect on teenagers.
2. 효과

(4단콤보) effect – effected – effected – effecting

□ □ □

exempt
[이그젬프트]

🔤 exemption 🔷 면제

🔑 be exempt from
~에서 면제되다

🔷 면제된, 벗어난 🔁 released, free
🔷 면하다, 면제하다 🔁 release, excuse
They were exempted from taxes because of the disaster.
🔷 면제된 사람, 의무 면제자

(4단콤보) exempt – exempted – exempted – exempting

□ □ □

found
[파운드]

🔤 foundation 🔷 토대, 기반, 기초

🔷 1. 설립하다
He founded many schools in poor countries.
2. ~의 기반을 두다

(4단콤보) found – founded – founded – founding

□ □ □

freshwater
[프레쉬워터]

🔷 담수
People will be unable to drink freshwater due to severe water contamination around the world.

---

effect 그 캠페인은 청소년들에게 영향을 주었다.
exempt 그들은 재난으로 인해 세금을 면제받았다.
found 그는 가난한 국가들에 많은 학교들을 설립했다.
freshwater 사람들은 세계에서 심각한 수질 오염 때문에 담수를 마실 수 없다.

☐ ☐ ☐

generate
[제너레이트]

파 generation 명 세대
generative 형 발생의, 생성의

동 발생시키다, 일으키다
Fierce competition generates stress.

(4단콤보) generate – generated – generated – generating

☐ ☐ ☐

global
[글로벌]

파 globally 부 전세계적으로

형 세계적, 전 세계의, 지구상의
The Internet is becoming the town square for the global village of tomorrow. (Bill Gates)

☐ ☐ ☐

hole
[홀]

명 1. 구멍
He darned up a hole in his sock with a needle and thread.
2. 동굴 유 cavity
동 1. (~에) 구멍을 뚫다
2. 관통하다 유 perforate, pierce

(4단콤보) hole – holed – holed – holing

☐ ☐ ☐

homeless
[홈리스]

파 homelessly 부 집 없이,
의지할 곳 없이

형 집 없는, 의지할 곳 없는
명 노숙자
An increase in the number of homeless is a social issue.

---

generate 심한 경쟁은 스트레스를 발생시킨다.
global 인터넷은 미래에 등장할 세계적 마을의 광장이 되고 있다. (빌 게이츠)
hole 그는 바늘과 실로 양말에 난 구멍을 기웠다.
homeless 노숙자 수의 증가는 사회적 문제이다.

□ □ □

illegal
[일리걸]

파 illegality 명 불법
　illegalize 통 불법으로 규정하다

형 불법[위법]의, 비합법적인 동 unlawful
People should not buy illegal drugs.
명 무법자

□ □ □

industry
[인더스트리]

파 industrialize 통 산업화하다
　industrial 형 산업의
　industrious 형 근면한, 부지런한

industries (복수형)

명 1. 산업, 실업
　The government encourages industries based on
　agriculture.
　2. 근면, 노력 동 diligence, assiduity

□ □ □

lament
[러멘트]

파 lamentation 명 한탄, 통탄
　lamentingly 부 슬퍼하여

동 1. 슬퍼하다, 한탄하다, 뉘우치다
　I lament the fact that people commit an evil deed.
　2. 애도하다 동 mourn, bewail
명 1. 비탄, 슬픔
　2. 뉘우침
(4단콤보) lament – lamented – lamented – lamenting

illegal　사람들은 불법 마약을 구입해서는 안 된다.
industry　정부는 농업에 기반을 둔 산업을 장려한다.
lament　나는 사람들이 악행을 저지르는 사실에 한탄한다.

□□□
lawsuit
[로숫]

⟨숙어⟩ filed a lawsuit against
~을 상대로 소송을 제기하다

⦁ 소송, 고소 ⟨유⟩ action, suit
He filed a lawsuit against the company for plagiarism.

□□□
league
[리그]

⦁ 1. (스포츠 경기의) 리그
The Premier League is one of the most famous leagues in the world.
2. 수준
⦁ 동맹을 맺(게 하)다
⟨4단콤보⟩ league – leagued – leagued – leaguing

□□□
length
[렝쓰]

⦁ lengthen ⦁ 길어지다, 늘어나다
long ⦁ 긴
lengthy ⦁ 너무 긴, 장황한

⟨숙어⟩ length and width
가로세로, 길이와 너비

⦁ 1. 길이, 장단
I measured the length and width of the desk.
2. 기간, 동안 ⦁ total duration

□□□
likewise
[라이콰이즈]

⦁ like ⦁ 같은, 동일한

⦁ 마찬가지로, 같이
Likewise, the cat dozed in its favourite spot on the hearth.
⦁ 1. 또한 ⦁ too, also
2. 게다가 ⦁ moreover

lawsuit 그는 그 회사에 표절 소송을 진행했다.
league 프리미어 리그는 세계적으로 유명한 리그 중 하나이다.
length 나는 책상의 길이와 폭을 측정했다.
likewise 마찬가지로 고양이는 난로 부근 자기가 좋아하는 자리에서 졸고 있었다.

□ □ □

logging
[로깅]

몡 벌목, 목재를 베어 내기

The mountain forest was denuded by indiscriminate logging.

□ □ □

magnificent
[매그니퍼슨트]

파 magnificentness 몡 장대함, 장려함
magnificently 분 장대하게, 훌륭히

혱 1. 장대한, 장엄한 윤 grand, stately

The tower provides a magnificent outlook.

2. 숭고한, 고상한 윤 noble, exalted

3. 훌륭한, 당당한

□ □ □

membership
[멤버쉽]

몡 회원, 회원[사원·의원]수

You can open this door with your membership card.

□ □ □

merely
[미얼리]

분 1. 단지, 오직 윤 simply, only

Is man merely a mistake of God's? (Friedrich Nietzsche)

2. 순수하게 윤 purely

---

logging 그 산은 무분별한 벌목으로 벌거벗겨졌다.
magnificent 그 탑은 장엄한 전망을 제공한다.
membership 너는 회원 카드로 이 문을 열 수 있어.
merely 인간은 단지 신이 저지른 실수에 불과한가? (프레드리히 니체)

☐ ☐ ☐
milestone
[마일스톤]

명 1. 이정표
Milestone is set along the road.
2. 획기적인 사건

☐ ☐ ☐
mining
[마이닝]

명 채광, 채굴, 광산업
Diamond mining is a very difficult task.
형 광산의, 광업의[에 관한]

☐ ☐ ☐
neither
[니더]

접 ~도 아니고 ~도 아니다, 어느 것도 아니다 유 not either, nor
Learning is not compulsory neither is survival. (W. Edwards Deming)
부 또 ~하지 않다 유 nor, nor yet
형 (두 가지 중의) 어느 쪽도 ~아닌 유 not either
대 어느 쪽도 ~하지 않다

☐ ☐ ☐
orphanage
[오퍼니지]

명 고아원
Proceeds of the benefit concert go to orphanage.

---

milestone 길을 따라 이정표가 설치되어 있다.
mining 다이아몬드 채굴은 상당히 힘든 작업이다.
neither 배움은 의무도, 생존도 어느 쪽도 아니다. (에드워즈 데밍)
orphanage 그 자선 음악회의 수익금은 고아원에 전달된다.

□ □ □

potential
[퍼텐셜]

⟨파⟩ potency ⟨명⟩ 힘, 잠재력
potentialize ⟨동⟩ 가능하게 하다
potent ⟨형⟩ 강한

⟨형⟩ 가능한, 가능성이 있는
⟨명⟩ 잠재력, 가능성
Companies hire people with potentials.

□ □ □

prolong
[프럴롱]

⟨파⟩ prolongment ⟨명⟩ 연장, 연기
prolongation ⟨명⟩ 연장

⟨동⟩ (시간적·공간적으로) ~을 연장하다, 연기하다
I prolonged the deadline to draw more quality
paintings.
4단콤보 prolong – prolonged – prolonged – prolonging

□ □ □

proof
[프루프]

⟨파⟩ prove ⟨동⟩ 입증하다, 증명하다

⟨명⟩ 입증, 증명, 증거 ⟨유⟩ demonstration
By far the best proof is experience. (Sir Francis
Bacon)
⟨형⟩ 1. (품질·성능 등) 시험을 거친, 검사를 마친 ⟨유⟩ tested
2. (~에) 견디는
⟨동⟩ 1. (섬유질의 물건 등을) 질기게 하다
2. 시험하다
4단콤보 proof – proofed – proofed – proofing

potential 회사는 잠재력을 가지고 있는 사람들을 고용한다.
prolong 나는 더욱 수준 높은 그림을 그리기 위해 기한을 연장했다.
proof 최고의 증거는 경험이다. (프랜시스 베이컨)

□□□

proportion

[프러포션]

[파] proportionment [명] 비례, 비율, 균형
proportionate [동] 균형 잡히게 하다
proportionably [부] 균형 잡히게

[숙어] in proportion to
~에 비례하여

[명] 1. 비율, 비 [유] ratio
The cost of insurance increases in proportion to the performance of the car
2. 어울림 [유] comparison
3. 정도, 몫, 할당 [유] comparative share

[동] 1. 비례시키다, 균형잡히게 하다, 조화시키다
2. 할당하다, 몫을 나누다

□□□

quarter

[쿼터]

[파] quarterly [형] 분기별의
[부] 분기별로, 계절마다

[명] 4분의 1, 반의 반
I ate the quarter of a large pizza.

[형] 4분의 1의

[동] 4(등)분하다

[4단콤보] quarter – quartered – quartered – quartering

□□□

recognition

[레커그니션]

[파] recognize [동] 인정하다, 승인하다
recognizable [형] 인식 가능한, 인식할 수 있는
recognizably [부] 인식할 수 있게, 분간이 가도록

[명] 승인, 인정
This recognition confirmed your university admission.

proportion 자동차 성능에 비례하여 보험료가 인상된다.
quarter 나는 큰 피자의 4분의 1을 먹었다.
recognition 이러한 승인은 당신의 대학 입학을 확인했다.

□□□
refuse
[리퓨즈]

[파] refusable [형] 거절할 수 있는

[숙어] **refuse to do**
~을 거절(거부)하다

[동] 거절하다, 거부하다
She couldn't **refuse** to help him.

[4단콤보] refuse – refused – refused refusing

□□□
regardless
[리가들리스]

[숙어] **regardless of**
~에 상관없이[구애받지 않고]

[형] 1. 상관없는, 관심없는
She treats people the same **regardless** of their socioeconomic status.
2. 부주의한 [유] careless

[부] 비용(위험)을 따지지 않고

□□□
reject
[리젝트]

[파] rejection [명] 거절, 배제
rejectable [형] 거절할 수 없는
rejective [형] 거부적인

[동] 거절하다, 거부하다
She **rejected** a highly-paid job offer.

[명] 불량품, 불합격자

[4단콤보] reject – rejected – rejected – rejecting

□□□
reserve
[리저브]

[파] reservation [명] 예약
reservable [형] 남겨둘 수 있는

[동] 1. 남겨두다, 보존하다
2. 예약하다
I **reserved** a restaurant for dinner with her.

[명] 비축, 보존(물)

[형] 따로 남겨둔, 예비의

[4단콤보] reserve – reserved – reserved – reserving

refuse 그녀는 그를 돕는 것을 거절할 수가 없었다.
regardless 그녀는 사회경제적 지위에 상관없이 사람들을 똑같이 대한다.
reject 그녀는 고소득 일자리 제의를 거절했다.
reserve 나는 그녀와 저녁을 먹기 위해 레스토랑을 예약했다.

□ □ □

serve
[서브]

숙어 serve as
~의 역할을 하다

동 1. 근무하다
Peter has been serving as an electrical engineer over a decade.
2. 제공하다
3. 봉사하다

명 (테니스 따위의) 서브[방식]

4단콤보 serve – served – served – serving

□ □ □

steady
[스테디]

파 steadiness **명** 확고함, 안정됨
steadily **부** 견실하게, 끊임없이

steadier (비교급)/steadiest (최상급)
steadies (복수형)

형 1. 안정된, 확고한, 튼튼한
The country is experiencing slow but steady growth.
2. 한결같은, 꾸준한 **유** regular, uniform

감 1. 침착하라 **유** Be calm
2. 그쳐! **유** Hold hard

명 받침 **유** rest, support

동 1. 견고하게 하다, 굳게 하다, 흔들리지 않게 하다
2. 침착해지게 하다

4단콤보 steady – steadied – steadied – steadying

□ □ □

stomach
[스터먹]

파 stomachic **형** 위의, 위에 좋은

숙어 have a stomachache
위가 아프다, 복통이 있다

명 1. 위, 복부, 배 **유** belly, abdomen
I have a stomachache because I had a late-night snack last night.
2. 식욕 **유** appetite

동 1. 먹다
2. 소화하다 **유** digest

4단콤보 stomach – stomached – stomached – stomaching

---

serve　Peter는 십년동안 전기 기술자로서 근무해 오고 있다.
steady　그 나라는 더디지만 안정된 성장을 경험하고 있다.
stomach　나는 어젯밤에 야식을 먹어서 배가 아프다.

□□□
strategy
[스트래터지]

strategies (복수형)

⊛ 병법, 전략 ⊞ generalship, strategics
Napoleon used this strategy to conquer Europe.

□□□
theory
[씨어리]

㊅ theoretical ⊛ 이론의, 이론적인

theories (복수형)

⊛ 이론, 학설
There is a great difference between theory and practice.

□□□
thin
[씬]

㊅ thinness ⊛ 얇음, 가느다람

thinner (비교급)/thinnest (최상급)

⊛ 얇은, 가늘고 긴, 홀쭉한 ⊞ slender, slim
Love is or it ain't. Thin love ain't love at all. (Toni Morrison)
⊕ 얇게, 드문드문
⊛ 얇은[가느다란] 부분
⊜ 1. 얇게 하다, 얇아지다, 두께를 줄이다 ⊞ off, away
2. 드문드문하게 하다[되다]
(4단콤보) thin – thinned – thinned – thinning

□□□
trade
[트레이드]

Q01 **trade with**
~와의 거래

⊛ 거래, 교환
Their trade with developed countries leads to a growth in economy.
⊜ 거래하다
(4단콤보) trade – traded – traded – trading

---

strategy Napoleon은 유럽 정복을 위해 이 전략을 사용했다.
theory 이론과 실천 사이에는 큰 차이가 있다.
thin 사랑은 있거나, 없다. 얇은 사랑은 아예 사랑이 아니다. (토니 모리슨)
trade 선진국과의 거래는 경제 성장으로 이어진다.

□□□
vision
[비전]

[파] visionless [형] 통찰력이 없는
visionary [형] 환영의, 예지력 있는
visual [형] 시각의

[숙어] **poor vision**
나쁜 시력, 안 좋은 시력

[명] 1. 시력, 시각 [유] sight
He has poor vision because he plays games every night.
2. 직감력
[동] 환상으로 보다, 몽상하다

□□□
wipe
[와입]

[동] 1. ~을 씻다, 닦다
He wiped the floor.
2. (헝겊·종이 등을) 문지르다
[명] 닦기, 닦아내기
[4단콤보] wipe – wiped – wiped – wiping

□□□
announce
[어나운스]

[파] announcement [명] 발표, 소식

[동] 알리다, 공표하다
The health officials has announced free flu vaccinations for all children and the elderly over 65 years old.
[4단콤보] announce – announced – announced – announcing

□□□
Atlantic
[애틀랜틱]

[형] 대서양의
[명] 대서양
It is located between the Arctic and Atlantic Oceans.

vision 그는 밤마다 게임을 해서 시력이 좋지 않다.
wipe 그는 바닥을 닦았다.
announce 보건 당국은 모든 아이들과 65세 이상 어르신들을 위한 무료 독감 예방 접종을 알렸다.
Atlantic 그것은 북극 해양과 대서양 사이에 위치해 있다.

□ □ □

biographical
[바이어그래피컬]

형 전기의, 전기체의
Little biographical detail is known about him.

□ □ □

cigarette
[시거렛]

명 담배
Cigarettes are bad for your health, so don't smoke.

□ □ □

climb
[클라임]

동 오르다, 기어오르다
Figure out how to climb it, go through it, or work around it. (Michael Jordan)

명 오르기, 기어오르기, 등반

(4단콤보) climb – climbed – climbed – climbing

□ □ □

contrary
[칸트레리]

파 contrarily 튀 반대로
contrariwise 튀 반대로, 대조적으로

contraries (복수형)

형 ~와는 다른, 반대되는
To prove your innocence, we need to find something contrary the evidence.

명 반대되는 것

---

biographical 그의 전기의 세부 사항에 대해 알려진 것이 거의 없다.
cigarette 담배는 건강에 해로우니까 피우지 마세요.
climb 어떻게 벽에 오를지, 뚫고 갈 수 있을지, 돌아갈 순 없는지 생각해봐라. (마이클 조던)
contrary 너의 결백을 입증하기 위해선 증거에 반대되는 것을 찾아야 한다.

□ □ □

executive
[이그제큐티브]

째 execution 몡 실행, 수행
execute 통 실행하다

몡 실행상의, 실행력이 있는
몡 행정부, 대표, 임원
She is a top executive in a fashion company.

□ □ □

government
[거번먼트]

째 governmental 몡 정부의
governmentally 튀 정치상

몡 1. 정부
Government grant for the encouragement of
science research is crucial.
2. 정치, 통치, 관리

□ □ □

loosen
[루슨]

슈어 loosen up
몸[근육/부위]을 풀어 주다

통 1. 풀다, 놓아주다 유 undo, unfasten
2. 느슨하게 하다
I need to loosen up your muscles before playing
baseball.
4단콤보 loosen – loosened – loosened – loosening

□ □ □

narrative
[내러티브]

째 narration 몡 서술, 이야기
narrate 통 이야기하다

몡 1. 설화, 이야기 유 story, tale
A narrative is an account of a series of events.
2. 서술형
몡 이야기의, 설화의

executive 그녀는 패션회사의 최고 대표이다.
government 과학 연구 장려를 위한 정부 보조금은 중요하다.
loosen 나는 야구를 하기 전에 근육을 느슨하게 풀어야 한다.
narrative 설화는 일련의 사건들에 대한 이야기이다.

☐ ☐ ☐

physics
[피직스]

㈜ physical ⓐ 물질의, 신체의

ⓝ 물리학
In 2002, he was awarded the Nobel Prize for Physics.

☐ ☐ ☐

pretend
[프리텐드]

㈜ pretense ⓝ 겉치레, 위장
pretension ⓝ 요구, 주장, 가식
pretentious ⓐ 자만하는, 뽐내는

⟨숙어⟩ pretend to
~인 체하다

ⓥ 1. ~인 체 하다 ⓢ simulate
2. 갈망하다, 요구하다
3. 상상하다
The greatest way to live with honor in this world is
to be what we pretend to be. (Socrates)

⟨4단콤보⟩ pretend – pretended – pretended – pretending

☐ ☐ ☐

promise
[프라미스]

㈜ promissory ⓐ 약속하는, 약속의

⟨숙어⟩ keep a promise
약속을 지키다

ⓝ 1. 약속, 계약 ⓢ engagement, contract
Keeping promises lets you have a good reputation.
2. 기대
ⓥ ~을 약속하다, 계약하다

⟨4단콤보⟩ promise – promised – promised – promising

☐ ☐ ☐

reminisce
[레머니스]

⟨숙어⟩ reminisce about
~에 대해 회상하다

ⓥ 추억에 잠기다, 회상하다
The drama tells of a woman who reminisces about
her first love.

⟨4단콤보⟩ reminisce – reminisced – reminisced –
reminiscing

physics 2002년에, 그는 노벨 물리학상을 수상했다.
pretend 이 세상에서 명예롭게 사는 가장 좋은 방법은 우리가 상상하는 것이다. (소크라테스)
promise 약속을 잘 지키는 것은 너에게 좋은 평판을 준다.
reminisce 이 드라마는 첫사랑을 회상하는 여성의 이야기를 다루고 있다.

□ □ □
rub
[럽]

ⓥ 문지르다, 바르다
The cat even rubbed her face on Brown's face.

ⓝ 문지르기, 비비기

4단콤보 rub – rubbed – rubbed – rubbing

□ □ □
scare
[스케어]

ㅍ scaringly ⓐ 겁나게, 깜짝 놀라도록

구어 are scared of
~을 두려워하다

ⓥ 겁주다, 놀라게 하다
It is hard to believe, but elephants are scared of tiny insects!

ⓝ 놀람, 공포, 불안

4단콤보 scare – scared – scared – scaring

□ □ □
shift
[쉬프트]

ㅍ shiftable ⓐ 변경 가능한
shifty ⓐ 교활한, 믿을 수 없는

구어 shift A onto B
A를 B에 옮기다

ⓥ 1. 옮기다
I shifted my weight onto my right foot.

2. 바뀌다, 변화시키다

ⓝ 이전, 변화, 변천

4단콤보 shift – shifted – shifted – shifting

□ □ □
sophomore
[사퍼모어]

ⓝ (고교·대학의) 2학년생
I met my first lover when I was a sophomore.

ⓐ (고교·대학의) 2학년생의

---

rub 심지어 고양이는 Brown의 얼굴에 얼굴을 문질렀다.
scare 믿기 어렵겠지만 코끼리는 작은 곤충에 겁을 먹는다!
shift 나는 체중을 오른쪽발로 옮겼다.
sophomore 나는 대학교 2학년 때 나의 첫사랑을 만났다.

☐ ☐ ☐

supervisor

[수퍼바이저]

피 supervisorship 명 감독관, 관리자

명 감독, 관리자

A supervisor must believe the loyalty of his people.

☐ ☐ ☐

task

[태스크]

피 taskless 형 일이 없는

숙어 complete one's task
과업을 완수하다

명 일, 과업 유 lesson

I want to complete my task before I go to bed.

동 ~에게 일을 부과하다

4단콤보 task – tasked – tasked – tasking

☐ ☐ ☐

telegraph

[텔리그래프]

명 전보, 전신 유 telegram

The telegraph was transmitted by e-mail.

동 전보를 치다, 전송하다

4단콤보 telegraph – telegraphed – telegraphed – telegraphing

supervisor   관리자는 자기 사람들의 충성심을 믿어야 한다.

task   나는 잠들기 전에 일을 끝내고 싶다.

telegraph   전신이 이메일로 발송되었다.

01 The **repair** of roof costs a lot of money.

지붕을 _____ 하는 데는 많은 돈이 든다.

02 People need a **sincere** friend to understand themselves.

사람들은 자신을 이해해 줄 _____ 친구가 필요하다.

03 They will **charge** you for the violation of parking.

그들은 너에게 주차위반으로 _____.

04 The hospital can **accommodate** up to 1000 patients.

그 병원은 최대 1000명의 환자를 _____.

05 Your medical image **registration** is not permanent.

너의 의료 영상 _____ 은 영구적이지 않다.

06 The **construction** of roads and bridges can ease severe traffic congestion.

도로와 다리 _____ 은 교통체증을 완화할 수 있다.

07 She's applied for an **extension** of her visa.

그녀는 비자 _____ 을 신청했다.

08 I have always **regretted** not having studied harder at school.

나는 항상 학교에서 더 열심히 공부하지 않은 것을 _____.

answer

01 보수 02 진실된 03 청구할 것이다 04 수용할 수 있다 05 기록 06 건설 07 연장 08 후회해왔다

09 The local are trying to **restore** the cultural heritage.

지역주민 들은 문화유산을 _____려고 노력하고 있다.

10 She gained **admission** to one of the best universities.

그녀는 최고의 대학 중 한 곳에 _____.

11 Anna is **considerably** fluent in French.

Anna는 _____ 불어가 유창하다.

12 This graph **describes** the popular TV programs.

이 그래프는 인기 있는 TV프로그램을 _____.

13 Many **potential** benefits outweigh the problems.

많은 _____ 이익이 문제를 능가한다.

14 The **proportion** of sports cars is increasing.

스포츠카의 _____이 증가하고 있다.

15 Many Korean movies have gained international **recognition**.

많은 한국 영화는 국제적인 _____을 받았다.

좋은 책을 만드는 길
독자님과 함께하겠습니다.

도서나 동영상에 궁금한 점, 아쉬운 점, 만족스러운 점이
있으시다면 어떤 의견이라도 말씀해 주세요.
SD에듀는 독자님의 의견을 모아 더 좋은 책으로 보답하겠습니다.

www.sdedu.co.kr

우선순위 지텔프 보카(Level 2)

개정1판1쇄 발행	2023년 02월 06일 (인쇄 2022년 12월 30일)
초 판 발 행	2021년 03월 05일 (인쇄 2021년 02월 10일)
발 행 인	박영일
책 임 편 집	이해욱
저 자	정윤호 · 이정미
편 집 진 행	신보용 · 정유진
표지디자인	김지수
편집디자인	박지은 · 박서희
발 행 처	(주)시대교육
공 급 처	(주)시대고시기획
출 판 등 록	제 10-1521호
주 소	서울시 마포구 큰우물로 75 [도화동 538 성지 B/D] 9F
전 화	1600-3600
팩 스	02-701-8823
홈 페 이 지	www.sdedu.co.kr
I S B N	979-11-383-4160-8 (13740)
정 가	14,000원